地理标志保护制度汇编

国内法律法规、国际公约及条约

国家知识产权局知识产权保护司 编

知识产权出版社
全国百佳图书出版单位
—北 京—

图书在版编目（CIP）数据

地理标志保护制度汇编：国内法律法规、国际公约及条约/国家知识产权局知识产权保护司编. —北京：知识产权出版社，2022. 7

ISBN 978-7-5130-8210-5

Ⅰ. ①地… Ⅱ. ①国… Ⅲ. ①地理—标志—保护—制度—中国—汇编 Ⅳ. ①D923. 439

中国版本图书馆 CIP 数据核字（2022）第 101708 号

责任编辑： 崔 玲 吴亚平　　**责任校对：** 王 岩

封面设计： 智兴设计室·张国仓　　**责任印制：** 刘译文

地理标志保护制度汇编

国内法律法规、国际公约及条约

国家知识产权局知识产权保护司 编

出版发行：	知识产权出版社有限责任公司	**网　址：**	http://www. ipph. cn
社　址：	北京市海淀区气象路 50 号院	**邮　编：**	100081
责编电话：	010-82000860 转 8672	**责编邮箱：**	yp. wu@ foxmail. com
发行电话：	010-82000860 转 8101/8102	**发行传真：**	010-82000893/82005070/82000270
印　刷：	三河市国英印务有限公司	**经　销：**	新华书店、各大网上书店及相关专业书店
开　本：	787mm×1092mm 1/16	**印　张：**	21. 5
版　次：	2022 年 7 月第 1 版	**印　次：**	2022 年 7 月第 1 次印刷
字　数：	374 千字	**定　价：**	98. 00 元

ISBN 978-7-5130-8210-5

前言
PREFACE

地理标志是标识产自特定区域、具有特色质量、声誉或其他特性本质与产地的自然因素和人文因素密切相关的特定产品的重要知识产权，是促进区域特色经济发展的有效载体，是推进乡村振兴的有力支撑，是推动外贸外交的重要领域，是保护和传承传统优秀文化的鲜活载体。地理标志是一种稀缺资源，也是企业参与市场竞争的重要资源。2021年实施的《中华人民共和国民法典》将地理标志作为与作品、专利、商标、商业秘密等并列的知识产权客体。

2018年深化党和国家机构改革方案明确规定，由国家知识产权局负责原产地地理标志的注册登记和行政裁决，拟定原产地地理标志统一认定制度并组织实施，为有效保护地理标志奠定了体制和机制基础。2020年11月30日，习近平总书记在主持中共中央政治局第二十五次集体学习时强调，要全面加强知识产权保护工作，加强地理标志领域立法。2021年9月，中共中央、国务院印发的《知识产权强国建设纲要（2021—2035年）》明确提出，探索制定地理标志等专门法律法规，健全专门保护与商标保护相互协调的统一地理标志保护制度。2021年10月，国务院印发《“十四五”国家知识产权保护和运用规划》明确提出，完善知识产权法律政策体系，加强地理标志等领域立法。

为深入贯彻落实党中央、国务院决策部署，适应社会经济发展对地理标志工作提出的新要求，国家知识产权局高度重视地理标志保护等相关工作，扎实推进统一认定制度建设、统一专用标志、统一保护监管、统一对外合作，持续提升地理标志治理能力和治理水平，地理标志保护管理各项工作取得了新的进展。

国家知识产权局全面、系统梳理了地理标志领域现行有效的国内法律法规文件、国际公约、多双边条约，供地理标志领域的专家、行政管理人员、实务工作者参考借鉴，请广大读者批评指正。

目录
CONTENTS

第一部分　国内法律法规文件

第二部分　国际公约及条约

第一部分
国内法律法规文件

法　律

中华人民共和国民法典（节选）

（2020 年 5 月 28 日第十三届全国人民代表大会第三次会议通过）

第一百二十三条　民事主体依法享有知识产权。

知识产权是权利人依法就下列客体享有的专有的权利：

（一）作品；

（二）发明、实用新型、外观设计；

（三）商标；

（四）地理标志；

（五）商业秘密；

（六）集成电路布图设计；

（七）植物新品种；

（八）法律规定的其他客体。

中华人民共和国产品质量法

（1993年2月22日第七届全国人民代表大会常务委员会第三十次会议通过　根据2000年7月8日第九届全国人民代表大会常务委员会第十六次会议《关于修改〈中华人民共和国产品质量法〉的决定》第一次修正　根据2009年8月27日第十一届全国人民代表大会常务委员会第十次会议《关于修改部分法律的决定》第二次修正　根据2018年12月29日第十三届全国人民代表大会常务委员会第七次会议《关于修改〈中华人民共和国产品质量法〉等五部法律的决定》第三次修正）

目　录

第一章　总　则

第一条　为了加强对产品质量的监督管理，提高产品质量水平，明确产品质量责任，保护消费者的合法权益，维护社会经济秩序，制定本法。

第二条　在中华人民共和国境内从事产品生产、销售活动，必须遵守本法。

本法所称产品是指经过加工、制作，用于销售的产品。

建设工程不适用本法规定；但是，建设工程使用的建筑材料、建筑构配件和设备，属于前款规定的产品范围的，适用本法规定。

第三条　生产者、销售者应当建立健全内部产品质量管理制度，严格实施岗位质量规范、质量责任以及相应的考核办法。

第四条　生产者、销售者依照本法规定承担产品质量责任。

第五条　禁止伪造或者冒用认证标志等质量标志；禁止伪造产品的产地，伪造或者冒用他人的厂名、厂址；禁止在生产、销售的产品中掺杂、掺假，以假充真，以次充好。

第六条　国家鼓励推行科学的质量管理方法，采用先进的科学技术，鼓励企业产品质量达到并且超过行业标准、国家标准和国际标准。

对产品质量管理先进和产品质量达到国际先进水平、成绩显著的单位和个人，给予奖励。

第七条　各级人民政府应当把提高产品质量纳入国民经济和社会发展规划，加强对产品质量工作的统筹规划和组织领导，引导、督促生产者、销售者加强产品质量管理，提高产品质量，组织各有关部门依法采取措施，制止产品生产、销售中违反本法规定的行为，保障本法的施行。

第八条　国务院市场监督管理部门主管全国产品质量监督工作。国务院有关部门在各自的职责范围内负责产品质量监督工作。

县级以上地方市场监督管理部门主管本行政区域内的产品质量监督工作。县级以上地方人民政府有关部门在各自的职责范围内负责产品质量监督工作。

法律对产品质量的监督部门另有规定的，依照有关法律的规定执行。

第九条　各级人民政府工作人员和其他国家机关工作人员不得滥用职权、玩忽职守或者徇私舞弊，包庇、放纵本地区、本系统发生的产品生产、销售中违反本法规定的行为，或者阻挠、干预依法对产品生产、销售中违反本法规定的行为进行查处。

各级地方人民政府和其他国家机关有包庇、放纵产品生产、销售中违反本法规定的行为的，依法追究其主要负责人的法律责任。

第十条　任何单位和个人有权对违反本法规定的行为，向市场监督管理部门或者其他有关部门检举。

市场监督管理部门和有关部门应当为检举人保密，并按照省、自治区、直辖市人民政府的规定给予奖励。

第十一条　任何单位和个人不得排斥非本地区或者非本系统企业生产的质量合格产品进入本地区、本系统。

第二章　产品质量的监督

第十二条　产品质量应当检验合格，不得以不合格产品冒充合格产品。

第十三条 可能危及人体健康和人身、财产安全的工业产品，必须符合保障人体健康和人身、财产安全的国家标准、行业标准；未制定国家标准、行业标准的，必须符合保障人体健康和人身、财产安全的要求。

禁止生产、销售不符合保障人体健康和人身、财产安全的标准和要求的工业产品。具体管理办法由国务院规定。

第十四条 国家根据国际通用的质量管理标准，推行企业质量体系认证制度。企业根据自愿原则可以向国务院市场监督管理部门认可的或者国务院市场监督管理部门授权的部门认可的认证机构申请企业质量体系认证。经认证合格的，由认证机构颁发企业质量体系认证证书。

国家参照国际先进的产品标准和技术要求，推行产品质量认证制度。企业根据自愿原则可以向国务院市场监督管理部门认可的或者国务院市场监督管理部门授权的部门认可的认证机构申请产品质量认证。经认证合格的，由认证机构颁发产品质量认证证书，准许企业在产品或者其包装上使用产品质量认证标志。

第十五条 国家对产品质量实行以抽查为主要方式的监督检查制度，对可能危及人体健康和人身、财产安全的产品，影响国计民生的重要工业产品以及消费者、有关组织反映有质量问题的产品进行抽查。抽查的样品应当在市场上或者企业成品仓库内的待销产品中随机抽取。监督抽查工作由国务院市场监督管理部门规划和组织。县级以上地方市场监督管理部门在本行政区域内也可以组织监督抽查。法律对产品质量的监督检查另有规定的，依照有关法律的规定执行。

国家监督抽查的产品，地方不得另行重复抽查；上级监督抽查的产品，下级不得另行重复抽查。

根据监督抽查的需要，可以对产品进行检验。检验抽取样品的数量不得超过检验的合理需要，并不得向被检查人收取检验费用。监督抽查所需检验费用按照国务院规定列支。

生产者、销售者对抽查检验的结果有异议的，可以自收到检验结果之日起十五日内向实施监督抽查的市场监督管理部门或者其上级市场监督管理部门申请复检，由受理复检的市场监督管理部门作出复检结论。

第十六条 对依法进行的产品质量监督检查，生产者、销售者不得拒绝。

第十七条 依照本法规定进行监督抽查的产品质量不合格的，由实施监督抽查的市场监督管理部门责令其生产者、销售者限期改正。逾期不改正的，由省级以上人民政府市场监督管理部门予以公告；公告后经复查仍不合格的，责令停业，限期整顿；整顿期满后经复查产品质量仍不合格的，吊销营业执照。

监督抽查的产品有严重质量问题的，依照本法第五章的有关规定处罚。

第十八条　县级以上市场监督管理部门根据已经取得的违法嫌疑证据或者举报，对涉嫌违反本法规定的行为进行查处时，可以行使下列职权：

（一）对当事人涉嫌从事违反本法的生产、销售活动的场所实施现场检查；

（二）向当事人的法定代表人、主要负责人和其他有关人员调查、了解与涉嫌从事违反本法的生产、销售活动有关的情况；

（三）查阅、复制当事人有关的合同、发票、帐簿以及其他有关资料；

（四）对有根据认为不符合保障人体健康和人身、财产安全的国家标准、行业标准的产品或者有其他严重质量问题的产品，以及直接用于生产、销售该项产品的原辅材料、包装物、生产工具，予以查封或者扣押。

第十九条　产品质量检验机构必须具备相应的检测条件和能力，经省级以上人民政府市场监督管理部门或者其授权的部门考核合格后，方可承担产品质量检验工作。法律、行政法规对产品质量检验机构另有规定的，依照有关法律、行政法规的规定执行。

第二十条　从事产品质量检验、认证的社会中介机构必须依法设立，不得与行政机关和其他国家机关存在隶属关系或者其他利益关系。

第二十一条　产品质量检验机构、认证机构必须依法按照有关标准，客观、公正地出具检验结果或者认证证明。

产品质量认证机构应当依照国家规定对准许使用认证标志的产品进行认证后的跟踪检查；对不符合认证标准而使用认证标志的，要求其改正；情节严重的，取消其使用认证标志的资格。

第二十二条　消费者有权就产品质量问题，向产品的生产者、销售者查询；向市场监督管理部门及有关部门申诉，接受申诉的部门应当负责处理。

第二十三条　保护消费者权益的社会组织可以就消费者反映的产品质量问题建议有关部门负责处理，支持消费者对因产品质量造成的损害向人民法院起诉。

第二十四条　国务院和省、自治区、直辖市人民政府的市场监督管理部门应当定期发布其监督抽查的产品的质量状况公告。

第二十五条 市场监督管理部门或者其他国家机关以及产品质量检验机构不得向社会推荐生产者的产品；不得以对产品进行监制、监销等方式参与产品经营活动。

第三章 生产者、销售者的产品质量责任和义务

第一节 生产者的产品质量责任和义务

第二十六条 生产者应当对其生产的产品质量负责。

产品质量应当符合下列要求：

（一）不存在危及人身、财产安全的不合理的危险，有保障人体健康和人身、财产安全的国家标准、行业标准的，应当符合该标准；

（二）具备产品应当具备的使用性能，但是，对产品存在使用性能的瑕疵作出说明的除外；

（三）符合在产品或者其包装上注明采用的产品标准，符合以产品说明、实物样品等方式表明的质量状况。

第二十七条 产品或者其包装上的标识必须真实，并符合下列要求：

（一）有产品质量检验合格证明；

（二）有中文标明的产品名称、生产厂厂名和厂址；

（三）根据产品的特点和使用要求，需要标明产品规格、等级、所含主要成份的名称和含量的，用中文相应予以标明；需要事先让消费者知晓的，应当在外包装上标明，或者预先向消费者提供有关资料；

（四）限期使用的产品，应当在显著位置清晰地标明生产日期和安全使用期或者失效日期；

（五）使用不当，容易造成产品本身损坏或者可能危及人身、财产安全的产品，应当有警示标志或者中文警示说明。

裸装的食品和其他根据产品的特点难以附加标识的裸装产品，可以不附加产品标识。

第二十八条 易碎、易燃、易爆、有毒、有腐蚀性、有放射性等危险物品以及储运中不能倒置和其他有特殊要求的产品，其包装质量必须符合相应要求，依照国家有关规定作出警示标志或者中文警示说明，标明储运注意事项。

第二十九条 生产者不得生产国家明令淘汰的产品。

第三十条　生产者不得伪造产地，不得伪造或者冒用他人的厂名、厂址。

第三十一条　生产者不得伪造或者冒用认证标志等质量标志。

第三十二条　生产者生产产品，不得掺杂、掺假，不得以假充真、以次充好，不得以不合格产品冒充合格产品。

第二节　销售者的产品质量责任和义务

第三十三条　销售者应当建立并执行进货检查验收制度，验明产品合格证明和其他标识。

第三十四条　销售者应当采取措施，保持销售产品的质量。

第三十五条　销售者不得销售国家明令淘汰并停止销售的产品和失效、变质的产品。

第三十六条　销售者销售的产品的标识应当符合本法第二十七条的规定。

第三十七条　销售者不得伪造产地，不得伪造或者冒用他人的厂名、厂址。

第三十八条　销售者不得伪造或者冒用认证标志等质量标志。

第三十九条　销售者销售产品，不得掺杂、掺假，不得以假充真、以次充好，不得以不合格产品冒充合格产品。

第四章　损害赔偿

第四十条　售出的产品有下列情形之一的，销售者应当负责修理、更换、退货；给购买产品的消费者造成损失的，销售者应当赔偿损失：

（一）不具备产品应当具备的使用性能而事先未作说明的；

（二）不符合在产品或者其包装上注明采用的产品标准的；

（三）不符合以产品说明、实物样品等方式表明的质量状况的。

销售者依照前款规定负责修理、更换、退货、赔偿损失后，属于生产者的责任或者属于向销售者提供产品的其他销售者（以下简称供货者）的责任的，销售者有权向生产者、供货者追偿。

销售者未按照第一款规定给予修理、更换、退货或者赔偿损失的，由市场监督管理部门责令改正。

生产者之间，销售者之间，生产者与销售者之间订立的买卖合同、承揽合同有不同约定的，合同当事人按照合同约定执行。

第四十一条 因产品存在缺陷造成人身、缺陷产品以外的其他财产（以下简称他人财产）损害的，生产者应当承担赔偿责任。

生产者能够证明有下列情形之一的，不承担赔偿责任：

（一）未将产品投入流通的；

（二）产品投入流通时，引起损害的缺陷尚不存在的；

（三）将产品投入流通时的科学技术水平尚不能发现缺陷的存在的。

第四十二条 由于销售者的过错使产品存在缺陷，造成人身、他人财产损害的，销售者应当承担赔偿责任。

销售者不能指明缺陷产品的生产者也不能指明缺陷产品的供货者的，销售者应当承担赔偿责任。

第四十三条 因产品存在缺陷造成人身、他人财产损害的，受害人可以向产品的生产者要求赔偿，也可以向产品的销售者要求赔偿。属于产品的生产者的责任，产品的销售者赔偿的，产品的销售者有权向产品的生产者追偿。属于产品的销售者的责任，产品的生产者赔偿的，产品的生产者有权向产品的销售者追偿。

第四十四条 因产品存在缺陷造成受害人人身伤害的，侵害人应当赔偿医疗费、治疗期间的护理费、因误工减少的收入等费用；造成残疾的，还应当支付残疾者生活自助具费、生活补助费、残疾赔偿金以及由其扶养的人所必需的生活费等费用；造成受害人死亡的，并应当支付丧葬费、死亡赔偿金以及由死者生前扶养的人所必需的生活费等费用。

因产品存在缺陷造成受害人财产损失的，侵害人应当恢复原状或者折价赔偿。受害人因此遭受其他重大损失的，侵害人应当赔偿损失。

第四十五条 因产品存在缺陷造成损害要求赔偿的诉讼时效期间为二年，自当事人知道或者应当知道其权益受到损害时起计算。

因产品存在缺陷造成损害要求赔偿的请求权，在造成损害的缺陷产品交付最初消费者满十年丧失；但是，尚未超过明示的安全使用期的除外。

第四十六条 本法所称缺陷，是指产品存在危及人身、他人财产安全的不合理的危险；产品有保障人体健康和人身、财产安全的国家标准、行业标准的，是指不符合该标准。

第四十七条 因产品质量发生民事纠纷时，当事人可以通过协商或者调解解决。当事人不愿通过协商、调解解决或者协商、调解不成的，可以根据当事人各方的协议向仲裁机构申请仲裁；当事人各方没有达成仲裁协议或者仲裁协议无效的，可以直接向人民法院起诉。

第四十八条　仲裁机构或者人民法院可以委托本法第十九条规定的产品质量检验机构，对有关产品质量进行检验。

第五章　罚　　则

第四十九条　生产、销售不符合保障人体健康和人身、财产安全的国家标准、行业标准的产品的，责令停止生产、销售，没收违法生产、销售的产品，并处违法生产、销售产品（包括已售出和未售出的产品，下同）货值金额等值以上三倍以下的罚款；有违法所得的，并处没收违法所得；情节严重的，吊销营业执照；构成犯罪的，依法追究刑事责任。

第五十条　在产品中掺杂、掺假，以假充真，以次充好，或者以不合格产品冒充合格产品的，责令停止生产、销售，没收违法生产、销售的产品，并处违法生产、销售产品货值金额百分之五十以上三倍以下的罚款；有违法所得的，并处没收违法所得；情节严重的，吊销营业执照；构成犯罪的，依法追究刑事责任。

第五十一条　生产国家明令淘汰的产品的，销售国家明令淘汰并停止销售的产品的，责令停止生产、销售，没收违法生产、销售的产品，并处违法生产、销售产品货值金额等值以下的罚款；有违法所得的，并处没收违法所得；情节严重的，吊销营业执照。

第五十二条　销售失效、变质的产品的，责令停止销售，没收违法销售的产品，并处违法销售产品货值金额二倍以下的罚款；有违法所得的，并处没收违法所得；情节严重的，吊销营业执照；构成犯罪的，依法追究刑事责任。

第五十三条　伪造产品产地的，伪造或者冒用他人厂名、厂址的，伪造或者冒用认证标志等质量标志的，责令改正，没收违法生产、销售的产品，并处违法生产、销售产品货值金额等值以下的罚款；有违法所得的，并处没收违法所得；情节严重的，吊销营业执照。

第五十四条　产品标识不符合本法第二十七条规定的，责令改正；有包装的产品标识不符合本法第二十七条第（四）项、第（五）项规定，情节严重的，责令停止生产、销售，并处违法生产、销售产品货值金额百分之三十以下的罚款；有违法所得的，并处没收违法所得。

第五十五条　销售者销售本法第四十九条至第五十三条规定禁止销售的产品，有充分证据证明其不知道该产品为禁止销售的产品并如实说明其进货来源的，可以从轻或者减轻处罚。

第五十六条 拒绝接受依法进行的产品质量监督检查的，给予警告，责令改正；拒不改正的，责令停业整顿；情节特别严重的，吊销营业执照。

第五十七条 产品质量检验机构、认证机构伪造检验结果或者出具虚假证明的，责令改正，对单位处五万元以上十万元以下的罚款，对直接负责的主管人员和其他直接责任人员处一万元以上五万元以下的罚款；有违法所得的，并处没收违法所得；情节严重的，取消其检验资格、认证资格；构成犯罪的，依法追究刑事责任。

产品质量检验机构、认证机构出具的检验结果或者证明不实，造成损失的，应当承担相应的赔偿责任；造成重大损失的，撤销其检验资格、认证资格。

产品质量认证机构违反本法第二十一条第二款的规定，对不符合认证标准而使用认证标志的产品，未依法要求其改正或者取消其使用认证标志资格的，对因产品不符合认证标准给消费者造成的损失，与产品的生产者、销售者承担连带责任；情节严重的，撤销其认证资格。

第五十八条 社会团体、社会中介机构对产品质量作出承诺、保证，而该产品又不符合其承诺、保证的质量要求，给消费者造成损失的，与产品的生产者、销售者承担连带责任。

第五十九条 在广告中对产品质量作虚假宣传，欺骗和误导消费者的，依照《中华人民共和国广告法》的规定追究法律责任。

第六十条 对生产者专门用于生产本法第四十九条、第五十一条所列的产品或者以假充真的产品的原辅材料、包装物、生产工具，应当予以没收。

第六十一条 知道或者应当知道属于本法规定禁止生产、销售的产品而为其提供运输、保管、仓储等便利条件的，或者为以假充真的产品提供制假生产技术的，没收全部运输、保管、仓储或者提供制假生产技术的收入，并处违法收入百分之五十以上三倍以下的罚款；构成犯罪的，依法追究刑事责任。

第六十二条 服务业的经营者将本法第四十九条至第五十二条规定禁止销售的产品用于经营性服务的，责令停止使用；对知道或者应当知道所使用的产品属于本法规定禁止销售的产品的，按照违法使用的产品（包括已使用和尚未使用的产品）的货值金额，依照本法对销售者的处罚规定处罚。

第六十三条 隐匿、转移、变卖、损毁被市场监督管理部门查封、扣押的物品的，处被隐匿、转移、变卖、损毁物品货值金额等值以上三倍以下的罚款；有违法所得的，并处没收违法所得。

第六十四条 违反本法规定，应当承担民事赔偿责任和缴纳罚款、罚金，其财产不足以同时支付时，先承担民事赔偿责任。

第六十五条 各级人民政府工作人员和其他国家机关工作人员有下列情形之一的，依法给予行政处分；构成犯罪的，依法追究刑事责任：

（一）包庇、放纵产品生产、销售中违反本法规定行为的；

（二）向从事违反本法规定的生产、销售活动的当事人通风报信，帮助其逃避查处的；

（三）阻挠、干预市场监督管理部门依法对产品生产、销售中违反本法规定的行为进行查处，造成严重后果的。

第六十六条 市场监督管理部门在产品质量监督抽查中超过规定的数量索取样品或者向被检查人收取检验费用的，由上级市场监督管理部门或者监察机关责令退还；情节严重的，对直接负责的主管人员和其他直接责任人员依法给予行政处分。

第六十七条 市场监督管理部门或者其他国家机关违反本法第二十五条的规定，向社会推荐生产者的产品或者以监制、监销等方式参与产品经营活动的，由其上级机关或者监察机关责令改正，消除影响，有违法收入的予以没收；情节严重的，对直接负责的主管人员和其他直接责任人员依法给予行政处分。

产品质量检验机构有前款所列违法行为的，由市场监督管理部门责令改正，消除影响，有违法收入的予以没收，可以并处违法收入一倍以下的罚款；情节严重的，撤销其质量检验资格。

第六十八条 市场监督管理部门的工作人员滥用职权、玩忽职守、徇私舞弊，构成犯罪的，依法追究刑事责任；尚不构成犯罪的，依法给予行政处分。

第六十九条 以暴力、威胁方法阻碍市场监督管理部门的工作人员依法执行职务的，依法追究刑事责任；拒绝、阻碍未使用暴力、威胁方法的，由公安机关依照治安管理处罚法的规定处罚。

第七十条 本法第四十九条至第五十七条、第六十条至第六十三条规定的行政处罚由市场监督管理部门决定。法律、行政法规对行使行政处罚权的机关另有规定的，依照有关法律、行政法规的规定执行。

第七十一条 对依照本法规定没收的产品，依照国家有关规定进行销毁或者采取其他方式处理。

第七十二条 本法第四十九条至第五十四条、第六十二条、第六十三条所规定的货值金额以违法生产、销售产品的标价计算；没有标价的，按照同类产品的市场价格计算。

第六章　附　　则

第七十三条　军工产品质量监督管理办法，由国务院、中央军事委员会另行制定。

因核设施、核产品造成损害的赔偿责任，法律、行政法规另有规定的，依照其规定。

第七十四条　本法自1993年9月1日起施行。

中华人民共和国标准化法

（1988 年 12 月 29 日第七届全国人民代表大会常务委员会第五次会议通过　2017 年 11 月 4 日第十二届全国人民代表大会常务委员会第三十次会议修订）

目　　录

第一章　总　　则

第一条　为了加强标准化工作，提升产品和服务质量，促进科学技术进步，保障人身健康和生命财产安全，维护国家安全、生态环境安全，提高经济社会发展水平，制定本法。

第二条　本法所称标准（含标准样品），是指农业、工业、服务业以及社会事业等领域需要统一的技术要求。

标准包括国家标准、行业标准、地方标准和团体标准、企业标准。国家标准分为强制性标准、推荐性标准，行业标准、地方标准是推荐性标准。

强制性标准必须执行。国家鼓励采用推荐性标准。

第三条　标准化工作的任务是制定标准、组织实施标准以及对标准的制定、实施进行监督。

县级以上人民政府应当将标准化工作纳入本级国民经济和社会发展规划，将标准化工作经费纳入本级预算。

第四条　制定标准应当在科学技术研究成果和社会实践经验的基础

上，深入调查论证，广泛征求意见，保证标准的科学性、规范性、时效性，提高标准质量。

第五条 国务院标准化行政主管部门统一管理全国标准化工作。国务院有关行政主管部门分工管理本部门、本行业的标准化工作。

县级以上地方人民政府标准化行政主管部门统一管理本行政区域内的标准化工作。县级以上地方人民政府有关行政主管部门分工管理本行政区域内本部门、本行业的标准化工作。

第六条 国务院建立标准化协调机制，统筹推进标准化重大改革，研究标准化重大政策，对跨部门跨领域、存在重大争议标准的制定和实施进行协调。

设区的市级以上地方人民政府可以根据工作需要建立标准化协调机制，统筹协调本行政区域内标准化工作重大事项。

第七条 国家鼓励企业、社会团体和教育、科研机构等开展或者参与标准化工作。

第八条 国家积极推动参与国际标准化活动，开展标准化对外合作与交流，参与制定国际标准，结合国情采用国际标准，推进中国标准与国外标准之间的转化运用。

国家鼓励企业、社会团体和教育、科研机构等参与国际标准化活动。

第九条 对在标准化工作中做出显著成绩的单位和个人，按照国家有关规定给予表彰和奖励。

第二章　标准的制定

第十条 对保障人身健康和生命财产安全、国家安全、生态环境安全以及满足经济社会管理基本需要的技术要求，应当制定强制性国家标准。

国务院有关行政主管部门依据职责负责强制性国家标准的项目提出、组织起草、征求意见和技术审查。国务院标准化行政主管部门负责强制性国家标准的立项、编号和对外通报。国务院标准化行政主管部门应当对拟制定的强制性国家标准是否符合前款规定进行立项审查，对符合前款规定的予以立项。

省、自治区、直辖市人民政府标准化行政主管部门可以向国务院标准化行政主管部门提出强制性国家标准的立项建议，由国务院标准化行政主管部门会同国务院有关行政主管部门决定。社会团体、企业事业组织以及公民可以向国务院标准化行政主管部门提出强制性国家标准的立项建议，国务院标准化行政主管部门认为需要立项的，会同国务院有关行政主管部门决定。

强制性国家标准由国务院批准发布或者授权批准发布。

法律、行政法规和国务院决定对强制性标准的制定另有规定的，从其规定。

第十一条　对满足基础通用、与强制性国家标准配套、对各有关行业起引领作用等需要的技术要求，可以制定推荐性国家标准。

推荐性国家标准由国务院标准化行政主管部门制定。

第十二条　对没有推荐性国家标准、需要在全国某个行业范围内统一的技术要求，可以制定行业标准。

行业标准由国务院有关行政主管部门制定，报国务院标准化行政主管部门备案。

第十三条　为满足地方自然条件、风俗习惯等特殊技术要求，可以制定地方标准。

地方标准由省、自治区、直辖市人民政府标准化行政主管部门制定；设区的市级人民政府标准化行政主管部门根据本行政区域的特殊需要，经所在地省、自治区、直辖市人民政府标准化行政主管部门批准，可以制定本行政区域的地方标准。地方标准由省、自治区、直辖市人民政府标准化行政主管部门报国务院标准化行政主管部门备案，由国务院标准化行政主管部门通报国务院有关行政主管部门。

第十四条　对保障人身健康和生命财产安全、国家安全、生态环境安全以及经济社会发展所急需的标准项目，制定标准的行政主管部门应当优先立项并及时完成。

第十五条　制定强制性标准、推荐性标准，应当在立项时对有关行政主管部门、企业、社会团体、消费者和教育、科研机构等方面的实际需求进行调查，对制定标准的必要性、可行性进行论证评估；在制定过程中，应当按照便捷有效的原则采取多种方式征求意见，组织对标准相关事项进行调查分析、实验、论证，并做到有关标准之间的协调配套。

第十六条　制定推荐性标准，应当组织由相关方组成的标准化技术委员会，承担标准的起草、技术审查工作。制定强制性标准，可以委托相关标准化技术委员会承担标准的起草、技术审查工作。未组成标准化技术委员会的，应当成立专家组承担相关标准的起草、技术审查工作。标准化技术委员会和专家组的组成应当具有广泛代表性。

第十七条 强制性标准文本应当免费向社会公开。国家推动免费向社会公开推荐性标准文本。

第十八条 国家鼓励学会、协会、商会、联合会、产业技术联盟等社会团体协调相关市场主体共同制定满足市场和创新需要的团体标准，由本团体成员约定采用或者按照本团体的规定供社会自愿采用。

制定团体标准，应当遵循开放、透明、公平的原则，保证各参与主体获取相关信息，反映各参与主体的共同需求，并应当组织对标准相关事项进行调查分析、实验、论证。

国务院标准化行政主管部门会同国务院有关行政主管部门对团体标准的制定进行规范、引导和监督。

第十九条 企业可以根据需要自行制定企业标准，或者与其他企业联合制定企业标准。

第二十条 国家支持在重要行业、战略性新兴产业、关键共性技术等领域利用自主创新技术制定团体标准、企业标准。

第二十一条 推荐性国家标准、行业标准、地方标准、团体标准、企业标准的技术要求不得低于强制性国家标准的相关技术要求。

国家鼓励社会团体、企业制定高于推荐性标准相关技术要求的团体标准、企业标准。

第二十二条 制定标准应当有利于科学合理利用资源，推广科学技术成果，增强产品的安全性、通用性、可替换性，提高经济效益、社会效益、生态效益，做到技术上先进、经济上合理。

禁止利用标准实施妨碍商品、服务自由流通等排除、限制市场竞争的行为。

第二十三条 国家推进标准化军民融合和资源共享，提升军民标准通用化水平，积极推动在国防和军队建设中采用先进适用的民用标准，并将先进适用的军用标准转化为民用标准。

第二十四条 标准应当按照编号规则进行编号。标准的编号规则由国务院标准化行政主管部门制定并公布。

第三章 标准的实施

第二十五条 不符合强制性标准的产品、服务，不得生产、销售、进口或者提供。

第二十六条 出口产品、服务的技术要求，按照合同的约定执行。

第二十七条　国家实行团体标准、企业标准自我声明公开和监督制度。企业应当公开其执行的强制性标准、推荐性标准、团体标准或者企业标准的编号和名称；企业执行自行制定的企业标准的，还应当公开产品、服务的功能指标和产品的性能指标。国家鼓励团体标准、企业标准通过标准信息公共服务平台向社会公开。

企业应当按照标准组织生产经营活动，其生产的产品、提供的服务应当符合企业公开标准的技术要求。

第二十八条　企业研制新产品、改进产品，进行技术改造，应当符合本法规定的标准化要求。

第二十九条　国家建立强制性标准实施情况统计分析报告制度。

国务院标准化行政主管部门和国务院有关行政主管部门、设区的市级以上地方人民政府标准化行政主管部门应当建立标准实施信息反馈和评估机制，根据反馈和评估情况对其制定的标准进行复审。标准的复审周期一般不超过五年。经过复审，对不适应经济社会发展需要和技术进步的应当及时修订或者废止。

第三十条　国务院标准化行政主管部门根据标准实施信息反馈、评估、复审情况，对有关标准之间重复交叉或者不衔接配套的，应当会同国务院有关行政主管部门作出处理或者通过国务院标准化协调机制处理。

第三十一条　县级以上人民政府应当支持开展标准化试点示范和宣传工作，传播标准化理念，推广标准化经验，推动全社会运用标准化方式组织生产、经营、管理和服务，发挥标准对促进转型升级、引领创新驱动的支撑作用。

第四章　监督管理

第三十二条　县级以上人民政府标准化行政主管部门、有关行政主管部门依据法定职责，对标准的制定进行指导和监督，对标准的实施进行监督检查。

第三十三条　国务院有关行政主管部门在标准制定、实施过程中出现争议的，由国务院标准化行政主管部门组织协商；协商不成的，由国务院标准化协调机制解决。

第三十四条　国务院有关行政主管部门、设区的市级以上地方人民政府标准化行政主管部门未依照本法规定对标准进行编号、复审或者备案的，国务院标准化行政主管部门应当要求其说明情况，并限期改正。

第三十五条 任何单位或者个人有权向标准化行政主管部门、有关行政主管部门举报、投诉违反本法规定的行为。

标准化行政主管部门、有关行政主管部门应当向社会公开受理举报、投诉的电话、信箱或者电子邮件地址，并安排人员受理举报、投诉。对实名举报人或者投诉人，受理举报、投诉的行政主管部门应当告知处理结果，为举报人保密，并按照国家有关规定对举报人给予奖励。

第五章 法律责任

第三十六条 生产、销售、进口产品或者提供服务不符合强制性标准，或者企业生产的产品、提供的服务不符合其公开标准的技术要求的，依法承担民事责任。

第三十七条 生产、销售、进口产品或者提供服务不符合强制性标准的，依照《中华人民共和国产品质量法》、《中华人民共和国进出口商品检验法》、《中华人民共和国消费者权益保护法》等法律、行政法规的规定查处，记入信用记录，并依照有关法律、行政法规的规定予以公示；构成犯罪的，依法追究刑事责任。

第三十八条 企业未依照本法规定公开其执行的标准的，由标准化行政主管部门责令限期改正；逾期不改正的，在标准信息公共服务平台上公示。

第三十九条 国务院有关行政主管部门、设区的市级以上地方人民政府标准化行政主管部门制定的标准不符合本法第二十一条第一款、第二十二条第一款规定的，应当及时改正；拒不改正的，由国务院标准化行政主管部门公告废止相关标准；对负有责任的领导人员和直接责任人员依法给予处分。

社会团体、企业制定的标准不符合本法第二十一条第一款、第二十二条第一款规定的，由标准化行政主管部门责令限期改正；逾期不改正的，由省级以上人民政府标准化行政主管部门废止相关标准，并在标准信息公共服务平台上公示。

违反本法第二十二条第二款规定，利用标准实施排除、限制市场竞争行为的，依照《中华人民共和国反垄断法》等法律、行政法规的规定处理。

第四十条 国务院有关行政主管部门、设区的市级以上地方人民政府标准化行政主管部门未依照本法规定对标准进行编号或者备案，又未依照本法第三十四条的规定改正的，由国务院标准化行政主管部门撤销相关标准编号或者公告废止未备案标准；对负有责任的领导人员和直接责任人员依法给予处分。

国务院有关行政主管部门、设区的市级以上地方人民政府标准化行政主管部门未依照本法规定对其制定的标准进行复审，又未依照本法第三十四条的规定改正的，对负有责任的领导人员和直接责任人员依法给予处分。

第四十一条　国务院标准化行政主管部门未依照本法第十条第二款规定对制定强制性国家标准的项目予以立项，制定的标准不符合本法第二十一条第一款、第二十二条第一款规定，或者未依照本法规定对标准进行编号、复审或者予以备案的，应当及时改正；对负有责任的领导人员和直接责任人员可以依法给予处分。

第四十二条　社会团体、企业未依照本法规定对团体标准或者企业标准进行编号的，由标准化行政主管部门责令限期改正；逾期不改正的，由省级以上人民政府标准化行政主管部门撤销相关标准编号，并在标准信息公共服务平台上公示。

第四十三条　标准化工作的监督、管理人员滥用职权、玩忽职守、徇私舞弊的，依法给予处分；构成犯罪的，依法追究刑事责任。

第六章　附　　则

第四十四条　军用标准的制定、实施和监督办法，由国务院、中央军事委员会另行制定。

第四十五条　本法自 2018 年 1 月 1 日起施行。

中华人民共和国商标法

（1982年8月23日第五届全国人民代表大会常务委员会第二十四次会议通过　根据1993年2月22日第七届全国人民代表大会常务委员会第三十次会议《关于修改〈中华人民共和国商标法〉的决定》第一次修正　根据2001年10月27日第九届全国人民代表大会常务委员会第二十四次会议《关于修改〈中华人民共和国商标法〉的决定》第二次修正　根据2013年8月30日第十二届全国人民代表大会常务委员会第四次会议《关于修改〈中华人民共和国商标法〉的决定》第三次修正　根据2019年4月23日第十三届全国人民代表大会常务委员会第十次会议《关于修改〈中华人民共和国建筑法〉等八部法律的决定》第四次修正）

目　　录

第一章　总　　则

第一条　为了加强商标管理，保护商标专用权，促使生产、经营者保证商品和服务质量，维护商标信誉，以保障消费者和生产、经营者的利益，促进社会主义市场经济的发展，特制定本法。

第二条　国务院工商行政管理部门商标局主管全国商标注册和管理的工作。

国务院工商行政管理部门设立商标评审委员会，负责处理商标争议事宜。

第三条　经商标局核准注册的商标为注册商标，包括商品商标、服务商标和集体商标、证明商标；商标注册人享有商标专用权，受法律保护。

本法所称集体商标，是指以团体、协会或者其他组织名义注册，供该组织成员在商事活动中使用，以表明使用者在该组织中的成员资格的标志。

本法所称证明商标，是指由对某种商品或者服务具有监督能力的组织所控制，而由该组织以外的单位或者个人使用于其商品或者服务，用以证明该商品或者服务的原产地、原料、制造方法、质量或者其他特定品质的标志。

集体商标、证明商标注册和管理的特殊事项，由国务院工商行政管理部门规定。

第四条　自然人、法人或者其他组织在生产经营活动中，对其商品或者服务需要取得商标专用权的，应当向商标局申请商标注册。不以使用为目的的恶意商标注册申请，应当予以驳回。

本法有关商品商标的规定，适用于服务商标。

第五条　两个以上的自然人、法人或者其他组织可以共同向商标局申请注册同一商标，共同享有和行使该商标专用权。

第六条　法律、行政法规规定必须使用注册商标的商品，必须申请商标注册，未经核准注册的，不得在市场销售。

第七条　申请注册和使用商标，应当遵循诚实信用原则。

商标使用人应当对其使用商标的商品质量负责。各级工商行政管理部门应当通过商标管理，制止欺骗消费者的行为。

第八条　任何能够将自然人、法人或者其他组织的商品与他人的商品区别开的标志，包括文字、图形、字母、数字、三维标志、颜色组合和声音等，以及上述要素的组合，均可以作为商标申请注册。

第九条　申请注册的商标，应当有显著特征，便于识别，并不得与他人在先取得的合法权利相冲突。

商标注册人有权标明“注册商标”或者注册标记。

第十条　下列标志不得作为商标使用：

（一）同中华人民共和国的国家名称、国旗、国徽、国歌、军旗、军徽、军歌、勋章等相同或者近似的，以及同中央国家机关的名称、标志、所在地特定地点的名称或者标志性建筑物的名称、图形相同的；

（二）同外国的国家名称、国旗、国徽、军旗等相同或者近似的，但经该国政府同意的除外；

（三）同政府间国际组织的名称、旗帜、徽记等相同或者近似的，但经该组织同意或者不易误导公众的除外；

（四）与表明实施控制、予以保证的官方标志、检验印记相同或者近似的，但经授权的除外；

（五）同“红十字”、“红新月”的名称、标志相同或者近似的；

（六）带有民族歧视性的；

（七）带有欺骗性，容易使公众对商品的质量等特点或者产地产生误认的；

（八）有害于社会主义道德风尚或者有其他不良影响的。

县级以上行政区划的地名或者公众知晓的外国地名，不得作为商标。但是，地名具有其他含义或者作为集体商标、证明商标组成部分的除外；已经注册的使用地名的商标继续有效。

第十一条 下列标志不得作为商标注册：

（一）仅有本商品的通用名称、图形、型号的；

（二）仅直接表示商品的质量、主要原料、功能、用途、重量、数量及其他特点的；

（三）其他缺乏显著特征的。

前款所列标志经过使用取得显著特征，并便于识别的，可以作为商标注册。

第十二条 以三维标志申请注册商标的，仅由商品自身的性质产生的形状、为获得技术效果而需有的商品形状或者使商品具有实质性价值的形状，不得注册。

第十三条 为相关公众所熟知的商标，持有人认为其权利受到侵害时，可以依照本法规定请求驰名商标保护。

就相同或者类似商品申请注册的商标是复制、摹仿或者翻译他人未在中国注册的驰名商标，容易导致混淆的，不予注册并禁止使用。

就不相同或者不相类似商品申请注册的商标是复制、摹仿或者翻译他人已经在中国注册的驰名商标，误导公众，致使该驰名商标注册人的利益可能受到损害的，不予注册并禁止使用。

第十四条 驰名商标应当根据当事人的请求，作为处理涉及商标案件需要认定的事实进行认定。认定驰名商标应当考虑下列因素：

（一）相关公众对该商标的知晓程度；

（二）该商标使用的持续时间；

（三）该商标的任何宣传工作的持续时间、程度和地理范围；

（四）该商标作为驰名商标受保护的记录；

（五）该商标驰名的其他因素。

在商标注册审查、工商行政管理部门查处商标违法案件过程中，当事人依照本法第十三条规定主张权利的，商标局根据审查、处理案件的需要，可以对商标驰名情况作出认定。

在商标争议处理过程中，当事人依照本法第十三条规定主张权利的，商标评审委员会根据处理案件的需要，可以对商标驰名情况作出认定。

在商标民事、行政案件审理过程中，当事人依照本法第十三条规定主张权利的，最高人民法院指定的人民法院根据审理案件的需要，可以对商标驰名情况作出认定。

生产、经营者不得将“驰名商标”字样用于商品、商品包装或者容器上，或者用于广告宣传、展览以及其他商业活动中。

第十五条　未经授权，代理人或者代表人以自己的名义将被代理人或者被代表人的商标进行注册，被代理人或者被代表人提出异议的，不予注册并禁止使用。

就同一种商品或者类似商品申请注册的商标与他人在先使用的未注册商标相同或者近似，申请人与该他人具有前款规定以外的合同、业务往来关系或者其他关系而明知该他人商标存在，该他人提出异议的，不予注册。

第十六条　商标中有商品的地理标志，而该商品并非来源于该标志所标示的地区，误导公众的，不予注册并禁止使用；但是，已经善意取得注册的继续有效。

前款所称地理标志，是指标示某商品来源于某地区，该商品的特定质量、信誉或者其他特征，主要由该地区的自然因素或者人文因素所决定的标志。

第十七条　外国人或者外国企业在中国申请商标注册的，应当按其所属国和中华人民共和国签订的协议或者共同参加的国际条约办理，或者按对等原则办理。

第十八条　申请商标注册或者办理其他商标事宜，可以自行办理，也可以委托依法设立的商标代理机构办理。

外国人或者外国企业在中国申请商标注册和办理其他商标事宜的，应当委托依法设立的商标代理机构办理。

第十九条 商标代理机构应当遵循诚实信用原则，遵守法律、行政法规，按照被代理人的委托办理商标注册申请或者其他商标事宜；对在代理过程中知悉的被代理人的商业秘密，负有保密义务。

委托人申请注册的商标可能存在本法规定不得注册情形的，商标代理机构应当明确告知委托人。

商标代理机构知道或者应当知道委托人申请注册的商标属于本法第四条、第十五条和第三十二条规定情形的，不得接受其委托。

商标代理机构除对其代理服务申请商标注册外，不得申请注册其他商标。

第二十条 商标代理行业组织应当按照章程规定，严格执行吸纳会员的条件，对违反行业自律规范的会员实行惩戒。商标代理行业组织对其吸纳的会员和对会员的惩戒情况，应当及时向社会公布。

第二十一条 商标国际注册遵循中华人民共和国缔结或者参加的有关国际条约确立的制度，具体办法由国务院规定。

第二章 商标注册的申请

第二十二条 商标注册申请人应当按规定的商品分类表填报使用商标的商品类别和商品名称，提出注册申请。

商标注册申请人可以通过一份申请就多个类别的商品申请注册同一商标。

商标注册申请等有关文件，可以以书面方式或者数据电文方式提出。

第二十三条 注册商标需要在核定使用范围之外的商品上取得商标专用权的，应当另行提出注册申请。

第二十四条 注册商标需要改变其标志的，应当重新提出注册申请。

第二十五条 商标注册申请人自其商标在外国第一次提出商标注册申请之日起六个月内，又在中国就相同商品以同一商标提出商标注册申请的，依照该外国同中国签订的协议或者共同参加的国际条约，或者按照相互承认优先权的原则，可以享有优先权。

依照前款要求优先权的，应当在提出商标注册申请的时候提出书面声明，并且在三个月内提交第一次提出的商标注册申请文件的副本；未提出书面声明或者逾期未提交商标注册申请文件副本的，视为未要求优先权。

第二十六条　商标在中国政府主办的或者承认的国际展览会展出的商品上首次使用的，自该商品展出之日起六个月内，该商标的注册申请人可以享有优先权。

依照前款要求优先权的，应当在提出商标注册申请的时候提出书面声明，并且在三个月内提交展出其商品的展览会名称、在展出商品上使用该商标的证据、展出日期等证明文件；未提出书面声明或者逾期未提交证明文件的，视为未要求优先权。

第二十七条　为申请商标注册所申报的事项和所提供的材料应当真实、准确、完整。

第三章　商标注册的审查和核准

第二十八条　对申请注册的商标，商标局应当自收到商标注册申请文件之日起九个月内审查完毕，符合本法有关规定的，予以初步审定公告。

第二十九条　在审查过程中，商标局认为商标注册申请内容需要说明或者修正的，可以要求申请人做出说明或者修正。申请人未做出说明或者修正的，不影响商标局做出审查决定。

第三十条　申请注册的商标，凡不符合本法有关规定或者同他人在同一种商品或者类似商品上已经注册的或者初步审定的商标相同或者近似的，由商标局驳回申请，不予公告。

第三十一条　两个或者两个以上的商标注册申请人，在同一种商品或者类似商品上，以相同或者近似的商标申请注册的，初步审定并公告申请在先的商标；同一天申请的，初步审定并公告使用在先的商标，驳回其他人的申请，不予公告。

第三十二条　申请商标注册不得损害他人现有的在先权利，也不得以不正当手段抢先注册他人已经使用并有一定影响的商标。

第三十三条　对初步审定公告的商标，自公告之日起三个月内，在先权利人、利害关系人认为违反本法第十三条第二款和第三款、第十五条、第十六条第一款、第三十条、第三十一条、第三十二条规定的，或者任何人认为违反本法第四条、第十条、第十一条、第十二条、第十九条第四款规定的，可以向商标局提出异议。公告期满无异议的，予以核准注册，发给商标注册证，并予公告。

第三十四条　对驳回申请、不予公告的商标，商标局应当书面通知商标注册申请人。商标注册申请人不服的，可以自收到通知之日起十五日内向商标评审委员会申请复审。商标评审委员会应当自收到申请之日起九个月内做出决定，并书面通知申请人。有特殊情况需要延长的，经国务院工商行政管理部门批准，可以延长三个月。当事人对商标评审委员会的决定不服的，可以自收到通知之日起三十日内向人民法院起诉。

第三十五条 对初步审定公告的商标提出异议的，商标局应当听取异议人和被异议人陈述事实和理由，经调查核实后，自公告期满之日起十二个月内做出是否准予注册的决定，并书面通知异议人和被异议人。有特殊情况需要延长的，经国务院工商行政管理部门批准，可以延长六个月。

商标局做出准予注册决定的，发给商标注册证，并予公告。异议人不服的，可以依照本法第四十四条、第四十五条的规定向商标评审委员会请求宣告该注册商标无效。

商标局做出不予注册决定，被异议人不服的，可以自收到通知之日起十五日内向商标评审委员会申请复审。商标评审委员会应当自收到申请之日起十二个月内做出复审决定，并书面通知异议人和被异议人。有特殊情况需要延长的，经国务院工商行政管理部门批准，可以延长六个月。被异议人对商标评审委员会的决定不服的，可以自收到通知之日起三十日内向人民法院起诉。人民法院应当通知异议人作为第三人参加诉讼。

商标评审委员会在依照前款规定进行复审的过程中，所涉及的在先权利的确定必须以人民法院正在审理或者行政机关正在处理的另一案件的结果为依据的，可以中止审查。中止原因消除后，应当恢复审查程序。

第三十六条 法定期限届满，当事人对商标局做出的驳回申请决定、不予注册决定不申请复审或者对商标评审委员会做出的复审决定不向人民法院起诉的，驳回申请决定、不予注册决定或者复审决定生效。

经审查异议不成立而准予注册的商标，商标注册申请人取得商标专用权的时间自初步审定公告三个月期满之日起计算。自该商标公告期满之日起至准予注册决定做出前，对他人在同一种或者类似商品上使用与该商标相同或者近似的标志的行为不具有追溯力；但是，因该使用人的恶意给商标注册人造成的损失，应当给予赔偿。

第三十七条 对商标注册申请和商标复审申请应当及时进行审查。

第三十八条 商标注册申请人或者注册人发现商标申请文件或者注册文件有明显错误的，可以申请更正。商标局依法在其职权范围内作出更正，并通知当事人。

前款所称更正错误不涉及商标申请文件或者注册文件的实质性内容。

第四章　注册商标的续展、变更、转让和使用许可

第三十九条　注册商标的有效期为十年，自核准注册之日起计算。

第四十条　注册商标有效期满，需要继续使用的，商标注册人应当在期满前十二个月内按照规定办理续展手续；在此期间未能办理的，可以给予六个月的宽展期。每次续展注册的有效期为十年，自该商标上一届有效期满次日起计算。期满未办理续展手续的，注销其注册商标。

商标局应当对续展注册的商标予以公告。

第四十一条　注册商标需要变更注册人的名义、地址或者其他注册事项的，应当提出变更申请。

第四十二条　转让注册商标的，转让人和受让人应当签订转让协议，并共同向商标局提出申请。受让人应当保证使用该注册商标的商品质量。

转让注册商标的，商标注册人对其在同一种商品上注册的近似的商标，或者在类似商品上注册的相同或者近似的商标，应当一并转让。

对容易导致混淆或者有其他不良影响的转让，商标局不予核准，书面通知申请人并说明理由。

转让注册商标经核准后，予以公告。受让人自公告之日起享有商标专用权。

第四十三条　商标注册人可以通过签订商标使用许可合同，许可他人使用其注册商标。许可人应当监督被许可人使用其注册商标的商品质量。被许可人应当保证使用该注册商标的商品质量。

经许可使用他人注册商标的，必须在使用该注册商标的商品上标明被许可人的名称和商品产地。

许可他人使用其注册商标的，许可人应当将其商标使用许可报商标局备案，由商标局公告。商标使用许可未经备案不得对抗善意第三人。

第五章　注册商标的无效宣告

第四十四条　已经注册的商标，违反本法第四条、第十条、第十一条、第十二条、第十九条第四款规定的，或者是以欺骗手段或者其他不正当手段取得注册的，由商标局宣告该注册商标无效；其他单位或者个人可以请求商标评审委员会宣告该注册商标无效。

商标局做出宣告注册商标无效的决定，应当书面通知当事人。当事人对商标局的决定不服的，可以自收到通知之日起十五日内向商标评审委员

会申请复审。商标评审委员会应当自收到申请之日起九个月内做出决定，并书面通知当事人。有特殊情况需要延长的，经国务院工商行政管理部门批准，可以延长三个月。当事人对商标评审委员会的决定不服的，可以自收到通知之日起三十日内向人民法院起诉。

其他单位或者个人请求商标评审委员会宣告注册商标无效的，商标评审委员会收到申请后，应当书面通知有关当事人，并限期提出答辩。商标评审委员会应当自收到申请之日起九个月内做出维持注册商标或者宣告注册商标无效的裁定，并书面通知当事人。有特殊情况需要延长的，经国务院工商行政管理部门批准，可以延长三个月。当事人对商标评审委员会的裁定不服的，可以自收到通知之日起三十日内向人民法院起诉。人民法院应当通知商标裁定程序的对方当事人作为第三人参加诉讼。

第四十五条 已经注册的商标，违反本法第十三条第二款和第三款、第十五条、第十六条第一款、第三十条、第三十一条、第三十二条规定的，自商标注册之日起五年内，在先权利人或者利害关系人可以请求商标评审委员会宣告该注册商标无效。对恶意注册的，驰名商标所有人不受五年的时间限制。

商标评审委员会收到宣告注册商标无效的申请后，应当书面通知有关当事人，并限期提出答辩。商标评审委员会应当自收到申请之日起十二个月内做出维持注册商标或者宣告注册商标无效的裁定，并书面通知当事人。有特殊情况需要延长的，经国务院工商行政管理部门批准，可以延长六个月。当事人对商标评审委员会的裁定不服的，可以自收到通知之日起三十日内向人民法院起诉。人民法院应当通知商标裁定程序的对方当事人作为第三人参加诉讼。

商标评审委员会在依照前款规定对无效宣告请求进行审查的过程中，所涉及的在先权利的确定必须以人民法院正在审理或者行政机关正在处理的另一案件的结果为依据的，可以中止审查。中止原因消除后，应当恢复审查程序。

第四十六条 法定期限届满，当事人对商标局宣告注册商标无效的决定不申请复审或者对商标评审委员会的复审决定、维持注册商标或者宣告注册商标无效的裁定不向人民法院起诉的，商标局的决定或者商标评审委员会的复审决定、裁定生效。

第四十七条 依照本法第四十四条、第四十五条的规定宣告无效的注册商标，由商标局予以公告，该注册商标专用权视为自始即不存在。

宣告注册商标无效的决定或者裁定，对宣告无效前人民法院做出并已执行的商标侵权案件的判决、裁定、调解书和工商行政管理部门做出并已执行的商标侵权案件的处理决定以及已经履行的商标转让或者使用许可合同不具有追溯力。但是，因商标注册人的恶意给他人造成的损失，应当给予赔偿。

依照前款规定不返还商标侵权赔偿金、商标转让费、商标使用费，明显违反公平原则的，应当全部或者部分返还。

第六章　商标使用的管理

第四十八条　本法所称商标的使用，是指将商标用于商品、商品包装或者容器以及商品交易文书上，或者将商标用于广告宣传、展览以及其他商业活动中，用于识别商品来源的行为。

第四十九条　商标注册人在使用注册商标的过程中，自行改变注册商标、注册人名义、地址或者其他注册事项的，由地方工商行政管理部门责令限期改正；期满不改正的，由商标局撤销其注册商标。

注册商标成为其核定使用的商品的通用名称或者没有正当理由连续三年不使用的，任何单位或者个人可以向商标局申请撤销该注册商标。商标局应当自收到申请之日起九个月内做出决定。有特殊情况需要延长的，经国务院工商行政管理部门批准，可以延长三个月。

第五十条　注册商标被撤销、被宣告无效或者期满不再续展的，自撤销、宣告无效或者注销之日起一年内，商标局对与该商标相同或者近似的商标注册申请，不予核准。

第五十一条　违反本法第六条规定的，由地方工商行政管理部门责令限期申请注册，违法经营额五万元以上的，可以处违法经营额百分之二十以下的罚款，没有违法经营额或者违法经营额不足五万元的，可以处一万元以下的罚款。

第五十二条　将未注册商标冒充注册商标使用的，或者使用未注册商标违反本法第十条规定的，由地方工商行政管理部门予以制止，限期改正，并可以予以通报，违法经营额五万元以上的，可以处违法经营额百分之二十以下的罚款，没有违法经营额或者违法经营额不足五万元的，可以处一万元以下的罚款。

第五十三条　违反本法第十四条第五款规定的，由地方工商行政管理部门责令改正，处十万元罚款。

第五十四条 对商标局撤销或者不予撤销注册商标的决定，当事人不服的，可以自收到通知之日起十五日内向商标评审委员会申请复审。商标评审委员会应当自收到申请之日起九个月内做出决定，并书面通知当事人。有特殊情况需要延长的，经国务院工商行政管理部门批准，可以延长三个月。当事人对商标评审委员会的决定不服的，可以自收到通知之日起三十日内向人民法院起诉。

第五十五条 法定期限届满，当事人对商标局做出的撤销注册商标的决定不申请复审或者对商标评审委员会做出的复审决定不向人民法院起诉的，撤销注册商标的决定、复审决定生效。

被撤销的注册商标，由商标局予以公告，该注册商标专用权自公告之日起终止。

第七章 注册商标专用权的保护

第五十六条 注册商标的专用权，以核准注册的商标和核定使用的商品为限。

第五十七条 有下列行为之一的，均属侵犯注册商标专用权：

（一）未经商标注册人的许可，在同一种商品上使用与其注册商标相同的商标的；

（二）未经商标注册人的许可，在同一种商品上使用与其注册商标近似的商标，或者在类似商品上使用与其注册商标相同或者近似的商标，容易导致混淆的；

（三）销售侵犯注册商标专用权的商品的；

（四）伪造、擅自制造他人注册商标标识或者销售伪造、擅自制造的注册商标标识的；

（五）未经商标注册人同意，更换其注册商标并将该更换商标的商品又投入市场的；

（六）故意为侵犯他人商标专用权行为提供便利条件，帮助他人实施侵犯商标专用权行为的；

（七）给他人的注册商标专用权造成其他损害的。

第五十八条 将他人注册商标、未注册的驰名商标作为企业名称中的字号使用，误导公众，构成不正当竞争行为的，依照《中华人民共和国反不正当竞争法》处理。

第五十九条 注册商标中含有的本商品的通用名称、图形、型号，或者直接表示商品的质量、主要原料、功能、用途、重量、数量及其他特点，或者含有的地名，注册商标专用权人无权禁止他人正当使用。

三维标志注册商标中含有的商品自身的性质产生的形状、为获得技术效果而需有的商品形状或者使商品具有实质性价值的形状，注册商标专用权人无权禁止他人正当使用。

商标注册人申请商标注册前，他人已经在同一种商品或者类似商品上先于商标注册人使用与注册商标相同或者近似并有一定影响的商标的，注册商标专用权人无权禁止该使用人在原使用范围内继续使用该商标，但可以要求其附加适当区别标识。

第六十条　有本法第五十七条所列侵犯注册商标专用权行为之一，引起纠纷的，由当事人协商解决；不愿协商或者协商不成的，商标注册人或者利害关系人可以向人民法院起诉，也可以请求工商行政管理部门处理。

工商行政管理部门处理时，认定侵权行为成立的，责令立即停止侵权行为，没收、销毁侵权商品和主要用于制造侵权商品、伪造注册商标标识的工具，违法经营额五万元以上的，可以处违法经营额五倍以下的罚款，没有违法经营额或者违法经营额不足五万元的，可以处二十五万元以下的罚款。对五年内实施两次以上商标侵权行为或者有其他严重情节的，应当从重处罚。销售不知道是侵犯注册商标专用权的商品，能证明该商品是自己合法取得并说明提供者的，由工商行政管理部门责令停止销售。

对侵犯商标专用权的赔偿数额的争议，当事人可以请求进行处理的工商行政管理部门调解，也可以依照《中华人民共和国民事诉讼法》向人民法院起诉。经工商行政管理部门调解，当事人未达成协议或者调解书生效后不履行的，当事人可以依照《中华人民共和国民事诉讼法》向人民法院起诉。

第六十一条　对侵犯注册商标专用权的行为，工商行政管理部门有权依法查处；涉嫌犯罪的，应当及时移送司法机关依法处理。

第六十二条　县级以上工商行政管理部门根据已经取得的违法嫌疑证据或者举报，对涉嫌侵犯他人注册商标专用权的行为进行查处时，可以行使下列职权：

（一）询问有关当事人，调查与侵犯他人注册商标专用权有关的情况；

（二）查阅、复制当事人与侵权活动有关的合同、发票、账簿以及其他有关资料；

（三）对当事人涉嫌从事侵犯他人注册商标专用权活动的场所实施现

场检查；

（四）检查与侵权活动有关的物品；对有证据证明是侵犯他人注册商标专用权的物品，可以查封或者扣押。

工商行政管理部门依法行使前款规定的职权时，当事人应当予以协助、配合，不得拒绝、阻挠。

在查处商标侵权案件过程中，对商标权属存在争议或者权利人同时向人民法院提起商标侵权诉讼的，工商行政管理部门可以中止案件的查处。中止原因消除后，应当恢复或者终结案件查处程序。

第六十三条 侵犯商标专用权的赔偿数额，按照权利人因被侵权所受到的实际损失确定；实际损失难以确定的，可以按照侵权人因侵权所获得的利益确定；权利人的损失或者侵权人获得的利益难以确定的，参照该商标许可使用费的倍数合理确定。对恶意侵犯商标专用权，情节严重的，可以在按照上述方法确定数额的一倍以上五倍以下确定赔偿数额。赔偿数额应当包括权利人为制止侵权行为所支付的合理开支。

人民法院为确定赔偿数额，在权利人已经尽力举证，而与侵权行为相关的账簿、资料主要由侵权人掌握的情况下，可以责令侵权人提供与侵权行为相关的账簿、资料；侵权人不提供或者提供虚假的账簿、资料的，人民法院可以参考权利人的主张和提供的证据判定赔偿数额。

权利人因被侵权所受到的实际损失、侵权人因侵权所获得的利益、注册商标许可使用费难以确定的，由人民法院根据侵权行为的情节判决给予五百万元以下的赔偿。

人民法院审理商标纠纷案件，应权利人请求，对属于假冒注册商标的商品，除特殊情况外，责令销毁；对主要用于制造假冒注册商标的商品的材料、工具，责令销毁，且不予补偿；或者在特殊情况下，责令禁止前述材料、工具进入商业渠道，且不予补偿。

假冒注册商标的商品不得在仅去除假冒注册商标后进入商业渠道。

第六十四条 注册商标专用权人请求赔偿，被控侵权人以注册商标专用权人未使用注册商标提出抗辩的，人民法院可以要求注册商标专用权人提供此前三年内实际使用该注册商标的证据。注册商标专用权人不能证明此前三年内实际使用过该注册商标，也不能证明因侵权行为受到其他损失的，被控侵权人不承担赔偿责任。

销售不知道是侵犯注册商标专用权的商品，能证明该商品是自己合法取得并说明提供者的，不承担赔偿责任。

第六十五条 商标注册人或者利害关系人有证据证明他人正在实施或者即将实施侵犯其注册商标专用权的行为，如不及时制止将会使其合法权益受到难以弥补的损害的，可以依法在起诉前向人民法院申请采取责令停止有关行为和财产保全的措施。

第六十六条 为制止侵权行为，在证据可能灭失或者以后难以取得的情况下，商标注册人或者利害关系人可以依法在起诉前向人民法院申请保全证据。

第六十七条 未经商标注册人许可，在同一种商品上使用与其注册商标相同的商标，构成犯罪的，除赔偿被侵权人的损失外，依法追究刑事责任。

伪造、擅自制造他人注册商标标识或者销售伪造、擅自制造的注册商标标识，构成犯罪的，除赔偿被侵权人的损失外，依法追究刑事责任。

销售明知是假冒注册商标的商品，构成犯罪的，除赔偿被侵权人的损失外，依法追究刑事责任。

第六十八条 商标代理机构有下列行为之一的，由工商行政管理部门责令限期改正，给予警告，处一万元以上十万元以下的罚款；对直接负责的主管人员和其他直接责任人员给予警告，处五千元以上五万元以下的罚款；构成犯罪的，依法追究刑事责任：

（一）办理商标事宜过程中，伪造、变造或者使用伪造、变造的法律文件、印章、签名的；

（二）以诋毁其他商标代理机构等手段招徕商标代理业务或者以其他不正当手段扰乱商标代理市场秩序的；

（三）违反本法第四条、第十九条第三款和第四款规定的。

商标代理机构有前款规定行为的，由工商行政管理部门记入信用档案；情节严重的，商标局、商标评审委员会并可以决定停止受理其办理商标代理业务，予以公告。

商标代理机构违反诚实信用原则，侵害委托人合法利益的，应当依法承担民事责任，并由商标代理行业组织按照章程规定予以惩戒。

对恶意申请商标注册的，根据情节给予警告、罚款等行政处罚；对恶意提起商标诉讼的，由人民法院依法给予处罚。

第六十九条 从事商标注册、管理和复审工作的国家机关工作人员必须秉公执法，廉洁自律，忠于职守，文明服务。

商标局、商标评审委员会以及从事商标注册、管理和复审工作的国家机关工作人员不得从事商标代理业务和商品生产经营活动。

第七十条 工商行政管理部门应当建立健全内部监督制度，对负责商标注册、管理和复审工作的国家机关工作人员执行法律、行政法规和遵守纪律的情况，进行监督检查。

第七十一条 从事商标注册、管理和复审工作的国家机关工作人员玩忽职守、滥用职权、徇私舞弊，违法办理商标注册、管理和复审事项，收受当事人财物，牟取不正当利益，构成犯罪的，依法追究刑事责任；尚不构成犯罪的，依法给予处分。

第八章 附　　则

第七十二条 申请商标注册和办理其他商标事宜的，应当缴纳费用，具体收费标准另定。

第七十三条 本法自 1983 年 3 月 1 日起施行。1963 年 4 月 10 日国务院公布的《商标管理条例》同时废止；其他有关商标管理的规定，凡与本法抵触的，同时失效。

本法施行前已经注册的商标继续有效。

中华人民共和国反不正当竞争法

（1993年9月2日第八届全国人民代表大会常务委员会第三次会议通过　2017年11月4日第十二届全国人民代表大会常务委员会第三十次会议修订　根据2019年4月23日第十三届全国人民代表大会常务委员会第十次会议《关于修改〈中华人民共和国建筑法〉等八部法律的决定》修正）

目　　录

第一章　总　　则

第一条　为了促进社会主义市场经济健康发展，鼓励和保护公平竞争，制止不正当竞争行为，保护经营者和消费者的合法权益，制定本法。

第二条　经营者在生产经营活动中，应当遵循自愿、平等、公平、诚信的原则，遵守法律和商业道德。

本法所称的不正当竞争行为，是指经营者在生产经营活动中，违反本法规定，扰乱市场竞争秩序，损害其他经营者或者消费者的合法权益的行为。

本法所称的经营者，是指从事商品生产、经营或者提供服务（以下所称商品包括服务）的自然人、法人和非法人组织。

第三条　各级人民政府应当采取措施，制止不正当竞争行为，为公平竞争创造良好的环境和条件。

国务院建立反不正当竞争工作协调机制，研究决定反不正当竞争重大政策，协调处理维护市场竞争秩序的重大问题。

第四条 县级以上人民政府履行工商行政管理职责的部门对不正当竞争行为进行查处；法律、行政法规规定由其他部门查处的，依照其规定。

第五条 国家鼓励、支持和保护一切组织和个人对不正当竞争行为进行社会监督。

国家机关及其工作人员不得支持、包庇不正当竞争行为。

行业组织应当加强行业自律，引导、规范会员依法竞争，维护市场竞争秩序。

第二章 不正当竞争行为

第六条 经营者不得实施下列混淆行为，引人误认为是他人商品或者与他人存在特定联系：

（一）擅自使用与他人有一定影响的商品名称、包装、装潢等相同或者近似的标识；

（二）擅自使用他人有一定影响的企业名称（包括简称、字号等）、社会组织名称（包括简称等）、姓名（包括笔名、艺名、译名等）；

（三）擅自使用他人有一定影响的域名主体部分、网站名称、网页等；

（四）其他足以引人误认为是他人商品或者与他人存在特定联系的混淆行为。

第七条 经营者不得采用财物或者其他手段贿赂下列单位或者个人，以谋取交易机会或者竞争优势：

（一）交易相对方的工作人员；

（二）受交易相对方委托办理相关事务的单位或者个人；

（三）利用职权或者影响力影响交易的单位或者个人。

经营者在交易活动中，可以以明示方式向交易相对方支付折扣，或者向中间人支付佣金。经营者向交易相对方支付折扣、向中间人支付佣金的，应当如实入账。接受折扣、佣金的经营者也应当如实入账。

经营者的工作人员进行贿赂的，应当认定为经营者的行为；但是，经营者有证据证明该工作人员的行为与为经营者谋取交易机会或者竞争优势无关的除外。

第八条 经营者不得对其商品的性能、功能、质量、销售状况、用户评价、曾获荣誉等作虚假或者引人误解的商业宣传，欺骗、误导消费者。

经营者不得通过组织虚假交易等方式，帮助其他经营者进行虚假或者引人误解的商业宣传。

第九条　经营者不得实施下列侵犯商业秘密的行为：

（一）以盗窃、贿赂、欺诈、胁迫、电子侵入或者其他不正当手段获取权利人的商业秘密；

（二）披露、使用或者允许他人使用以前项手段获取的权利人的商业秘密；

（三）违反保密义务或者违反权利人有关保守商业秘密的要求，披露、使用或者允许他人使用其所掌握的商业秘密；

（四）教唆、引诱、帮助他人违反保密义务或者违反权利人有关保守商业秘密的要求，获取、披露、使用或者允许他人使用权利人的商业秘密。

经营者以外的其他自然人、法人和非法人组织实施前款所列违法行为的，视为侵犯商业秘密。

第三人明知或者应知商业秘密权利人的员工、前员工或者其他单位、个人实施本条第一款所列违法行为，仍获取、披露、使用或者允许他人使用该商业秘密的，视为侵犯商业秘密。

本法所称的商业秘密，是指不为公众所知悉、具有商业价值并经权利人采取相应保密措施的技术信息、经营信息等商业信息。

第十条　经营者进行有奖销售不得存在下列情形：

（一）所设奖的种类、兑奖条件、奖金金额或者奖品等有奖销售信息不明确，影响兑奖；

（二）采用谎称有奖或者故意让内定人员中奖的欺骗方式进行有奖销售；

（三）抽奖式的有奖销售，最高奖的金额超过五万元。

第十一条　经营者不得编造、传播虚假信息或者误导性信息，损害竞争对手的商业信誉、商品声誉。

第十二条　经营者利用网络从事生产经营活动，应当遵守本法的各项规定。

经营者不得利用技术手段，通过影响用户选择或者其他方式，实施下列妨碍、破坏其他经营者合法提供的网络产品或者服务正常运行的行为：

（一）未经其他经营者同意，在其合法提供的网络产品或者服务中，插入链接、强制进行目标跳转；

（二）误导、欺骗、强迫用户修改、关闭、卸载其他经营者合法提供的网络产品或者服务；

（三）恶意对其他经营者合法提供的网络产品或者服务实施不兼容；

（四）其他妨碍、破坏其他经营者合法提供的网络产品或者服务正常运行的行为。

第三章　对涉嫌不正当竞争行为的调查

第十三条　监督检查部门调查涉嫌不正当竞争行为，可以采取下列措施：

（一）进入涉嫌不正当竞争行为的经营场所进行检查；

（二）询问被调查的经营者、利害关系人及其他有关单位、个人，要求其说明有关情况或者提供与被调查行为有关的其他资料；

（三）查询、复制与涉嫌不正当竞争行为有关的协议、账簿、单据、文件、记录、业务函电和其他资料；

（四）查封、扣押与涉嫌不正当竞争行为有关的财物；

（五）查询涉嫌不正当竞争行为的经营者的银行账户。

采取前款规定的措施，应当向监督检查部门主要负责人书面报告，并经批准。采取前款第四项、第五项规定的措施，应当向设区的市级以上人民政府监督检查部门主要负责人书面报告，并经批准。

监督检查部门调查涉嫌不正当竞争行为，应当遵守《中华人民共和国行政强制法》和其他有关法律、行政法规的规定，并应当将查处结果及时向社会公开。

第十四条　监督检查部门调查涉嫌不正当竞争行为，被调查的经营者、利害关系人及其他有关单位、个人应当如实提供有关资料或者情况。

第十五条　监督检查部门及其工作人员对调查过程中知悉的商业秘密负有保密义务。

第十六条　对涉嫌不正当竞争行为，任何单位和个人有权向监督检查部门举报，监督检查部门接到举报后应当依法及时处理。

监督检查部门应当向社会公开受理举报的电话、信箱或者电子邮件地址，并为举报人保密。对实名举报并提供相关事实和证据的，监督检查部门应当将处理结果告知举报人。

第四章　法律责任

第十七条　经营者违反本法规定，给他人造成损害的，应当依法承担民事责任。

经营者的合法权益受到不正当竞争行为损害的，可以向人民法院提起诉讼。

因不正当竞争行为受到损害的经营者的赔偿数额，按照其因被侵权所受到的实际损失确定；实际损失难以计算的，按照侵权人因侵权所获得的利益确定。经营者恶意实施侵犯商业秘密行为，情节严重的，可以在按照上述方法确定数额的一倍以上五倍以下确定赔偿数额。赔偿数额还应当包括经营者为制止侵权行为所支付的合理开支。

经营者违反本法第六条、第九条规定，权利人因被侵权所受到的实际损失、侵权人因侵权所获得的利益难以确定的，由人民法院根据侵权行为的情节判决给予权利人五百万元以下的赔偿。

第十八条　经营者违反本法第六条规定实施混淆行为的，由监督检查部门责令停止违法行为，没收违法商品。违法经营额五万元以上的，可以并处违法经营额五倍以下的罚款；没有违法经营额或者违法经营额不足五万元的，可以并处二十五万元以下的罚款。情节严重的，吊销营业执照。

经营者登记的企业名称违反本法第六条规定的，应当及时办理名称变更登记；名称变更前，由原企业登记机关以统一社会信用代码代替其名称。

第十九条　经营者违反本法第七条规定贿赂他人的，由监督检查部门没收违法所得，处十万元以上三百万元以下的罚款。情节严重的，吊销营业执照。

第二十条　经营者违反本法第八条规定对其商品作虚假或者引人误解的商业宣传，或者通过组织虚假交易等方式帮助其他经营者进行虚假或者引人误解的商业宣传的，由监督检查部门责令停止违法行为，处二十万元以上一百万元以下的罚款；情节严重的，处一百万元以上二百万元以下的罚款，可以吊销营业执照。

经营者违反本法第八条规定，属于发布虚假广告的，依照《中华人民共和国广告法》的规定处罚。

第二十一条　经营者以及其他自然人、法人和非法人组织违反本法第九条规定侵犯商业秘密的，由监督检查部门责令停止违法行为，没收违法所得，处十万元以上一百万元以下的罚款；情节严重的，处五十万元以上五百万元以下的罚款。

第二十二条　经营者违反本法第十条规定进行有奖销售的，由监督检查部门责令停止违法行为，处五万元以上五十万元以下的罚款。

第二十三条 经营者违反本法第十一条规定损害竞争对手商业信誉、商品声誉的，由监督检查部门责令停止违法行为、消除影响，处十万元以上五十万元以下的罚款；情节严重的，处五十万元以上三百万元以下的罚款。

第二十四条 经营者违反本法第十二条规定妨碍、破坏其他经营者合法提供的网络产品或者服务正常运行的，由监督检查部门责令停止违法行为，处十万元以上五十万元以下的罚款；情节严重的，处五十万元以上三百万元以下的罚款。

第二十五条 经营者违反本法规定从事不正当竞争，有主动消除或者减轻违法行为危害后果等法定情形的，依法从轻或者减轻行政处罚；违法行为轻微并及时纠正，没有造成危害后果的，不予行政处罚。

第二十六条 经营者违反本法规定从事不正当竞争，受到行政处罚的，由监督检查部门记入信用记录，并依照有关法律、行政法规的规定予以公示。

第二十七条 经营者违反本法规定，应当承担民事责任、行政责任和刑事责任，其财产不足以支付的，优先用于承担民事责任。

第二十八条 妨害监督检查部门依照本法履行职责，拒绝、阻碍调查的，由监督检查部门责令改正，对个人可以处五千元以下的罚款，对单位可以处五万元以下的罚款，并可以由公安机关依法给予治安管理处罚。

第二十九条 当事人对监督检查部门作出的决定不服的，可以依法申请行政复议或者提起行政诉讼。

第三十条 监督检查部门的工作人员滥用职权、玩忽职守、徇私舞弊或者泄露调查过程中知悉的商业秘密的，依法给予处分。

第三十一条 违反本法规定，构成犯罪的，依法追究刑事责任。

第三十二条 在侵犯商业秘密的民事审判程序中，商业秘密权利人提供初步证据，证明其已经对所主张的商业秘密采取保密措施，且合理表明商业秘密被侵犯，涉嫌侵权人应当证明权利人所主张的商业秘密不属于本法规定的商业秘密。

商业秘密权利人提供初步证据合理表明商业秘密被侵犯，且提供以下证据之一的，涉嫌侵权人应当证明其不存在侵犯商业秘密的行为：

（一）有证据表明涉嫌侵权人有渠道或者机会获取商业秘密，且其使用的信息与该商业秘密实质上相同；

（二）有证据表明商业秘密已经被涉嫌侵权人披露、使用或者有被披露、使用的风险；

（三）有其他证据表明商业秘密被涉嫌侵权人侵犯。

第五章　附　　则

第三十三条　本法自 2018 年 1 月 1 日起施行。

中华人民共和国广告法

（1994年10月27日第八届全国人民代表大会常务委员会第十次会议通过　2015年4月24日第十二届全国人民代表大会常务委员会第十四次会议修订　根据2018年10月26日第十三届全国人民代表大会常务委员会第六次会议《关于修改〈中华人民共和国野生动物保护法〉等十五部法律的决定》第一次修正　根据2021年4月29日第十三届全国人民代表大会常务委员会第二十八次会议《关于修改〈中华人民共和国道路交通安全法〉等八部法律的决定》第二次修正）

目　　录

第一章　总　　则

第一条　为了规范广告活动，保护消费者的合法权益，促进广告业的健康发展，维护社会经济秩序，制定本法。

第二条　在中华人民共和国境内，商品经营者或者服务提供者通过一定媒介和形式直接或者间接地介绍自己所推销的商品或者服务的商业广告活动，适用本法。

本法所称广告主，是指为推销商品或者服务，自行或者委托他人设计、制作、发布广告的自然人、法人或者其他组织。

本法所称广告经营者，是指接受委托提供广告设计、制作、代理服务的自然人、法人或者其他组织。

本法所称广告发布者，是指为广告主或者广告主委托的广告经营者发布广告的自然人、法人或者其他组织。

本法所称广告代言人，是指广告主以外的，在广告中以自己的名义或者形象对商品、服务作推荐、证明的自然人、法人或者其他组织。

第三条　广告应当真实、合法，以健康的表现形式表达广告内容，符合社会主义精神文明建设和弘扬中华民族优秀传统文化的要求。

第四条　广告不得含有虚假或者引人误解的内容，不得欺骗、误导消费者。

广告主应当对广告内容的真实性负责。

第五条　广告主、广告经营者、广告发布者从事广告活动，应当遵守法律、法规，诚实信用，公平竞争。

第六条　国务院市场监督管理部门主管全国的广告监督管理工作，国务院有关部门在各自的职责范围内负责广告管理相关工作。

县级以上地方市场监督管理部门主管本行政区域的广告监督管理工作，县级以上地方人民政府有关部门在各自的职责范围内负责广告管理相关工作。

第七条　广告行业组织依照法律、法规和章程的规定，制定行业规范，加强行业自律，促进行业发展，引导会员依法从事广告活动，推动广告行业诚信建设。

第二章　广告内容准则

第八条　广告中对商品的性能、功能、产地、用途、质量、成分、价格、生产者、有效期限、允诺等或者对服务的内容、提供者、形式、质量、价格、允诺等有表示的，应当准确、清楚、明白。

广告中表明推销的商品或者服务附带赠送的，应当明示所附带赠送商品或者服务的品种、规格、数量、期限和方式。

法律、行政法规规定广告中应当明示的内容，应当显著、清晰表示。

第九条　广告不得有下列情形：

（一）使用或者变相使用中华人民共和国的国旗、国歌、国徽，军旗、军歌、军徽；

（二）使用或者变相使用国家机关、国家机关工作人员的名义或者形象；

（三）使用“国家级”、“最高级”、“最佳”等用语；

（四）损害国家的尊严或者利益，泄露国家秘密；

（五）妨碍社会安定，损害社会公共利益；

（六）危害人身、财产安全，泄露个人隐私；

（七）妨碍社会公共秩序或者违背社会良好风尚；

（八）含有淫秽、色情、赌博、迷信、恐怖、暴力的内容；

（九）含有民族、种族、宗教、性别歧视的内容；

（十）妨碍环境、自然资源或者文化遗产保护；

（十一）法律、行政法规规定禁止的其他情形。

第十条 广告不得损害未成年人和残疾人的身心健康。

第十一条 广告内容涉及的事项需要取得行政许可的，应当与许可的内容相符合。

广告使用数据、统计资料、调查结果、文摘、引用语等引证内容的，应当真实、准确，并表明出处。引证内容有适用范围和有效期限的，应当明确表示。

第十二条 广告中涉及专利产品或者专利方法的，应当标明专利号和专利种类。

未取得专利权的，不得在广告中谎称取得专利权。

禁止使用未授予专利权的专利申请和已经终止、撤销、无效的专利作广告。

第十三条 广告不得贬低其他生产经营者的商品或者服务。

第十四条 广告应当具有可识别性，能够使消费者辨明其为广告。

大众传播媒介不得以新闻报道形式变相发布广告。通过大众传播媒介发布的广告应当显著标明“广告”，与其他非广告信息相区别，不得使消费者产生误解。

广播电台、电视台发布广告，应当遵守国务院有关部门关于时长、方式的规定，并应当对广告时长作出明显提示。

第十五条 麻醉药品、精神药品、医疗用毒性药品、放射性药品等特殊药品，药品类易制毒化学品，以及戒毒治疗的药品、医疗器械和治疗方法，不得作广告。

前款规定以外的处方药，只能在国务院卫生行政部门和国务院药品监督管理部门共同指定的医学、药学专业刊物上作广告。

第十六条 医疗、药品、医疗器械广告不得含有下列内容：

（一）表示功效、安全性的断言或者保证；

（二）说明治愈率或者有效率；

（三）与其他药品、医疗器械的功效和安全性或者其他医疗机构比较；

（四）利用广告代言人作推荐、证明；

（五）法律、行政法规规定禁止的其他内容。

药品广告的内容不得与国务院药品监督管理部门批准的说明书不一致，并应当显著标明禁忌、不良反应。处方药广告应当显著标明“本广告仅供医学药学专业人士阅读”，非处方药广告应当显著标明“请按药品说明书或者在药师指导下购买和使用”。

推荐给个人自用的医疗器械的广告，应当显著标明“请仔细阅读产品说明书或者在医务人员的指导下购买和使用”。医疗器械产品注册证明文件中有禁忌内容、注意事项的，广告中应当显著标明“禁忌内容或者注意事项详见说明书”。

第十七条 除医疗、药品、医疗器械广告外，禁止其他任何广告涉及疾病治疗功能，并不得使用医疗用语或者易使推销的商品与药品、医疗器械相混淆的用语。

第十八条 保健食品广告不得含有下列内容：

（一）表示功效、安全性的断言或者保证；

（二）涉及疾病预防、治疗功能；

（三）声称或者暗示广告商品为保障健康所必需；

（四）与药品、其他保健食品进行比较；

（五）利用广告代言人作推荐、证明；

（六）法律、行政法规规定禁止的其他内容。

保健食品广告应当显著标明“本品不能代替药物”。

第十九条 广播电台、电视台、报刊音像出版单位、互联网信息服务提供者不得以介绍健康、养生知识等形式变相发布医疗、药品、医疗器械、保健食品广告。

第二十条 禁止在大众传播媒介或者公共场所发布声称全部或者部分替代母乳的婴儿乳制品、饮料和其他食品广告。

第二十一条 农药、兽药、饲料和饲料添加剂广告不得含有下列内容：

（一）表示功效、安全性的断言或者保证；

（二）利用科研单位、学术机构、技术推广机构、行业协会或者专业人士、用户的名义或者形象作推荐、证明；

（三）说明有效率；

（四）违反安全使用规程的文字、语言或者画面；

（五）法律、行政法规规定禁止的其他内容。

第二十二条　禁止在大众传播媒介或者公共场所、公共交通工具、户外发布烟草广告。禁止向未成年人发送任何形式的烟草广告。

禁止利用其他商品或者服务的广告、公益广告，宣传烟草制品名称、商标、包装、装潢以及类似内容。

烟草制品生产者或者销售者发布的迁址、更名、招聘等启事中，不得含有烟草制品名称、商标、包装、装潢以及类似内容。

第二十三条　酒类广告不得含有下列内容：

（一）诱导、怂恿饮酒或者宣传无节制饮酒；

（二）出现饮酒的动作；

（三）表现驾驶车、船、飞机等活动；

（四）明示或者暗示饮酒有消除紧张和焦虑、增加体力等功效。

第二十四条　教育、培训广告不得含有下列内容：

（一）对升学、通过考试、获得学位学历或者合格证书，或者对教育、培训的效果作出明示或者暗示的保证性承诺；

（二）明示或者暗示有相关考试机构或者其工作人员、考试命题人员参与教育、培训；

（三）利用科研单位、学术机构、教育机构、行业协会、专业人士、受益者的名义或者形象作推荐、证明。

第二十五条　招商等有投资回报预期的商品或者服务广告，应当对可能存在的风险以及风险责任承担有合理提示或者警示，并不得含有下列内容：

（一）对未来效果、收益或者与其相关的情况作出保证性承诺，明示或者暗示保本、无风险或者保收益等，国家另有规定的除外；

（二）利用学术机构、行业协会、专业人士、受益者的名义或者形象作推荐、证明。

第二十六条　房地产广告，房源信息应当真实，面积应当表明为建筑面积或者套内建筑面积，并不得含有下列内容：

（一）升值或者投资回报的承诺；

（二）以项目到达某一具体参照物的所需时间表示项目位置；

（三）违反国家有关价格管理的规定；

（四）对规划或者建设中的交通、商业、文化教育设施以及其他市政条件作误导宣传。

第二十七条　农作物种子、林木种子、草种子、种畜禽、水产苗种和种养殖广告关于品种名称、生产性能、生长量或者产量、品质、抗性、特殊使用价值、经济价值、适宜种植或者养殖的范围和条件等方面的表述应当真实、清楚、明白，并不得含有下列内容：

（一）作科学上无法验证的断言；

（二）表示功效的断言或者保证；

（三）对经济效益进行分析、预测或者作保证性承诺；

（四）利用科研单位、学术机构、技术推广机构、行业协会或者专业人士、用户的名义或者形象作推荐、证明。

第二十八条　广告以虚假或者引人误解的内容欺骗、误导消费者的，构成虚假广告。

广告有下列情形之一的，为虚假广告：

（一）商品或者服务不存在的；

（二）商品的性能、功能、产地、用途、质量、规格、成分、价格、生产者、有效期限、销售状况、曾获荣誉等信息，或者服务的内容、提供者、形式、质量、价格、销售状况、曾获荣誉等信息，以及与商品或者服务有关的允诺等信息与实际情况不符，对购买行为有实质性影响的；

（三）使用虚构、伪造或者无法验证的科研成果、统计资料、调查结果、文摘、引用语等信息作证明材料的；

（四）虚构使用商品或者接受服务的效果的；

（五）以虚假或者引人误解的内容欺骗、误导消费者的其他情形。

第三章　广告行为规范

第二十九条　广播电台、电视台、报刊出版单位从事广告发布业务的，应当设有专门从事广告业务的机构，配备必要的人员，具有与发布广告相适应的场所、设备。

第三十条　广告主、广告经营者、广告发布者之间在广告活动中应当依法订立书面合同。

第三十一条　广告主、广告经营者、广告发布者不得在广告活动中进行任何形式的不正当竞争。

第三十二条　广告主委托设计、制作、发布广告，应当委托具有合法经营资格的广告经营者、广告发布者。

第三十三条 广告主或者广告经营者在广告中使用他人名义或者形象的，应当事先取得其书面同意；使用无民事行为能力人、限制民事行为能力人的名义或者形象的，应当事先取得其监护人的书面同意。

第三十四条 广告经营者、广告发布者应当按照国家有关规定，建立、健全广告业务的承接登记、审核、档案管理制度。

广告经营者、广告发布者依据法律、行政法规查验有关证明文件，核对广告内容。对内容不符或者证明文件不全的广告，广告经营者不得提供设计、制作、代理服务，广告发布者不得发布。

第三十五条 广告经营者、广告发布者应当公布其收费标准和收费办法。

第三十六条 广告发布者向广告主、广告经营者提供的覆盖率、收视率、点击率、发行量等资料应当真实。

第三十七条 法律、行政法规规定禁止生产、销售的产品或者提供的服务，以及禁止发布广告的商品或者服务，任何单位或者个人不得设计、制作、代理、发布广告。

第三十八条 广告代言人在广告中对商品、服务作推荐、证明，应当依据事实，符合本法和有关法律、行政法规规定，并不得为其未使用过的商品或者未接受过的服务作推荐、证明。

不得利用不满十周岁的未成年人作为广告代言人。

对在虚假广告中作推荐、证明受到行政处罚未满三年的自然人、法人或者其他组织，不得利用其作为广告代言人。

第三十九条 不得在中小学校、幼儿园内开展广告活动，不得利用中小学生和幼儿的教材、教辅材料、练习册、文具、教具、校服、校车等发布或者变相发布广告，但公益广告除外。

第四十条 在针对未成年人的大众传播媒介上不得发布医疗、药品、保健食品、医疗器械、化妆品、酒类、美容广告，以及不利于未成年人身心健康的网络游戏广告。

针对不满十四周岁的未成年人的商品或者服务的广告不得含有下列内容：

（一）劝诱其要求家长购买广告商品或者服务；

（二）可能引发其模仿不安全行为。

第四十一条 县级以上地方人民政府应当组织有关部门加强对利用户外场所、空间、设施等发布户外广告的监督管理，制定户外广告设置规划和安全要求。

户外广告的管理办法，由地方性法规、地方政府规章规定。

第四十二条 有下列情形之一的，不得设置户外广告：

（一）利用交通安全设施、交通标志的；

（二）影响市政公共设施、交通安全设施、交通标志、消防设施、消防安全标志使用的；

（三）妨碍生产或者人民生活，损害市容市貌的；

（四）在国家机关、文物保护单位、风景名胜区等的建筑控制地带，或者县级以上地方人民政府禁止设置户外广告的区域设置的。

第四十三条 任何单位或者个人未经当事人同意或者请求，不得向其住宅、交通工具等发送广告，也不得以电子信息方式向其发送广告。

以电子信息方式发送广告的，应当明示发送者的真实身份和联系方式，并向接收者提供拒绝继续接收的方式。

第四十四条 利用互联网从事广告活动，适用本法的各项规定。

利用互联网发布、发送广告，不得影响用户正常使用网络。在互联网页面以弹出等形式发布的广告，应当显著标明关闭标志，确保一键关闭。

第四十五条 公共场所的管理者或者电信业务经营者、互联网信息服务提供者对其明知或者应知的利用其场所或者信息传输、发布平台发送、发布违法广告的，应当予以制止。

第四章 监督管理

第四十六条 发布医疗、药品、医疗器械、农药、兽药和保健食品广告，以及法律、行政法规规定应当进行审查的其他广告，应当在发布前由有关部门（以下称广告审查机关）对广告内容进行审查；未经审查，不得发布。

第四十七条 广告主申请广告审查，应当依照法律、行政法规向广告审查机关提交有关证明文件。

广告审查机关应当依照法律、行政法规规定作出审查决定，并应当将审查批准文件抄送同级市场监督管理部门。广告审查机关应当及时向社会公布批准的广告。

第四十八条 任何单位或者个人不得伪造、变造或者转让广告审查批准文件。

第四十九条 市场监督管理部门履行广告监督管理职责，可以行使下列职权：

（一）对涉嫌从事违法广告活动的场所实施现场检查；

（二）询问涉嫌违法当事人或者其法定代表人、主要负责人和其他有关人员，对有关单位或者个人进行调查；

（三）要求涉嫌违法当事人限期提供有关证明文件；

（四）查阅、复制与涉嫌违法广告有关的合同、票据、账簿、广告作品和其他有关资料；

（五）查封、扣押与涉嫌违法广告直接相关的广告物品、经营工具、设备等财物；

（六）责令暂停发布可能造成严重后果的涉嫌违法广告；

（七）法律、行政法规规定的其他职权。

市场监督管理部门应当建立健全广告监测制度，完善监测措施，及时发现和依法查处违法广告行为。

第五十条 国务院市场监督管理部门会同国务院有关部门，制定大众传播媒介广告发布行为规范。

第五十一条 市场监督管理部门依照本法规定行使职权，当事人应当协助、配合，不得拒绝、阻挠。

第五十二条 市场监督管理部门和有关部门及其工作人员对其在广告监督管理活动中知悉的商业秘密负有保密义务。

第五十三条 任何单位或者个人有权向市场监督管理部门和有关部门投诉、举报违反本法的行为。市场监督管理部门和有关部门应当向社会公开受理投诉、举报的电话、信箱或者电子邮件地址，接到投诉、举报的部门应当自收到投诉之日起七个工作日内，予以处理并告知投诉、举报人。

市场监督管理部门和有关部门不依法履行职责的，任何单位或者个人有权向其上级机关或者监察机关举报。接到举报的机关应当依法作出处理，并将处理结果及时告知举报人。

有关部门应当为投诉、举报人保密。

第五十四条 消费者协会和其他消费者组织对违反本法规定，发布虚假广告侵害消费者合法权益，以及其他损害社会公共利益的行为，依法进行社会监督。

第五章 法律责任

第五十五条 违反本法规定，发布虚假广告的，由市场监督管理部门责令停止发布广告，责令广告主在相应范围内消除影响，处广告费用三倍以上五倍以下的罚款，广告费用无法计算或者明显偏低的，处二十万元以上一百万元以下的罚款；两年内有三次以上违法行为或者有其他严重情节的，处广告费用五倍以上十倍以下的罚款，广告费用无法计算或者明显偏低的，处一百万元以上二百万元以下的罚款，可以吊销营业执照，并由广告审查机关撤销广告审查批准文件、一年内不受理其广告审查申请。

医疗机构有前款规定违法行为，情节严重的，除由市场监督管理部门依照本法处罚外，卫生行政部门可以吊销诊疗科目或者吊销医疗机构执业许可证。

广告经营者、广告发布者明知或者应知广告虚假仍设计、制作、代理、发布的，由市场监督管理部门没收广告费用，并处广告费用三倍以上五倍以下的罚款，广告费用无法计算或者明显偏低的，处二十万元以上一百万元以下的罚款；两年内有三次以上违法行为或者有其他严重情节的，处广告费用五倍以上十倍以下的罚款，广告费用无法计算或者明显偏低的，处一百万元以上二百万元以下的罚款，并可以由有关部门暂停广告发布业务、吊销营业执照。

广告主、广告经营者、广告发布者有本条第一款、第三款规定行为，构成犯罪的，依法追究刑事责任。

第五十六条 违反本法规定，发布虚假广告，欺骗、误导消费者，使购买商品或者接受服务的消费者的合法权益受到损害的，由广告主依法承担民事责任。广告经营者、广告发布者不能提供广告主的真实名称、地址和有效联系方式的，消费者可以要求广告经营者、广告发布者先行赔偿。

关系消费者生命健康的商品或者服务的虚假广告，造成消费者损害的，其广告经营者、广告发布者、广告代言人应当与广告主承担连带责任。

前款规定以外的商品或者服务的虚假广告，造成消费者损害的，其广告经营者、广告发布者、广告代言人，明知或者应知广告虚假仍设计、制作、代理、发布或者作推荐、证明的，应当与广告主承担连带责任。

第五十七条 有下列行为之一的，由市场监督管理部门责令停止发布广告，对广告主处二十万元以上一百万元以下的罚款，情节严重的，并可以吊销营业执照，由广告审查机关撤销广告审查批准文件、一年内不受理其广告审查申请；对广告经营者、广告发布者，由市场监督管理部门没收广告费用，处二十万元以上一百万元以下的罚款，情节严重的，并可以吊销营业执照：

（一）发布有本法第九条、第十条规定的禁止情形的广告的；

（二）违反本法第十五条规定发布处方药广告、药品类易制毒化学品广告、戒毒治疗的医疗器械和治疗方法广告的；

（三）违反本法第二十条规定，发布声称全部或者部分替代母乳的婴儿乳制品、饮料和其他食品广告的；

（四）违反本法第二十二条规定发布烟草广告的；

（五）违反本法第三十七条规定，利用广告推销禁止生产、销售的产品或者提供的服务，或者禁止发布广告的商品或者服务的；

（六）违反本法第四十条第一款规定，在针对未成年人的大众传播媒介上发布医疗、药品、保健食品、医疗器械、化妆品、酒类、美容广告，以及不利于未成年人身心健康的网络游戏广告的。

第五十八条 有下列行为之一的，由市场监督管理部门责令停止发布广告，责令广告主在相应范围内消除影响，处广告费用一倍以上三倍以下的罚款，广告费用无法计算或者明显偏低的，处十万元以上二十万元以下的罚款；情节严重的，处广告费用三倍以上五倍以下的罚款，广告费用无法计算或者明显偏低的，处二十万元以上一百万元以下的罚款，可以吊销营业执照，并由广告审查机关撤销广告审查批准文件、一年内不受理其广告审查申请：

（一）违反本法第十六条规定发布医疗、药品、医疗器械广告的；

（二）违反本法第十七条规定，在广告中涉及疾病治疗功能，以及使用医疗用语或者易使推销的商品与药品、医疗器械相混淆的用语的；

（三）违反本法第十八条规定发布保健食品广告的；

（四）违反本法第二十一条规定发布农药、兽药、饲料和饲料添加剂广告的；

（五）违反本法第二十三条规定发布酒类广告的；

（六）违反本法第二十四条规定发布教育、培训广告的；

（七）违反本法第二十五条规定发布招商等有投资回报预期的商品或者服务广告的；

（八）违反本法第二十六条规定发布房地产广告的；

（九）违反本法第二十七条规定发布农作物种子、林木种子、草种子、种畜禽、水产苗种和种养殖广告的；

（十）违反本法第三十八条第二款规定，利用不满十周岁的未成年人作为广告代言人的；

（十一）违反本法第三十八条第三款规定，利用自然人、法人或者其他组织作为广告代言人的；

（十二）违反本法第三十九条规定，在中小学校、幼儿园内或者利用与中小学生、幼儿有关的物品发布广告的；

（十三）违反本法第四十条第二款规定，发布针对不满十四周岁的未成年人的商品或者服务的广告的；

（十四）违反本法第四十六条规定，未经审查发布广告的。

医疗机构有前款规定违法行为，情节严重的，除由市场监督管理部门依照本法处罚外，卫生行政部门可以吊销诊疗科目或者吊销医疗机构执业许可证。

广告经营者、广告发布者明知或者应知有本条第一款规定违法行为仍设计、制作、代理、发布的，由市场监督管理部门没收广告费用，并处广告费用一倍以上三倍以下的罚款，广告费用无法计算或者明显偏低的，处十万元以上二十万元以下的罚款；情节严重的，处广告费用三倍以上五倍以下的罚款，广告费用无法计算或者明显偏低的，处二十万元以上一百万元以下的罚款，并可以由有关部门暂停广告发布业务、吊销营业执照。

第五十九条　有下列行为之一的，由市场监督管理部门责令停止发布广告，对广告主处十万元以下的罚款：

（一）广告内容违反本法第八条规定的；

（二）广告引证内容违反本法第十一条规定的；

（三）涉及专利的广告违反本法第十二条规定的；

（四）违反本法第十三条规定，广告贬低其他生产经营者的商品或者服务的。

广告经营者、广告发布者明知或者应知有前款规定违法行为仍设计、制作、代理、发布的，由市场监督管理部门处十万元以下的罚款。

广告违反本法第十四条规定，不具有可识别性的，或者违反本法第十九条规定，变相发布医疗、药品、医疗器械、保健食品广告的，由市场监督管理部门责令改正，对广告发布者处十万元以下的罚款。

第六十条　违反本法第三十四条规定，广告经营者、广告发布者未按照国家有关规定建立、健全广告业务管理制度的，或者未对广告内容进行核对的，由市场监督管理部门责令改正，可以处五万元以下的罚款。

违反本法第三十五条规定，广告经营者、广告发布者未公布其收费标准和收费办法的，由价格主管部门责令改正，可以处五万元以下的罚款。

第六十一条 广告代言人有下列情形之一的，由市场监督管理部门没收违法所得，并处违法所得一倍以上二倍以下的罚款：

（一）违反本法第十六条第一款第四项规定，在医疗、药品、医疗器械广告中作推荐、证明的；

（二）违反本法第十八条第一款第五项规定，在保健食品广告中作推荐、证明的；

（三）违反本法第三十八条第一款规定，为其未使用过的商品或者未接受过的服务作推荐、证明的；

（四）明知或者应知广告虚假仍在广告中对商品、服务作推荐、证明的。

第六十二条 违反本法第四十三条规定发送广告的，由有关部门责令停止违法行为，对广告主处五千元以上三万元以下的罚款。

违反本法第四十四条第二款规定，利用互联网发布广告，未显著标明关闭标志，确保一键关闭的，由市场监督管理部门责令改正，对广告主处五千元以上三万元以下的罚款。

第六十三条 违反本法第四十五条规定，公共场所的管理者和电信业务经营者、互联网信息服务提供者，明知或者应知广告活动违法不予制止的，由市场监督管理部门没收违法所得，违法所得五万元以上的，并处违法所得一倍以上三倍以下的罚款，违法所得不足五万元的，并处一万元以上五万元以下的罚款；情节严重的，由有关部门依法停止相关业务。

第六十四条 违反本法规定，隐瞒真实情况或者提供虚假材料申请广告审查的，广告审查机关不予受理或者不予批准，予以警告，一年内不受理该申请人的广告审查申请；以欺骗、贿赂等不正当手段取得广告审查批准的，广告审查机关予以撤销，处十万元以上二十万元以下的罚款，三年内不受理该申请人的广告审查申请。

第六十五条 违反本法规定，伪造、变造或者转让广告审查批准文件的，由市场监督管理部门没收违法所得，并处一万元以上十万元以下的罚款。

第六十六条 有本法规定的违法行为的，由市场监督管理部门记入信用档案，并依照有关法律、行政法规规定予以公示。

第六十七条 广播电台、电视台、报刊音像出版单位发布违法广告，或者以新闻报道形式变相发布广告，或者以介绍健康、养生知识等形式变相发布医疗、药品、医疗器械、保健食品广告，市场监督管理部门依照本法给予处罚的，应当通报新闻出版、广播电视主管部门以及其他有关部门。新闻出版、广播电视主管部门以及其他有关部门应当依法对负有责任的主管人员和直接责任人员给予处分；情节严重的，并可以暂停媒体的广告发布业务。

新闻出版、广播电视主管部门以及其他有关部门未依照前款规定对广播电台、电视台、报刊音像出版单位进行处理的，对负有责任的主管人员和直接责任人员，依法给予处分。

第六十八条　广告主、广告经营者、广告发布者违反本法规定，有下列侵权行为之一的，依法承担民事责任：

（一）在广告中损害未成年人或者残疾人的身心健康的；

（二）假冒他人专利的；

（三）贬低其他生产经营者的商品、服务的；

（四）在广告中未经同意使用他人名义或者形象的；

（五）其他侵犯他人合法民事权益的。

第六十九条　因发布虚假广告，或者有其他本法规定的违法行为，被吊销营业执照的公司、企业的法定代表人，对违法行为负有个人责任的，自该公司、企业被吊销营业执照之日起三年内不得担任公司、企业的董事、监事、高级管理人员。

第七十条　违反本法规定，拒绝、阻挠市场监督管理部门监督检查，或者有其他构成违反治安管理行为的，依法给予治安管理处罚；构成犯罪的，依法追究刑事责任。

第七十一条　广告审查机关对违法的广告内容作出审查批准决定的，对负有责任的主管人员和直接责任人员，由任免机关或者监察机关依法给予处分；构成犯罪的，依法追究刑事责任。

第七十二条　市场监督管理部门对在履行广告监测职责中发现的违法广告行为或者对经投诉、举报的违法广告行为，不依法予以查处的，对负有责任的主管人员和直接责任人员，依法给予处分。

市场监督管理部门和负责广告管理相关工作的有关部门的工作人员玩忽职守、滥用职权、徇私舞弊的，依法给予处分。

有前两款行为，构成犯罪的，依法追究刑事责任。

第六章　附　　则

第七十三条　国家鼓励、支持开展公益广告宣传活动，传播社会主义核心价值观，倡导文明风尚。

大众传播媒介有义务发布公益广告。广播电台、电视台、报刊出版单位应当按照规定的版面、时段、时长发布公益广告。公益广告的管理办法，由国务院市场监督管理部门会同有关部门制定。

第七十四条　本法自2015年9月1日起施行。

中华人民共和国消费者权益保护法（节选）

（1993 年 10 月 31 日第八届全国人民代表大会常务委员会第四次会议通过　根据2009 年 8 月 27 日第十一届全国人民代表大会常务委员会第十次会议《关于修改部分法律的决定》第一次修正　根据2013 年 10 月 25 日第十二届全国人民代表大会常务委员会第五次会议《关于修改〈中华人民共和国消费者权益保护法〉的决定》第二次修正）

第八条　消费者享有知悉其购买、使用的商品或者接受的服务的真实情况的权利。

消费者有权根据商品或者服务的不同情况，要求经营者提供商品的价格、产地、生产者、用途、性能、规格、等级、主要成份、生产日期、有效期限、检验合格证明、使用方法说明书、售后服务，或者服务的内容、规格、费用等有关情况。

第十六条　经营者向消费者提供商品或者服务，应当依照本法和其他有关法律、法规的规定履行义务。

经营者和消费者有约定的，应当按照约定履行义务，但双方的约定不得违背法律、法规的规定。

经营者向消费者提供商品或者服务，应当恪守社会公德，诚信经营，保障消费者的合法权益；不得设定不公平、不合理的交易条件，不得强制交易。

第五十条　经营者侵害消费者的人格尊严、侵犯消费者人身自由或者侵害消费者个人信息依法得到保护的权利的，应当停止侵害、恢复名誉、消除影响、赔礼道歉，并赔偿损失。

中华人民共和国食品安全法

（2009年2月28日第十一届全国人民代表大会常务委员会第七次会议通过　2015年4月24日第十二届全国人民代表大会常务委员会第十四次会议修订　根据2018年12月29日第十三届全国人民代表大会常务委员会第七次会议《关于修改〈中华人民共和国产品质量法〉等五部法律的决定》第一次修正　根据2021年4月29日第十三届全国人民代表大会常务委员会第二十八次会议《关于修改〈中华人民共和国道路交通安全法〉等八部法律的决定》第二次修正）

目　　录

第一章　总　　则

第一条　为了保证食品安全，保障公众身体健康和生命安全，制定本法。

第二条　在中华人民共和国境内从事下列活动，应当遵守本法：

（一）食品生产和加工（以下称食品生产），食品销售和餐饮服务（以下称食品经营）；

（二）食品添加剂的生产经营；

（三）用于食品的包装材料、容器、洗涤剂、消毒剂和用于食品生产经营的工具、设备（以下称食品相关产品）的生产经营；

（四）食品生产经营者使用食品添加剂、食品相关产品；

（五）食品的贮存和运输；

（六）对食品、食品添加剂、食品相关产品的安全管理。

供食用的源于农业的初级产品（以下称食用农产品）的质量安全管理，遵守《中华人民共和国农产品质量安全法》的规定。但是，食用农产品的市场销售、有关质量安全标准的制定、有关安全信息的公布和本法对农业投入品作出规定的，应当遵守本法的规定。

第三条　食品安全工作实行预防为主、风险管理、全程控制、社会共治，建立科学、严格的监督管理制度。

第四条　食品生产经营者对其生产经营食品的安全负责。

食品生产经营者应当依照法律、法规和食品安全标准从事生产经营活动，保证食品安全，诚信自律，对社会和公众负责，接受社会监督，承担社会责任。

第五条　国务院设立食品安全委员会，其职责由国务院规定。

国务院食品安全监督管理部门依照本法和国务院规定的职责，对食品生产经营活动实施监督管理。

国务院卫生行政部门依照本法和国务院规定的职责，组织开展食品安全风险监测和风险评估，会同国务院食品安全监督管理部门制定并公布食品安全国家标准。

国务院其他有关部门依照本法和国务院规定的职责，承担有关食品安全工作。

第六条　县级以上地方人民政府对本行政区域的食品安全监督管理工作负责，统一领导、组织、协调本行政区域的食品安全监督管理工作以及食品安全突发事件应对工作，建立健全食品安全全程监督管理工作机制和信息共享机制。

县级以上地方人民政府依照本法和国务院的规定，确定本级食品安全监督管理、卫生行政部门和其他有关部门的职责。有关部门在各自职责范围内负责本行政区域的食品安全监督管理工作。

县级人民政府食品安全监督管理部门可以在乡镇或者特定区域设立派出机构。

第七条 县级以上地方人民政府实行食品安全监督管理责任制。上级人民政府负责对下一级人民政府的食品安全监督管理工作进行评议、考核。县级以上地方人民政府负责对本级食品安全监督管理部门和其他有关部门的食品安全监督管理工作进行评议、考核。

第八条 县级以上人民政府应当将食品安全工作纳入本级国民经济和社会发展规划，将食品安全工作经费列入本级政府财政预算，加强食品安全监督管理能力建设，为食品安全工作提供保障。

县级以上人民政府食品安全监督管理部门和其他有关部门应当加强沟通、密切配合，按照各自职责分工，依法行使职权，承担责任。

第九条 食品行业协会应当加强行业自律，按照章程建立健全行业规范和奖惩机制，提供食品安全信息、技术等服务，引导和督促食品生产经营者依法生产经营，推动行业诚信建设，宣传、普及食品安全知识。

消费者协会和其他消费者组织对违反本法规定，损害消费者合法权益的行为，依法进行社会监督。

第十条 各级人民政府应当加强食品安全的宣传教育，普及食品安全知识，鼓励社会组织、基层群众性自治组织、食品生产经营者开展食品安全法律、法规以及食品安全标准和知识的普及工作，倡导健康的饮食方式，增强消费者食品安全意识和自我保护能力。

新闻媒体应当开展食品安全法律、法规以及食品安全标准和知识的公益宣传，并对食品安全违法行为进行舆论监督。有关食品安全的宣传报道应当真实、公正。

第十一条 国家鼓励和支持开展与食品安全有关的基础研究、应用研究，鼓励和支持食品生产经营者为提高食品安全水平采用先进技术和先进管理规范。

国家对农药的使用实行严格的管理制度，加快淘汰剧毒、高毒、高残留农药，推动替代产品的研发和应用，鼓励使用高效低毒低残留农药。

第十二条 任何组织或者个人有权举报食品安全违法行为，依法向有关部门了解食品安全信息，对食品安全监督管理工作提出意见和建议。

第十三条 对在食品安全工作中做出突出贡献的单位和个人，按照国家有关规定给予表彰、奖励。

第二章　食品安全风险监测和评估

第十四条　国家建立食品安全风险监测制度，对食源性疾病、食品污染以及食品中的有害因素进行监测。

国务院卫生行政部门会同国务院食品安全监督管理等部门，制定、实施国家食品安全风险监测计划。

国务院食品安全监督管理部门和其他有关部门获知有关食品安全风险信息后，应当立即核实并向国务院卫生行政部门通报。对有关部门通报的食品安全风险信息以及医疗机构报告的食源性疾病等有关疾病信息，国务院卫生行政部门应当会同国务院有关部门分析研究，认为必要的，及时调整国家食品安全风险监测计划。

省、自治区、直辖市人民政府卫生行政部门会同同级食品安全监督管理等部门，根据国家食品安全风险监测计划，结合本行政区域的具体情况，制定、调整本行政区域的食品安全风险监测方案，报国务院卫生行政部门备案并实施。

第十五条　承担食品安全风险监测工作的技术机构应当根据食品安全风险监测计划和监测方案开展监测工作，保证监测数据真实、准确，并按照食品安全风险监测计划和监测方案的要求报送监测数据和分析结果。

食品安全风险监测工作人员有权进入相关食用农产品种植养殖、食品生产经营场所采集样品、收集相关数据。采集样品应当按照市场价格支付费用。

第十六条　食品安全风险监测结果表明可能存在食品安全隐患的，县级以上人民政府卫生行政部门应当及时将相关信息通报同级食品安全监督管理等部门，并报告本级人民政府和上级人民政府卫生行政部门。食品安全监督管理等部门应当组织开展进一步调查。

第十七条　国家建立食品安全风险评估制度，运用科学方法，根据食品安全风险监测信息、科学数据以及有关信息，对食品、食品添加剂、食品相关产品中生物性、化学性和物理性危害因素进行风险评估。

国务院卫生行政部门负责组织食品安全风险评估工作，成立由医学、农业、食品、营养、生物、环境等方面的专家组成的食品安全风险评估专家委员会进行食品安全风险评估。食品安全风险评估结果由国务院卫生行政部门公布。

对农药、肥料、兽药、饲料和饲料添加剂等的安全性评估，应当有食品安全风险评估专家委员会的专家参加。

食品安全风险评估不得向生产经营者收取费用，采集样品应当按照市场价格支付费用。

第十八条 有下列情形之一的，应当进行食品安全风险评估：

（一）通过食品安全风险监测或者接到举报发现食品、食品添加剂、食品相关产品可能存在安全隐患的；

（二）为制定或者修订食品安全国家标准提供科学依据需要进行风险评估的；

（三）为确定监督管理的重点领域、重点品种需要进行风险评估的；

（四）发现新的可能危害食品安全因素的；

（五）需要判断某一因素是否构成食品安全隐患的；

（六）国务院卫生行政部门认为需要进行风险评估的其他情形。

第十九条 国务院食品安全监督管理、农业行政等部门在监督管理工作中发现需要进行食品安全风险评估的，应当向国务院卫生行政部门提出食品安全风险评估的建议，并提供风险来源、相关检验数据和结论等信息、资料。属于本法第十八条规定情形的，国务院卫生行政部门应当及时进行食品安全风险评估，并向国务院有关部门通报评估结果。

第二十条 省级以上人民政府卫生行政、农业行政部门应当及时相互通报食品、食用农产品安全风险监测信息。

国务院卫生行政、农业行政部门应当及时相互通报食品、食用农产品安全风险评估结果等信息。

第二十一条 食品安全风险评估结果是制定、修订食品安全标准和实施食品安全监督管理的科学依据。

经食品安全风险评估，得出食品、食品添加剂、食品相关产品不安全结论的，国务院食品安全监督管理等部门应当依据各自职责立即向社会公告，告知消费者停止食用或者使用，并采取相应措施，确保该食品、食品添加剂、食品相关产品停止生产经营；需要制定、修订相关食品安全国家标准的，国务院卫生行政部门应当会同国务院食品安全监督管理部门立即制定、修订。

第二十二条 国务院食品安全监督管理部门应当会同国务院有关部门，根据食品安全风险评估结果、食品安全监督管理信息，对食品安全状况进行综合分析。对经综合分析表明可能具有较高程度安全风险的食品，国务院食品安全监督管理部门应当及时提出食品安全风险警示，并向社会公布。

第二十三条　县级以上人民政府食品安全监督管理部门和其他有关部门、食品安全风险评估专家委员会及其技术机构，应当按照科学、客观、及时、公开的原则，组织食品生产经营者、食品检验机构、认证机构、食品行业协会、消费者协会以及新闻媒体等，就食品安全风险评估信息和食品安全监督管理信息进行交流沟通。

第三章　食品安全标准

第二十四条　制定食品安全标准，应当以保障公众身体健康为宗旨，做到科学合理、安全可靠。

第二十五条　食品安全标准是强制执行的标准。除食品安全标准外，不得制定其他食品强制性标准。

第二十六条　食品安全标准应当包括下列内容：

（一）食品、食品添加剂、食品相关产品中的致病性微生物，农药残留、兽药残留、生物毒素、重金属等污染物质以及其他危害人体健康物质的限量规定；

（二）食品添加剂的品种、使用范围、用量；

（三）专供婴幼儿和其他特定人群的主辅食品的营养成分要求；

（四）对与卫生、营养等食品安全要求有关的标签、标志、说明书的要求；

（五）食品生产经营过程的卫生要求；

（六）与食品安全有关的质量要求；

（七）与食品安全有关的食品检验方法与规程；

（八）其他需要制定为食品安全标准的内容。

第二十七条　食品安全国家标准由国务院卫生行政部门会同国务院食品安全监督管理部门制定、公布，国务院标准化行政部门提供国家标准编号。

食品中农药残留、兽药残留的限量规定及其检验方法与规程由国务院卫生行政部门、国务院农业行政部门会同国务院食品安全监督管理部门制定。

屠宰畜、禽的检验规程由国务院农业行政部门会同国务院卫生行政部门制定。

第二十八条　制定食品安全国家标准，应当依据食品安全风险评估结果并充分考虑食用农产品安全风险评估结果，参照相关的国际标准和国际食品安全风险评估结果，并将食品安全国家标准草案向社会公布，广泛听取食品生产经营者、消费者、有关部门等方面的意见。

食品安全国家标准应当经国务院卫生行政部门组织的食品安全国家标准审评委员会审查通过。食品安全国家标准审评委员会由医学、农业、食品、营养、生物、环境等方面的专家以及国务院有关部门、食品行业协会、消费者协会的代表组成，对食品安全国家标准草案的科学性和实用性等进行审查。

第二十九条 对地方特色食品，没有食品安全国家标准的，省、自治区、直辖市人民政府卫生行政部门可以制定并公布食品安全地方标准，报国务院卫生行政部门备案。食品安全国家标准制定后，该地方标准即行废止。

第三十条 国家鼓励食品生产企业制定严于食品安全国家标准或者地方标准的企业标准，在本企业适用，并报省、自治区、直辖市人民政府卫生行政部门备案。

第三十一条 省级以上人民政府卫生行政部门应当在其网站上公布制定和备案的食品安全国家标准、地方标准和企业标准，供公众免费查阅、下载。

对食品安全标准执行过程中的问题，县级以上人民政府卫生行政部门应当会同有关部门及时给予指导、解答。

第三十二条 省级以上人民政府卫生行政部门应当会同同级食品安全监督管理、农业行政等部门，分别对食品安全国家标准和地方标准的执行情况进行跟踪评价，并根据评价结果及时修订食品安全标准。

省级以上人民政府食品安全监督管理、农业行政等部门应当对食品安全标准执行中存在的问题进行收集、汇总，并及时向同级卫生行政部门通报。

食品生产经营者、食品行业协会发现食品安全标准在执行中存在问题的，应当立即向卫生行政部门报告。

第四章 食品生产经营

第一节 一般规定

第三十三条 食品生产经营应当符合食品安全标准，并符合下列要求：

（一）具有与生产经营的食品品种、数量相适应的食品原料处理和食品加工、包装、贮存等场所，保持该场所环境整洁，并与有毒、有害场所以及其他污染源保持规定的距离；

（二）具有与生产经营的食品品种、数量相适应的生产经营设备或者设施，有相应的消毒、更衣、盥洗、采光、照明、通风、防腐、防尘、防蝇、防鼠、防虫、洗涤以及处理废水、存放垃圾和废弃物的设备或者设施；

（三）有专职或者兼职的食品安全专业技术人员、食品安全管理人员和保证食品安全的规章制度；

（四）具有合理的设备布局和工艺流程，防止待加工食品与直接入口食品、原料与成品交叉污染，避免食品接触有毒物、不洁物；

（五）餐具、饮具和盛放直接入口食品的容器，使用前应当洗净、消毒，炊具、用具用后应当洗净，保持清洁；

（六）贮存、运输和装卸食品的容器、工具和设备应当安全、无害，保持清洁，防止食品污染，并符合保证食品安全所需的温度、湿度等特殊要求，不得将食品与有毒、有害物品一同贮存、运输；

（七）直接入口的食品应当使用无毒、清洁的包装材料、餐具、饮具和容器；

（八）食品生产经营人员应当保持个人卫生，生产经营食品时，应当将手洗净，穿戴清洁的工作衣、帽等；销售无包装的直接入口食品时，应当使用无毒、清洁的容器、售货工具和设备；

（九）用水应当符合国家规定的生活饮用水卫生标准；

（十）使用的洗涤剂、消毒剂应当对人体安全、无害；

（十一）法律、法规规定的其他要求。

非食品生产经营者从事食品贮存、运输和装卸的，应当符合前款第六项的规定。

第三十四条　禁止生产经营下列食品、食品添加剂、食品相关产品：

（一）用非食品原料生产的食品或者添加食品添加剂以外的化学物质和其他可能危害人体健康物质的食品，或者用回收食品作为原料生产的食品；

（二）致病性微生物，农药残留、兽药残留、生物毒素、重金属等污染物质以及其他危害人体健康的物质含量超过食品安全标准限量的食品、食品添加剂、食品相关产品；

（三）用超过保质期的食品原料、食品添加剂生产的食品、食品添加剂；

（四）超范围、超限量使用食品添加剂的食品；

（五）营养成分不符合食品安全标准的专供婴幼儿和其他特定人群的主辅食品；

（六）腐败变质、油脂酸败、霉变生虫、污秽不洁、混有异物、掺假掺杂或者感官性状异常的食品、食品添加剂；

（七）病死、毒死或者死因不明的禽、畜、兽、水产动物肉类及其制品；

（八）未按规定进行检疫或者检疫不合格的肉类，或者未经检验或者检验不合格的肉类制品；

（九）被包装材料、容器、运输工具等污染的食品、食品添加剂；

（十）标注虚假生产日期、保质期或者超过保质期的食品、食品添加剂；

（十一）无标签的预包装食品、食品添加剂；

（十二）国家为防病等特殊需要明令禁止生产经营的食品；

（十三）其他不符合法律、法规或者食品安全标准的食品、食品添加剂、食品相关产品。

第三十五条 国家对食品生产经营实行许可制度。从事食品生产、食品销售、餐饮服务，应当依法取得许可。但是，销售食用农产品和仅销售预包装食品的，不需要取得许可。仅销售预包装食品的，应当报所在地县级以上地方人民政府食品安全监督管理部门备案。

县级以上地方人民政府食品安全监督管理部门应当依照《中华人民共和国行政许可法》的规定，审核申请人提交的本法第三十三条第一款第一项至第四项规定要求的相关资料，必要时对申请人的生产经营场所进行现场核查；对符合规定条件的，准予许可；对不符合规定条件的，不予许可并书面说明理由。

第三十六条 食品生产加工小作坊和食品摊贩等从事食品生产经营活动，应当符合本法规定的与其生产经营规模、条件相适应的食品安全要求，保证所生产经营的食品卫生、无毒、无害，食品安全监督管理部门应当对其加强监督管理。

县级以上地方人民政府应当对食品生产加工小作坊、食品摊贩等进行综合治理，加强服务和统一规划，改善其生产经营环境，鼓励和支持其改进生产经营条件，进入集中交易市场、店铺等固定场所经营，或者在指定的临时经营区域、时段经营。

食品生产加工小作坊和食品摊贩等的具体管理办法由省、自治区、直辖市制定。

第三十七条　利用新的食品原料生产食品，或者生产食品添加剂新品种、食品相关产品新品种，应当向国务院卫生行政部门提交相关产品的安全性评估材料。国务院卫生行政部门应当自收到申请之日起六十日内组织审查；对符合食品安全要求的，准予许可并公布；对不符合食品安全要求的，不予许可并书面说明理由。

第三十八条　生产经营的食品中不得添加药品，但是可以添加按照传统既是食品又是中药材的物质。按照传统既是食品又是中药材的物质目录由国务院卫生行政部门会同国务院食品安全监督管理部门制定、公布。

第三十九条　国家对食品添加剂生产实行许可制度。从事食品添加剂生产，应当具有与所生产食品添加剂品种相适应的场所、生产设备或者设施、专业技术人员和管理制度，并依照本法第三十五条第二款规定的程序，取得食品添加剂生产许可。

生产食品添加剂应当符合法律、法规和食品安全国家标准。

第四十条　食品添加剂应当在技术上确有必要且经过风险评估证明安全可靠，方可列入允许使用的范围；有关食品安全国家标准应当根据技术必要性和食品安全风险评估结果及时修订。

食品生产经营者应当按照食品安全国家标准使用食品添加剂。

第四十一条　生产食品相关产品应当符合法律、法规和食品安全国家标准。对直接接触食品的包装材料等具有较高风险的食品相关产品，按照国家有关工业产品生产许可证管理的规定实施生产许可。食品安全监督管理部门应当加强对食品相关产品生产活动的监督管理。

第四十二条　国家建立食品安全全程追溯制度。

食品生产经营者应当依照本法的规定，建立食品安全追溯体系，保证食品可追溯。国家鼓励食品生产经营者采用信息化手段采集、留存生产经营信息，建立食品安全追溯体系。

国务院食品安全监督管理部门会同国务院农业行政等有关部门建立食品安全全程追溯协作机制。

第四十三条　地方各级人民政府应当采取措施鼓励食品规模化生产和

连锁经营、配送。

国家鼓励食品生产经营企业参加食品安全责任保险。

第二节　生产经营过程控制

第四十四条　食品生产经营企业应当建立健全食品安全管理制度，对职工进行食品安全知识培训，加强食品检验工作，依法从事生产经营活动。

食品生产经营企业的主要负责人应当落实企业食品安全管理制度，对本企业的食品安全工作全面负责。

食品生产经营企业应当配备食品安全管理人员，加强对其培训和考核。经考核不具备食品安全管理能力的，不得上岗。食品安全监督管理部门应当对企业食品安全管理人员随机进行监督抽查考核并公布考核情况。监督抽查考核不得收取费用。

第四十五条　食品生产经营者应当建立并执行从业人员健康管理制度。患有国务院卫生行政部门规定的有碍食品安全疾病的人员，不得从事接触直接入口食品的工作。

从事接触直接入口食品工作的食品生产经营人员应当每年进行健康检查，取得健康证明后方可上岗工作。

第四十六条　食品生产企业应当就下列事项制定并实施控制要求，保证所生产的食品符合食品安全标准：

（一）原料采购、原料验收、投料等原料控制；

（二）生产工序、设备、贮存、包装等生产关键环节控制；

（三）原料检验、半成品检验、成品出厂检验等检验控制；

（四）运输和交付控制。

第四十七条　食品生产经营者应当建立食品安全自查制度，定期对食品安全状况进行检查评价。生产经营条件发生变化，不再符合食品安全要求的，食品生产经营者应当立即采取整改措施；有发生食品安全事故潜在风险的，应当立即停止食品生产经营活动，并向所在地县级人民政府食品安全监督管理部门报告。

第四十八条　国家鼓励食品生产经营企业符合良好生产规范要求，实施危害分析与关键控制点体系，提高食品安全管理水平。

对通过良好生产规范、危害分析与关键控制点体系认证的食品生产经营企业，认证机构应当依法实施跟踪调查；对不再符合认证要求的企业，应当依法撤销认证，及时向县级以上人民政府食品安全监督管理部门通报，并向社会公布。认证机构实施跟踪调查不得收取费用。

第四十九条　食用农产品生产者应当按照食品安全标准和国家有关规定使用农药、肥料、兽药、饲料和饲料添加剂等农业投入品，严格执行农业投入品使用安全间隔期或者休药期的规定，不得使用国家明令禁止的农业投入品。禁止将剧毒、高毒农药用于蔬菜、瓜果、茶叶和中草药材等国家规定的农作物。

食用农产品的生产企业和农民专业合作经济组织应当建立农业投入品使用记录制度。

县级以上人民政府农业行政部门应当加强对农业投入品使用的监督管理和指导，建立健全农业投入品安全使用制度。

第五十条　食品生产者采购食品原料、食品添加剂、食品相关产品，应当查验供货者的许可证和产品合格证明；对无法提供合格证明的食品原料，应当按照食品安全标准进行检验；不得采购或者使用不符合食品安全标准的食品原料、食品添加剂、食品相关产品。

食品生产企业应当建立食品原料、食品添加剂、食品相关产品进货查验记录制度，如实记录食品原料、食品添加剂、食品相关产品的名称、规格、数量、生产日期或者生产批号、保质期、进货日期以及供货者名称、地址、联系方式等内容，并保存相关凭证。记录和凭证保存期限不得少于产品保质期满后六个月；没有明确保质期的，保存期限不得少于二年。

第五十一条　食品生产企业应当建立食品出厂检验记录制度，查验出厂食品的检验合格证和安全状况，如实记录食品的名称、规格、数量、生产日期或者生产批号、保质期、检验合格证号、销售日期以及购货者名称、地址、联系方式等内容，并保存相关凭证。记录和凭证保存期限应当符合本法第五十条第二款的规定。

第五十二条　食品、食品添加剂、食品相关产品的生产者，应当按照食品安全标准对所生产的食品、食品添加剂、食品相关产品进行检验，检验合格后方可出厂或者销售。

第五十三条　食品经营者采购食品，应当查验供货者的许可证和食品出厂检验合格证或者其他合格证明（以下称合格证明文件）。

食品经营企业应当建立食品进货查验记录制度，如实记录食品的名称、规格、数量、生产日期或者生产批号、保质期、进货日期以及供货者名称、地址、联系方式等内容，并保存相关凭证。记录和凭证保存期限应当符合本法第五十条第二款的规定。

实行统一配送经营方式的食品经营企业，可以由企业总部统一查验供货者的许可证和食品合格证明文件，进行食品进货查验记录。

从事食品批发业务的经营企业应当建立食品销售记录制度，如实记录批发食品的名称、规格、数量、生产日期或者生产批号、保质期、销售日期以及购货者名称、地址、联系方式等内容，并保存相关凭证。记录和凭证保存期限应当符合本法第五十条第二款的规定。

第五十四条 食品经营者应当按照保证食品安全的要求贮存食品，定期检查库存食品，及时清理变质或者超过保质期的食品。

食品经营者贮存散装食品，应当在贮存位置标明食品的名称、生产日期或者生产批号、保质期、生产者名称及联系方式等内容。

第五十五条 餐饮服务提供者应当制定并实施原料控制要求，不得采购不符合食品安全标准的食品原料。倡导餐饮服务提供者公开加工过程，公示食品原料及其来源等信息。

餐饮服务提供者在加工过程中应当检查待加工的食品及原料，发现有本法第三十四条第六项规定情形的，不得加工或者使用。

第五十六条 餐饮服务提供者应当定期维护食品加工、贮存、陈列等设施、设备；定期清洗、校验保温设施及冷藏、冷冻设施。

餐饮服务提供者应当按照要求对餐具、饮具进行清洗消毒，不得使用未经清洗消毒的餐具、饮具；餐饮服务提供者委托清洗消毒餐具、饮具的，应当委托符合本法规定条件的餐具、饮具集中消毒服务单位。

第五十七条 学校、托幼机构、养老机构、建筑工地等集中用餐单位的食堂应当严格遵守法律、法规和食品安全标准；从供餐单位订餐的，应当从取得食品生产经营许可的企业订购，并按照要求对订购的食品进行查验。供餐单位应当严格遵守法律、法规和食品安全标准，当餐加工，确保食品安全。

学校、托幼机构、养老机构、建筑工地等集中用餐单位的主管部门应当加强对集中用餐单位的食品安全教育和日常管理，降低食品安全风险，及时消除食品安全隐患。

第五十八条 餐具、饮具集中消毒服务单位应当具备相应的作业场所、清洗消毒设备或者设施，用水和使用的洗涤剂、消毒剂应当符合相关食品安全国家标准和其他国家标准、卫生规范。

餐具、饮具集中消毒服务单位应当对消毒餐具、饮具进行逐批检验，检验合格后方可出厂，并应当随附消毒合格证明。消毒后的餐具、饮具应当在独立包装上标注单位名称、地址、联系方式、消毒日期以及使用期限等内容。

第五十九条　食品添加剂生产者应当建立食品添加剂出厂检验记录制度，查验出厂产品的检验合格证和安全状况，如实记录食品添加剂的名称、规格、数量、生产日期或者生产批号、保质期、检验合格证号、销售日期以及购货者名称、地址、联系方式等相关内容，并保存相关凭证。记录和凭证保存期限应当符合本法第五十条第二款的规定。

第六十条　食品添加剂经营者采购食品添加剂，应当依法查验供货者的许可证和产品合格证明文件，如实记录食品添加剂的名称、规格、数量、生产日期或者生产批号、保质期、进货日期以及供货者名称、地址、联系方式等内容，并保存相关凭证。记录和凭证保存期限应当符合本法第五十条第二款的规定。

第六十一条　集中交易市场的开办者、柜台出租者和展销会举办者，应当依法审查入场食品经营者的许可证，明确其食品安全管理责任，定期对其经营环境和条件进行检查，发现其有违反本法规定行为的，应当及时制止并立即报告所在地县级人民政府食品安全监督管理部门。

第六十二条　网络食品交易第三方平台提供者应当对入网食品经营者进行实名登记，明确其食品安全管理责任；依法应当取得许可证的，还应当审查其许可证。

网络食品交易第三方平台提供者发现入网食品经营者有违反本法规定行为的，应当及时制止并立即报告所在地县级人民政府食品安全监督管理部门；发现严重违法行为的，应当立即停止提供网络交易平台服务。

第六十三条　国家建立食品召回制度。食品生产者发现其生产的食品不符合食品安全标准或者有证据证明可能危害人体健康的，应当立即停止生产，召回已经上市销售的食品，通知相关生产经营者和消费者，并记录召回和通知情况。

食品经营者发现其经营的食品有前款规定情形的，应当立即停止经营，通知相关生产经营者和消费者，并记录停止经营和通知情况。食品生产者认为应当召回的，应当立即召回。由于食品经营者的原因造成其经营的食品有前款规定情形的，食品经营者应当召回。

食品生产经营者应当对召回的食品采取无害化处理、销毁等措施，防止其再次流入市场。但是，对因标签、标志或者说明书不符合食品安全标准而被召回的食品，食品生产者在采取补救措施且能保证食品安全的情况下可以继续销售；销售时应当向消费者明示补救措施。

食品生产经营者应当将食品召回和处理情况向所在地县级人民政府食品安全监督管理部门报告；需要对召回的食品进行无害化处理、销毁的，应当提前报告时间、地点。食品安全监督管理部门认为必要的，可以实施现场监督。

食品生产经营者未依照本条规定召回或者停止经营的，县级以上人民政府食品安全监督管理部门可以责令其召回或者停止经营。

第六十四条 食用农产品批发市场应当配备检验设备和检验人员或者委托符合本法规定的食品检验机构，对进入该批发市场销售的食用农产品进行抽样检验；发现不符合食品安全标准的，应当要求销售者立即停止销售，并向食品安全监督管理部门报告。

第六十五条 食用农产品销售者应当建立食用农产品进货查验记录制度，如实记录食用农产品的名称、数量、进货日期以及供货者名称、地址、联系方式等内容，并保存相关凭证。记录和凭证保存期限不得少于六个月。

第六十六条 进入市场销售的食用农产品在包装、保鲜、贮存、运输中使用保鲜剂、防腐剂等食品添加剂和包装材料等食品相关产品，应当符合食品安全国家标准。

第三节 标签、说明书和广告

第六十七条 预包装食品的包装上应当有标签。标签应当标明下列事项：

（一）名称、规格、净含量、生产日期；

（二）成分或者配料表；

（三）生产者的名称、地址、联系方式；

（四）保质期；

（五）产品标准代号；

（六）贮存条件；

（七）所使用的食品添加剂在国家标准中的通用名称；

（八）生产许可证编号；

（九）法律、法规或者食品安全标准规定应当标明的其他事项。

专供婴幼儿和其他特定人群的主辅食品，其标签还应当标明主要营养成分及其含量。

食品安全国家标准对标签标注事项另有规定的，从其规定。

第六十八条　食品经营者销售散装食品，应当在散装食品的容器、外包装上标明食品的名称、生产日期或者生产批号、保质期以及生产经营者名称、地址、联系方式等内容。

第六十九条　生产经营转基因食品应当按照规定显著标示。

第七十条　食品添加剂应当有标签、说明书和包装。标签、说明书应当载明本法第六十七条第一款第一项至第六项、第八项、第九项规定的事项，以及食品添加剂的使用范围、用量、使用方法，并在标签上载明“食品添加剂”字样。

第七十一条　食品和食品添加剂的标签、说明书，不得含有虚假内容，不得涉及疾病预防、治疗功能。生产经营者对其提供的标签、说明书的内容负责。

食品和食品添加剂的标签、说明书应当清楚、明显，生产日期、保质期等事项应当显著标注，容易辨识。

食品和食品添加剂与其标签、说明书的内容不符的，不得上市销售。

第七十二条　食品经营者应当按照食品标签标示的警示标志、警示说明或者注意事项的要求销售食品。

第七十三条　食品广告的内容应当真实合法，不得含有虚假内容，不得涉及疾病预防、治疗功能。食品生产经营者对食品广告内容的真实性、合法性负责。

县级以上人民政府食品安全监督管理部门和其他有关部门以及食品检验机构、食品行业协会不得以广告或者其他形式向消费者推荐食品。消费者组织不得以收取费用或者其他牟取利益的方式向消费者推荐食品。

第四节　特殊食品

第七十四条　国家对保健食品、特殊医学用途配方食品和婴幼儿配方食品等特殊食品实行严格监督管理。

第七十五条　保健食品声称保健功能，应当具有科学依据，不得对人体产生急性、亚急性或者慢性危害。

保健食品原料目录和允许保健食品声称的保健功能目录，由国务院食品安全监督管理部门会同国务院卫生行政部门、国家中医药管理部门制定、调整并公布。

保健食品原料目录应当包括原料名称、用量及其对应的功效；列入保健食品原料目录的原料只能用于保健食品生产，不得用于其他食品生产。

第七十六条 使用保健食品原料目录以外原料的保健食品和首次进口的保健食品应当经国务院食品安全监督管理部门注册。但是，首次进口的保健食品中属于补充维生素、矿物质等营养物质的，应当报国务院食品安全监督管理部门备案。其他保健食品应当报省、自治区、直辖市人民政府食品安全监督管理部门备案。

进口的保健食品应当是出口国（地区）主管部门准许上市销售的产品。

第七十七条 依法应当注册的保健食品，注册时应当提交保健食品的研发报告、产品配方、生产工艺、安全性和保健功能评价、标签、说明书等材料及样品，并提供相关证明文件。国务院食品安全监督管理部门经组织技术审评，对符合安全和功能声称要求的，准予注册；对不符合要求的，不予注册并书面说明理由。对使用保健食品原料目录以外原料的保健食品作出准予注册决定的，应当及时将该原料纳入保健食品原料目录。

依法应当备案的保健食品，备案时应当提交产品配方、生产工艺、标签、说明书以及表明产品安全性和保健功能的材料。

第七十八条 保健食品的标签、说明书不得涉及疾病预防、治疗功能，内容应当真实，与注册或者备案的内容相一致，载明适宜人群、不适宜人群、功效成分或者标志性成分及其含量等，并声明“本品不能代替药物”。保健食品的功能和成分应当与标签、说明书相一致。

第七十九条 保健食品广告除应当符合本法第七十三条第一款的规定外，还应当声明“本品不能代替药物”；其内容应当经生产企业所在地省、自治区、直辖市人民政府食品安全监督管理部门审查批准，取得保健食品广告批准文件。省、自治区、直辖市人民政府食品安全监督管理部门应当公布并及时更新已经批准的保健食品广告目录以及批准的广告内容。

第八十条 特殊医学用途配方食品应当经国务院食品安全监督管理部门注册。注册时，应当提交产品配方、生产工艺、标签、说明书以及表明产品安全性、营养充足性和特殊医学用途临床效果的材料。

特殊医学用途配方食品广告适用《中华人民共和国广告法》和其他法律、行政法规关于药品广告管理的规定。

第八十一条 婴幼儿配方食品生产企业应当实施从原料进厂到成品出厂的全过程质量控制，对出厂的婴幼儿配方食品实施逐批检验，保证食品安全。

生产婴幼儿配方食品使用的生鲜乳、辅料等食品原料、食品添加剂等，应当符合法律、行政法规的规定和食品安全国家标准，保证婴幼儿生长发育所需的营养成分。

婴幼儿配方食品生产企业应当将食品原料、食品添加剂、产品配方及标签等事项向省、自治区、直辖市人民政府食品安全监督管理部门备案。

婴幼儿配方乳粉的产品配方应当经国务院食品安全监督管理部门注册。注册时，应当提交配方研发报告和其他表明配方科学性、安全性的材料。

不得以分装方式生产婴幼儿配方乳粉，同一企业不得用同一配方生产不同品牌的婴幼儿配方乳粉。

第八十二条　保健食品、特殊医学用途配方食品、婴幼儿配方乳粉的注册人或者备案人应当对其提交材料的真实性负责。

省级以上人民政府食品安全监督管理部门应当及时公布注册或者备案的保健食品、特殊医学用途配方食品、婴幼儿配方乳粉目录，并对注册或者备案中获知的企业商业秘密予以保密。

保健食品、特殊医学用途配方食品、婴幼儿配方乳粉生产企业应当按照注册或者备案的产品配方、生产工艺等技术要求组织生产。

第八十三条　生产保健食品，特殊医学用途配方食品、婴幼儿配方食品和其他专供特定人群的主辅食品的企业，应当按照良好生产规范的要求建立与所生产食品相适应的生产质量管理体系，定期对该体系的运行情况进行自查，保证其有效运行，并向所在地县级人民政府食品安全监督管理部门提交自查报告。

第五章　食品检验

第八十四条　食品检验机构按照国家有关认证认可的规定取得资质认定后，方可从事食品检验活动。但是，法律另有规定的除外。

食品检验机构的资质认定条件和检验规范，由国务院食品安全监督管理部门规定。

符合本法规定的食品检验机构出具的检验报告具有同等效力。

县级以上人民政府应当整合食品检验资源，实现资源共享。

第八十五条　食品检验由食品检验机构指定的检验人独立进行。

检验人应当依照有关法律、法规的规定，并按照食品安全标准和检验规范对食品进行检验，尊重科学，恪守职业道德，保证出具的检验数据和结论客观、公正，不得出具虚假检验报告。

第八十六条 食品检验实行食品检验机构与检验人负责制。食品检验报告应当加盖食品检验机构公章，并有检验人的签名或者盖章。食品检验机构和检验人对出具的食品检验报告负责。

第八十七条 县级以上人民政府食品安全监督管理部门应当对食品进行定期或者不定期的抽样检验，并依据有关规定公布检验结果，不得免检。进行抽样检验，应当购买抽取的样品，委托符合本法规定的食品检验机构进行检验，并支付相关费用；不得向食品生产经营者收取检验费和其他费用。

第八十八条 对依照本法规定实施的检验结论有异议的，食品生产经营者可以自收到检验结论之日起七个工作日内向实施抽样检验的食品安全监督管理部门或者其上一级食品安全监督管理部门提出复检申请，由受理复检申请的食品安全监督管理部门在公布的复检机构名录中随机确定复检机构进行复检。复检机构出具的复检结论为最终检验结论。复检机构与初检机构不得为同一机构。复检机构名录由国务院认证认可监督管理、食品安全监督管理、卫生行政、农业行政等部门共同公布。

采用国家规定的快速检测方法对食用农产品进行抽查检测，被抽查人对检测结果有异议的，可以自收到检测结果时起四小时内申请复检。复检不得采用快速检测方法。

第八十九条 食品生产企业可以自行对所生产的食品进行检验，也可以委托符合本法规定的食品检验机构进行检验。

食品行业协会和消费者协会等组织、消费者需要委托食品检验机构对食品进行检验的，应当委托符合本法规定的食品检验机构进行。

第九十条 食品添加剂的检验，适用本法有关食品检验的规定。

第六章 食品进出口

第九十一条 国家出入境检验检疫部门对进出口食品安全实施监督管理。

第九十二条 进口的食品、食品添加剂、食品相关产品应当符合我国食品安全国家标准。

进口的食品、食品添加剂应当经出入境检验检疫机构依照进出口商品检验相关法律、行政法规的规定检验合格。

进口的食品、食品添加剂应当按照国家出入境检验检疫部门的要求随附合格证明材料。

第九十三条　进口尚无食品安全国家标准的食品，由境外出口商、境外生产企业或者其委托的进口商向国务院卫生行政部门提交所执行的相关国家（地区）标准或者国际标准。国务院卫生行政部门对相关标准进行审查，认为符合食品安全要求的，决定暂予适用，并及时制定相应的食品安全国家标准。进口利用新的食品原料生产的食品或者进口食品添加剂新品种、食品相关产品新品种，依照本法第三十七条的规定办理。

出入境检验检疫机构按照国务院卫生行政部门的要求，对前款规定的食品、食品添加剂、食品相关产品进行检验。检验结果应当公开。

第九十四条　境外出口商、境外生产企业应当保证向我国出口的食品、食品添加剂、食品相关产品符合本法以及我国其他有关法律、行政法规的规定和食品安全国家标准的要求，并对标签、说明书的内容负责。

进口商应当建立境外出口商、境外生产企业审核制度，重点审核前款规定的内容；审核不合格的，不得进口。

发现进口食品不符合我国食品安全国家标准或者有证据证明可能危害人体健康的，进口商应当立即停止进口，并依照本法第六十三条的规定召回。

第九十五条　境外发生的食品安全事件可能对我国境内造成影响，或者在进口食品、食品添加剂、食品相关产品中发现严重食品安全问题的，国家出入境检验检疫部门应当及时采取风险预警或者控制措施，并向国务院食品安全监督管理、卫生行政、农业行政部门通报。接到通报的部门应当及时采取相应措施。

县级以上人民政府食品安全监督管理部门对国内市场上销售的进口食品、食品添加剂实施监督管理。发现存在严重食品安全问题的，国务院食品安全监督管理部门应当及时向国家出入境检验检疫部门通报。国家出入境检验检疫部门应当及时采取相应措施。

第九十六条　向我国境内出口食品的境外出口商或者代理商、进口食品的进口商应当向国家出入境检验检疫部门备案。向我国境内出口食品的境外食品生产企业应当经国家出入境检验检疫部门注册。已经注册的境外食品生产企业提供虚假材料，或者因其自身的原因致使进口食品发生重大食品安全事故的，国家出入境检验检疫部门应当撤销注册并公告。

国家出入境检验检疫部门应当定期公布已经备案的境外出口商、代理商、进口商和已经注册的境外食品生产企业名单。

第九十七条 进口的预包装食品、食品添加剂应当有中文标签；依法应当有说明书的，还应当有中文说明书。标签、说明书应当符合本法以及我国其他有关法律、行政法规的规定和食品安全国家标准的要求，并载明食品的原产地以及境内代理商的名称、地址、联系方式。预包装食品没有中文标签、中文说明书或者标签、说明书不符合本条规定的，不得进口。

第九十八条 进口商应当建立食品、食品添加剂进口和销售记录制度，如实记录食品、食品添加剂的名称、规格、数量、生产日期、生产或者进口批号、保质期、境外出口商和购货者名称、地址及联系方式、交货日期等内容，并保存相关凭证。记录和凭证保存期限应当符合本法第五十条第二款的规定。

第九十九条 出口食品生产企业应当保证其出口食品符合进口国（地区）的标准或者合同要求。

出口食品生产企业和出口食品原料种植、养殖场应当向国家出入境检验检疫部门备案。

第一百条 国家出入境检验检疫部门应当收集、汇总下列进出口食品安全信息，并及时通报相关部门、机构和企业：

（一）出入境检验检疫机构对进出口食品实施检验检疫发现的食品安全信息；

（二）食品行业协会和消费者协会等组织、消费者反映的进口食品安全信息；

（三）国际组织、境外政府机构发布的风险预警信息及其他食品安全信息，以及境外食品行业协会等组织、消费者反映的食品安全信息；

（四）其他食品安全信息。

国家出入境检验检疫部门应当对进出口食品的进口商、出口商和出口食品生产企业实施信用管理，建立信用记录，并依法向社会公布。对有不良记录的进口商、出口商和出口食品生产企业，应当加强对其进出口食品的检验检疫。

第一百零一条 国家出入境检验检疫部门可以对向我国境内出口食品的国家（地区）的食品安全管理体系和食品安全状况进行评估和审查，并根据评估和审查结果，确定相应检验检疫要求。

第七章 食品安全事故处置

第一百零二条 国务院组织制定国家食品安全事故应急预案。

县级以上地方人民政府应当根据有关法律、法规的规定和上级人民政府的食品安全事故应急预案以及本行政区域的实际情况，制定本行政区域的食品安全事故应急预案，并报上一级人民政府备案。

食品安全事故应急预案应当对食品安全事故分级、事故处置组织指挥体系与职责、预防预警机制、处置程序、应急保障措施等作出规定。

食品生产经营企业应当制定食品安全事故处置方案，定期检查本企业各项食品安全防范措施的落实情况，及时消除事故隐患。

第一百零三条　发生食品安全事故的单位应当立即采取措施，防止事故扩大。事故单位和接收病人进行治疗的单位应当及时向事故发生地县级人民政府食品安全监督管理、卫生行政部门报告。

县级以上人民政府农业行政等部门在日常监督管理中发现食品安全事故或者接到事故举报，应当立即向同级食品安全监督管理部门通报。

发生食品安全事故，接到报告的县级人民政府食品安全监督管理部门应当按照应急预案的规定向本级人民政府和上级人民政府食品安全监督管理部门报告。县级人民政府和上级人民政府食品安全监督管理部门应当按照应急预案的规定上报。

任何单位和个人不得对食品安全事故隐瞒、谎报、缓报，不得隐匿、伪造、毁灭有关证据。

第一百零四条　医疗机构发现其接收的病人属于食源性疾病病人或者疑似病人的，应当按照规定及时将相关信息向所在地县级人民政府卫生行政部门报告。县级人民政府卫生行政部门认为与食品安全有关的，应当及时通报同级食品安全监督管理部门。

县级以上人民政府卫生行政部门在调查处理传染病或者其他突发公共卫生事件中发现与食品安全相关的信息，应当及时通报同级食品安全监督管理部门。

第一百零五条　县级以上人民政府食品安全监督管理部门接到食品安全事故的报告后，应当立即会同同级卫生行政、农业行政等部门进行调查处理，并采取下列措施，防止或者减轻社会危害：

（一）开展应急救援工作，组织救治因食品安全事故导致人身伤害的人员；

（二）封存可能导致食品安全事故的食品及其原料，并立即进行检验；对确认属于被污染的食品及其原料，责令食品生产经营者依照本法第六十三条的规定召回或者停止经营；

（三）封存被污染的食品相关产品，并责令进行清洗消毒；

（四）做好信息发布工作，依法对食品安全事故及其处理情况进行发布，并对可能产生的危害加以解释、说明。

发生食品安全事故需要启动应急预案的，县级以上人民政府应当立即成立事故处置指挥机构，启动应急预案，依照前款和应急预案的规定进行处置。

发生食品安全事故，县级以上疾病预防控制机构应当对事故现场进行卫生处理，并对与事故有关的因素开展流行病学调查，有关部门应当予以协助。县级以上疾病预防控制机构应当向同级食品安全监督管理、卫生行政部门提交流行病学调查报告。

第一百零六条　发生食品安全事故，设区的市级以上人民政府食品安全监督管理部门应当立即会同有关部门进行事故责任调查，督促有关部门履行职责，向本级人民政府和上一级人民政府食品安全监督管理部门提出事故责任调查处理报告。

涉及两个以上省、自治区、直辖市的重大食品安全事故由国务院食品安全监督管理部门依照前款规定组织事故责任调查。

第一百零七条　调查食品安全事故，应当坚持实事求是、尊重科学的原则，及时、准确查清事故性质和原因，认定事故责任，提出整改措施。

调查食品安全事故，除了查明事故单位的责任，还应当查明有关监督管理部门、食品检验机构、认证机构及其工作人员的责任。

第一百零八条　食品安全事故调查部门有权向有关单位和个人了解与事故有关的情况，并要求提供相关资料和样品。有关单位和个人应当予以配合，按照要求提供相关资料和样品，不得拒绝。

任何单位和个人不得阻挠、干涉食品安全事故的调查处理。

第八章　监督管理

第一百零九条　县级以上人民政府食品安全监督管理部门根据食品安全风险监测、风险评估结果和食品安全状况等，确定监督管理的重点、方式和频次，实施风险分级管理。

县级以上地方人民政府组织本级食品安全监督管理、农业行政等部门制定本行政区域的食品安全年度监督管理计划，向社会公布并组织实施。

食品安全年度监督管理计划应当将下列事项作为监督管理的重点：

（一）专供婴幼儿和其他特定人群的主辅食品；

（二）保健食品生产过程中的添加行为和按照注册或者备案的技术要求组织生产的情况，保健食品标签、说明书以及宣传材料中有关功能宣传的情况；

（三）发生食品安全事故风险较高的食品生产经营者；

（四）食品安全风险监测结果表明可能存在食品安全隐患的事项。

第一百一十条 县级以上人民政府食品安全监督管理部门履行食品安全监督管理职责，有权采取下列措施，对生产经营者遵守本法的情况进行监督检查：

（一）进入生产经营场所实施现场检查；

（二）对生产经营的食品、食品添加剂、食品相关产品进行抽样检验；

（三）查阅、复制有关合同、票据、账簿以及其他有关资料；

（四）查封、扣押有证据证明不符合食品安全标准或者有证据证明存在安全隐患以及用于违法生产经营的食品、食品添加剂、食品相关产品；

（五）查封违法从事生产经营活动的场所。

第一百一十一条 对食品安全风险评估结果证明食品存在安全隐患，需要制定、修订食品安全标准的，在制定、修订食品安全标准前，国务院卫生行政部门应当及时会同国务院有关部门规定食品中有害物质的临时限量值和临时检验方法，作为生产经营和监督管理的依据。

第一百一十二条 县级以上人民政府食品安全监督管理部门在食品安全监督管理工作中可以采用国家规定的快速检测方法对食品进行抽查检测。

对抽查检测结果表明可能不符合食品安全标准的食品，应当依照本法第八十七条的规定进行检验。抽查检测结果确定有关食品不符合食品安全标准的，可以作为行政处罚的依据。

第一百一十三条 县级以上人民政府食品安全监督管理部门应当建立食品生产经营者食品安全信用档案，记录许可颁发、日常监督检查结果、违法行为查处等情况，依法向社会公布并实时更新；对有不良信用记录的食品生产经营者增加监督检查频次，对违法行为情节严重的食品生产经营者，可以通报投资主管部门、证券监督管理机构和有关的金融机构。

第一百一十四条 食品生产经营过程中存在食品安全隐患，未及时采取措施消除的，县级以上人民政府食品安全监督管理部门可以对食品生产经营者的法定代表人或者主要负责人进行责任约谈。食品生产经营者应当立即采取措施，进行整改，消除隐患。责任约谈情况和整改情况应当纳入食品生产经营者食品安全信用档案。

第一百一十五条 县级以上人民政府食品安全监督管理等部门应当公布本部门的电子邮件地址或者电话，接受咨询、投诉、举报。接到咨询、投诉、举报，对属于本部门职责的，应当受理并在法定期限内及时答复、核实、处理；对不属于本部门职责的，应当移交有权处理的部门并书面通知咨询、投诉、举报人。有权处理的部门应当在法定期限内及时处理，不得推诿。对查证属实的举报，给予举报人奖励。

有关部门应当对举报人的信息予以保密，保护举报人的合法权益。举报人举报所在企业的，该企业不得以解除、变更劳动合同或者其他方式对举报人进行打击报复。

第一百一十六条 县级以上人民政府食品安全监督管理等部门应当加强对执法人员食品安全法律、法规、标准和专业知识与执法能力等的培训，并组织考核。不具备相应知识和能力的，不得从事食品安全执法工作。

食品生产经营者、食品行业协会、消费者协会等发现食品安全执法人员在执法过程中有违反法律、法规规定的行为以及不规范执法行为的，可以向本级或者上级人民政府食品安全监督管理等部门或者监察机关投诉、举报。接到投诉、举报的部门或者机关应当进行核实，并将经核实的情况向食品安全执法人员所在部门通报；涉嫌违法违纪的，按照本法和有关规定处理。

第一百一十七条 县级以上人民政府食品安全监督管理等部门未及时发现食品安全系统性风险，未及时消除监督管理区域内的食品安全隐患的，本级人民政府可以对其主要负责人进行责任约谈。

地方人民政府未履行食品安全职责，未及时消除区域性重大食品安全隐患的，上级人民政府可以对其主要负责人进行责任约谈。

被约谈的食品安全监督管理等部门、地方人民政府应当立即采取措施，对食品安全监督管理工作进行整改。

责任约谈情况和整改情况应当纳入地方人民政府和有关部门食品安全监督管理工作评议、考核记录。

第一百一十八条 国家建立统一的食品安全信息平台，实行食品安全信息统一公布制度。国家食品安全总体情况、食品安全风险警示信息、重大食品安全事故及其调查处理信息和国务院确定需要统一公布的其他信息由国务院食品安全监督管理部门统一公布。食品安全风险警示信息和重大食品安全事故及其调查处理信息的影响限于特定区域的，也可以由有关省、自治区、直辖市人民政府食品安全监督管理部门公布。未经授权不得发布上述信息。

县级以上人民政府食品安全监督管理、农业行政部门依据各自职责公布食品安全日常监督管理信息。

公布食品安全信息，应当做到准确、及时，并进行必要的解释说明，避免误导消费者和社会舆论。

第一百一十九条　县级以上地方人民政府食品安全监督管理、卫生行政、农业行政部门获知本法规定需要统一公布的信息，应当向上级主管部门报告，由上级主管部门立即报告国务院食品安全监督管理部门；必要时，可以直接向国务院食品安全监督管理部门报告。

县级以上人民政府食品安全监督管理、卫生行政、农业行政部门应当相互通报获知的食品安全信息。

第一百二十条　任何单位和个人不得编造、散布虚假食品安全信息。

县级以上人民政府食品安全监督管理部门发现可能误导消费者和社会舆论的食品安全信息，应当立即组织有关部门、专业机构、相关食品生产经营者等进行核实、分析，并及时公布结果。

第一百二十一条　县级以上人民政府食品安全监督管理等部门发现涉嫌食品安全犯罪的，应当按照有关规定及时将案件移送公安机关。对移送的案件，公安机关应当及时审查；认为有犯罪事实需要追究刑事责任的，应当立案侦查。

公安机关在食品安全犯罪案件侦查过程中认为没有犯罪事实，或者犯罪事实显著轻微，不需要追究刑事责任，但依法应当追究行政责任的，应当及时将案件移送食品安全监督管理等部门和监察机关，有关部门应当依法处理。

公安机关商请食品安全监督管理、生态环境等部门提供检验结论、认定意见以及对涉案物品进行无害化处理等协助的，有关部门应当及时提供，予以协助。

第九章　法律责任

第一百二十二条　违反本法规定，未取得食品生产经营许可从事食品生产经营活动，或者未取得食品添加剂生产许可从事食品添加剂生产活动的，由县级以上人民政府食品安全监督管理部门没收违法所得和违法生产经营的食品、食品添加剂以及用于违法生产经营的工具、设备、原料等物品；违法生产经营的食品、食品添加剂货值金额不足一万元的，并处五万元以上十万元以下罚款；货值金额一万元以上的，并处货值金额十倍以上二十倍以下罚款。

明知从事前款规定的违法行为，仍为其提供生产经营场所或者其他条件的，由县级以上人民政府食品安全监督管理部门责令停止违法行为，没收违法所得，并处五万元以上十万元以下罚款；使消费者的合法权益受到损害的，应当与食品、食品添加剂生产经营者承担连带责任。

第一百二十三条　违反本法规定，有下列情形之一，尚不构成犯罪的，由县级以上人民政府食品安全监督管理部门没收违法所得和违法生产经营的食品，并可以没收用于违法生产经营的工具、设备、原料等物品；违法生产经营的食品货值金额不足一万元的，并处十万元以上十五万元以下罚款；货值金额一万元以上的，并处货值金额十五倍以上三十倍以下罚款；情节严重的，吊销许可证，并可以由公安机关对其直接负责的主管人员和其他直接责任人员处五日以上十五日以下拘留：

（一）用非食品原料生产食品、在食品中添加食品添加剂以外的化学物质和其他可能危害人体健康的物质，或者用回收食品作为原料生产食品，或者经营上述食品；

（二）生产经营营养成分不符合食品安全标准的专供婴幼儿和其他特定人群的主辅食品；

（三）经营病死、毒死或者死因不明的禽、畜、兽、水产动物肉类，或者生产经营其制品；

（四）经营未按规定进行检疫或者检疫不合格的肉类，或者生产经营未经检验或者检验不合格的肉类制品；

（五）生产经营国家为防病等特殊需要明令禁止生产经营的食品；

（六）生产经营添加药品的食品。

明知从事前款规定的违法行为，仍为其提供生产经营场所或者其他条件的，由县级以上人民政府食品安全监督管理部门责令停止违法行为，没收违法所得，并处十万元以上二十万元以下罚款；使消费者的合法权益受到损害的，应当与食品生产经营者承担连带责任。

违法使用剧毒、高毒农药的，除依照有关法律、法规规定给予处罚外，可以由公安机关依照第一款规定给予拘留。

第一百二十四条　违反本法规定，有下列情形之一，尚不构成犯罪的，由县级以上人民政府食品安全监督管理部门没收违法所得和违法生产经营的食品、食品添加剂，并可以没收用于违法生产经营的工具、设备、原料等物品；违法生产经营的食品、食品添加剂货值金额不足一万元的，并处五万元以上十万元以下罚款；货值金额一万元以上的，并处货值金额十倍以上二十倍以下罚款；情节严重的，吊销许可证：

（一）生产经营致病性微生物，农药残留、兽药残留、生物毒素、重金属等污染物质以及其他危害人体健康的物质含量超过食品安全标准限量的食品、食品添加剂；

（二）用超过保质期的食品原料、食品添加剂生产食品、食品添加剂，或者经营上述食品、食品添加剂；

（三）生产经营超范围、超限量使用食品添加剂的食品；

（四）生产经营腐败变质、油脂酸败、霉变生虫、污秽不洁、混有异物、掺假掺杂或者感官性状异常的食品、食品添加剂；

（五）生产经营标注虚假生产日期、保质期或者超过保质期的食品、食品添加剂；

（六）生产经营未按规定注册的保健食品、特殊医学用途配方食品、婴幼儿配方乳粉，或者未按注册的产品配方、生产工艺等技术要求组织生产；

（七）以分装方式生产婴幼儿配方乳粉，或者同一企业以同一配方生产不同品牌的婴幼儿配方乳粉；

（八）利用新的食品原料生产食品，或者生产食品添加剂新品种，未通过安全性评估；

（九）食品生产经营者在食品安全监督管理部门责令其召回或者停止经营后，仍拒不召回或者停止经营。

除前款和本法第一百二十三条、第一百二十五条规定的情形外，生产经营不符合法律、法规或者食品安全标准的食品、食品添加剂的，依照前款规定给予处罚。

生产食品相关产品新品种，未通过安全性评估，或者生产不符合食品安全标准的食品相关产品的，由县级以上人民政府食品安全监督管理部门依照第一款规定给予处罚。

第一百二十五条　违反本法规定，有下列情形之一的，由县级以上人民政府食品安全监督管理部门没收违法所得和违法生产经营的食品、食品添加剂，并可以没收用于违法生产经营的工具、设备、原料等物品；违法生产经营的食品、食品添加剂货值金额不足一万元的，并处五千元以上五万元以下罚款；货值金额一万元以上的，并处货值金额五倍以上十倍以下罚款；情节严重的，责令停产停业，直至吊销许可证：

（一）生产经营被包装材料、容器、运输工具等污染的食品、食品添加剂；

（二）生产经营无标签的预包装食品、食品添加剂或者标签、说明书不符合本法规定的食品、食品添加剂；

（三）生产经营转基因食品未按规定进行标示；

（四）食品生产经营者采购或者使用不符合食品安全标准的食品原料、食品添加剂、食品相关产品。

生产经营的食品、食品添加剂的标签、说明书存在瑕疵但不影响食品安全且不会对消费者造成误导的，由县级以上人民政府食品安全监督管理部门责令改正；拒不改正的，处二千元以下罚款。

第一百二十六条 违反本法规定，有下列情形之一的，由县级以上人民政府食品安全监督管理部门责令改正，给予警告；拒不改正的，处五千元以上五万元以下罚款；情节严重的，责令停产停业，直至吊销许可证：

（一）食品、食品添加剂生产者未按规定对采购的食品原料和生产的食品、食品添加剂进行检验；

（二）食品生产经营企业未按规定建立食品安全管理制度，或者未按规定配备或者培训、考核食品安全管理人员；

（三）食品、食品添加剂生产经营者进货时未查验许可证和相关证明文件，或者未按规定建立并遵守进货查验记录、出厂检验记录和销售记录制度；

（四）食品生产经营企业未制定食品安全事故处置方案；

（五）餐具、饮具和盛放直接入口食品的容器，使用前未经洗净、消毒或者清洗消毒不合格，或者餐饮服务设施、设备未按规定定期维护、清洗、校验；

（六）食品生产经营者安排未取得健康证明或者患有国务院卫生行政部门规定的有碍食品安全疾病的人员从事接触直接入口食品的工作；

（七）食品经营者未按规定要求销售食品；

（八）保健食品生产企业未按规定向食品安全监督管理部门备案，或者未按备案的产品配方、生产工艺等技术要求组织生产；

（九）婴幼儿配方食品生产企业未将食品原料、食品添加剂、产品配方、标签等向食品安全监督管理部门备案；

（十）特殊食品生产企业未按规定建立生产质量管理体系并有效运行，或者未定期提交自查报告；

（十一）食品生产经营者未定期对食品安全状况进行检查评价，或者生产经营条件发生变化，未按规定处理；

（十二）学校、托幼机构、养老机构、建筑工地等集中用餐单位未按规定履行食品安全管理责任；

（十三）食品生产企业、餐饮服务提供者未按规定制定、实施生产经营过程控制要求。

餐具、饮具集中消毒服务单位违反本法规定用水，使用洗涤剂、消毒剂，或者出厂的餐具、饮具未按规定检验合格并随附消毒合格证明，或者未按规定在独立包装上标注相关内容的，由县级以上人民政府卫生行政部门依照前款规定给予处罚。

食品相关产品生产者未按规定对生产的食品相关产品进行检验的，由县级以上人民政府食品安全监督管理部门依照第一款规定给予处罚。

食用农产品销售者违反本法第六十五条规定的，由县级以上人民政府食品安全监督管理部门依照第一款规定给予处罚。

第一百二十七条　对食品生产加工小作坊、食品摊贩等的违法行为的处罚，依照省、自治区、直辖市制定的具体管理办法执行。

第一百二十八条　违反本法规定，事故单位在发生食品安全事故后未进行处置、报告的，由有关主管部门按照各自职责分工责令改正，给予警告；隐匿、伪造、毁灭有关证据的，责令停产停业，没收违法所得，并处十万元以上五十万元以下罚款；造成严重后果的，吊销许可证。

第一百二十九条　违反本法规定，有下列情形之一的，由出入境检验检疫机构依照本法第一百二十四条的规定给予处罚：

（一）提供虚假材料，进口不符合我国食品安全国家标准的食品、食品添加剂、食品相关产品；

（二）进口尚无食品安全国家标准的食品，未提交所执行的标准并经国务院卫生行政部门审查，或者进口利用新的食品原料生产的食品或者进口食品添加剂新品种、食品相关产品新品种，未通过安全性评估；

（三）未遵守本法的规定出口食品；

（四）进口商在有关主管部门责令其依照本法规定召回进口的食品后，仍拒不召回。

违反本法规定，进口商未建立并遵守食品、食品添加剂进口和销售记录制度、境外出口商或者生产企业审核制度的，由出入境检验检疫机构依照本法第一百二十六条的规定给予处罚。

第一百三十条 违反本法规定，集中交易市场的开办者、柜台出租者、展销会的举办者允许未依法取得许可的食品经营者进入市场销售食品，或者未履行检查、报告等义务的，由县级以上人民政府食品安全监督管理部门责令改正，没收违法所得，并处五万元以上二十万元以下罚款；造成严重后果的，责令停业，直至由原发证部门吊销许可证；使消费者的合法权益受到损害的，应当与食品经营者承担连带责任。

食用农产品批发市场违反本法第六十四条规定的，依照前款规定承担责任。

第一百三十一条 违反本法规定，网络食品交易第三方平台提供者未对入网食品经营者进行实名登记、审查许可证，或者未履行报告、停止提供网络交易平台服务等义务的，由县级以上人民政府食品安全监督管理部门责令改正，没收违法所得，并处五万元以上二十万元以下罚款；造成严重后果的，责令停业，直至由原发证部门吊销许可证；使消费者的合法权益受到损害的，应当与食品经营者承担连带责任。

消费者通过网络食品交易第三方平台购买食品，其合法权益受到损害的，可以向入网食品经营者或者食品生产者要求赔偿。网络食品交易第三方平台提供者不能提供入网食品经营者的真实名称、地址和有效联系方式的，由网络食品交易第三方平台提供者赔偿。网络食品交易第三方平台提供者赔偿后，有权向入网食品经营者或者食品生产者追偿。网络食品交易第三方平台提供者作出更有利于消费者承诺的，应当履行其承诺。

第一百三十二条 违反本法规定，未按要求进行食品贮存、运输和装卸的，由县级以上人民政府食品安全监督管理等部门按照各自职责分工责令改正，给予警告；拒不改正的，责令停产停业，并处一万元以上五万元以下罚款；情节严重的，吊销许可证。

第一百三十三条 违反本法规定，拒绝、阻挠、干涉有关部门、机构及其工作人员依法开展食品安全监督检查、事故调查处理、风险监测和风险评估的，由有关主管部门按照各自职责分工责令停产停业，并处二千元以上五万元以下罚款；情节严重的，吊销许可证；构成违反治安管理行为的，由公安机关依法给予治安管理处罚。

违反本法规定，对举报人以解除、变更劳动合同或者其他方式打击报复的，应当依照有关法律的规定承担责任。

第一百三十四条　食品生产经营者在一年内累计三次因违反本法规定受到责令停产停业、吊销许可证以外处罚的，由食品安全监督管理部门责令停产停业，直至吊销许可证。

第一百三十五条　被吊销许可证的食品生产经营者及其法定代表人、直接负责的主管人员和其他直接责任人员自处罚决定作出之日起五年内不得申请食品生产经营许可，或者从事食品生产经营管理工作、担任食品生产经营企业食品安全管理人员。

因食品安全犯罪被判处有期徒刑以上刑罚的，终身不得从事食品生产经营管理工作，也不得担任食品生产经营企业食品安全管理人员。

食品生产经营者聘用人员违反前两款规定的，由县级以上人民政府食品安全监督管理部门吊销许可证。

第一百三十六条　食品经营者履行了本法规定的进货查验等义务，有充分证据证明其不知道所采购的食品不符合食品安全标准，并能如实说明其进货来源的，可以免予处罚，但应当依法没收其不符合食品安全标准的食品；造成人身、财产或者其他损害的，依法承担赔偿责任。

第一百三十七条　违反本法规定，承担食品安全风险监测、风险评估工作的技术机构、技术人员提供虚假监测、评估信息的，依法对技术机构直接负责的主管人员和技术人员给予撤职、开除处分；有执业资格的，由授予其资格的主管部门吊销执业证书。

第一百三十八条　违反本法规定，食品检验机构、食品检验人员出具虚假检验报告的，由授予其资质的主管部门或者机构撤销该食品检验机构的检验资质，没收所收取的检验费用，并处检验费用五倍以上十倍以下罚款，检验费用不足一万元的，并处五万元以上十万元以下罚款；依法对食品检验机构直接负责的主管人员和食品检验人员给予撤职或者开除处分；导致发生重大食品安全事故的，对直接负责的主管人员和食品检验人员给予开除处分。

违反本法规定，受到开除处分的食品检验机构人员，自处分决定作出之日起十年内不得从事食品检验工作；因食品安全违法行为受到刑事处罚或者因出具虚假检验报告导致发生重大食品安全事故受到开除处分的食品检验机构人员，终身不得从事食品检验工作。食品检验机构聘用不得从事食品检验工作的人员的，由授予其资质的主管部门或者机构撤销该食品检验机构的检验资质。

食品检验机构出具虚假检验报告，使消费者的合法权益受到损害的，应当与食品生产经营者承担连带责任。

第一百三十九条 违反本法规定，认证机构出具虚假认证结论，由认证认可监督管理部门没收所收取的认证费用，并处认证费用五倍以上十倍以下罚款，认证费用不足一万元的，并处五万元以上十万元以下罚款；情节严重的，责令停业，直至撤销认证机构批准文件，并向社会公布；对直接负责的主管人员和负有直接责任的认证人员，撤销其执业资格。

认证机构出具虚假认证结论，使消费者的合法权益受到损害的，应当与食品生产经营者承担连带责任。

第一百四十条 违反本法规定，在广告中对食品作虚假宣传，欺骗消费者，或者发布未取得批准文件、广告内容与批准文件不一致的保健食品广告的，依照《中华人民共和国广告法》的规定给予处罚。

广告经营者、发布者设计、制作、发布虚假食品广告，使消费者的合法权益受到损害的，应当与食品生产经营者承担连带责任。

社会团体或者其他组织、个人在虚假广告或者其他虚假宣传中向消费者推荐食品，使消费者的合法权益受到损害的，应当与食品生产经营者承担连带责任。

违反本法规定，食品安全监督管理等部门、食品检验机构、食品行业协会以广告或者其他形式向消费者推荐食品，消费者组织以收取费用或者其他牟取利益的方式向消费者推荐食品的，由有关主管部门没收违法所得，依法对直接负责的主管人员和其他直接责任人员给予记大过、降级或者撤职处分；情节严重的，给予开除处分。

对食品作虚假宣传且情节严重的，由省级以上人民政府食品安全监督管理部门决定暂停销售该食品，并向社会公布；仍然销售该食品的，由县级以上人民政府食品安全监督管理部门没收违法所得和违法销售的食品，并处二万元以上五万元以下罚款。

第一百四十一条 违反本法规定，编造、散布虚假食品安全信息，构成违反治安管理行为的，由公安机关依法给予治安管理处罚。

媒体编造、散布虚假食品安全信息的，由有关主管部门依法给予处罚，并对直接负责的主管人员和其他直接责任人员给予处分；使公民、法人或者其他组织的合法权益受到损害的，依法承担消除影响、恢复名誉、赔偿损失、赔礼道歉等民事责任。

第一百四十二条 违反本法规定，县级以上地方人民政府有下列行为之一的，对直接负责的主管人员和其他直接责任人员给予记大过处分；情节较重的，给予降级或者撤职处分；情节严重的，给予开除处分；造成严重后果的，其主要负责人还应当引咎辞职：

（一）对发生在本行政区域内的食品安全事故，未及时组织协调有关部门开展有效处置，造成不良影响或者损失；

（二）对本行政区域内涉及多环节的区域性食品安全问题，未及时组织整治，造成不良影响或者损失；

（三）隐瞒、谎报、缓报食品安全事故；

（四）本行政区域内发生特别重大食品安全事故，或者连续发生重大食品安全事故。

第一百四十三条　违反本法规定，县级以上地方人民政府有下列行为之一的，对直接负责的主管人员和其他直接责任人员给予警告、记过或者记大过处分；造成严重后果的，给予降级或者撤职处分：

（一）未确定有关部门的食品安全监督管理职责，未建立健全食品安全全程监督管理工作机制和信息共享机制，未落实食品安全监督管理责任制；

（二）未制定本行政区域的食品安全事故应急预案，或者发生食品安全事故后未按规定立即成立事故处置指挥机构、启动应急预案。

第一百四十四条　违反本法规定，县级以上人民政府食品安全监督管理、卫生行政、农业行政等部门有下列行为之一的，对直接负责的主管人员和其他直接责任人员给予记大过处分；情节较重的，给予降级或者撤职处分；情节严重的，给予开除处分；造成严重后果的，其主要负责人还应当引咎辞职：

（一）隐瞒、谎报、缓报食品安全事故；

（二）未按规定查处食品安全事故，或者接到食品安全事故报告未及时处理，造成事故扩大或者蔓延；

（三）经食品安全风险评估得出食品、食品添加剂、食品相关产品不安全结论后，未及时采取相应措施，造成食品安全事故或者不良社会影响；

（四）对不符合条件的申请人准予许可，或者超越法定职权准予许可；

（五）不履行食品安全监督管理职责，导致发生食品安全事故。

第一百四十五条　违反本法规定，县级以上人民政府食品安全监督管理、卫生行政、农业行政等部门有下列行为之一，造成不良后果的，对直接负责的主管人员和其他直接责任人员给予警告、记过或者记大过处分；情节较重的，给予降级或者撤职处分；情节严重的，给予开除处分：

（一）在获知有关食品安全信息后，未按规定向上级主管部门和本级人民政府报告，或者未按规定相互通报；

（二）未按规定公布食品安全信息；

（三）不履行法定职责，对查处食品安全违法行为不配合，或者滥用职权、玩忽职守、徇私舞弊。

第一百四十六条 食品安全监督管理等部门在履行食品安全监督管理职责过程中，违法实施检查、强制等执法措施，给生产经营者造成损失的，应当依法予以赔偿，对直接负责的主管人员和其他直接责任人员依法给予处分。

第一百四十七条 违反本法规定，造成人身、财产或者其他损害的，依法承担赔偿责任。生产经营者财产不足以同时承担民事赔偿责任和缴纳罚款、罚金时，先承担民事赔偿责任。

第一百四十八条 消费者因不符合食品安全标准的食品受到损害的，可以向经营者要求赔偿损失，也可以向生产者要求赔偿损失。接到消费者赔偿要求的生产经营者，应当实行首负责任制，先行赔付，不得推诿；属于生产者责任的，经营者赔偿后有权向生产者追偿；属于经营者责任的，生产者赔偿后有权向经营者追偿。

生产不符合食品安全标准的食品或者经营明知是不符合食品安全标准的食品，消费者除要求赔偿损失外，还可以向生产者或者经营者要求支付价款十倍或者损失三倍的赔偿金；增加赔偿的金额不足一千元的，为一千元。但是，食品的标签、说明书存在不影响食品安全且不会对消费者造成误导的瑕疵的除外。

第一百四十九条 违反本法规定，构成犯罪的，依法追究刑事责任。

第十章 附 则

第一百五十条 本法下列用语的含义：

食品，指各种供人食用或者饮用的成品和原料以及按照传统既是食品又是中药材的物品，但是不包括以治疗为目的的物品。

食品安全，指食品无毒、无害，符合应当有的营养要求，对人体健康不造成任何急性、亚急性或者慢性危害。

预包装食品，指预先定量包装或者制作在包装材料、容器中的食品。

食品添加剂，指为改善食品品质和色、香、味以及为防腐、保鲜和加工工艺的需要而加入食品中的人工合成或者天然物质，包括营养强化剂。

用于食品的包装材料和容器，指包装、盛放食品或者食品添加剂用的纸、竹、木、金属、搪瓷、陶瓷、塑料、橡胶、天然纤维、化学纤维、玻璃等制品和直接接触食品或者食品添加剂的涂料。

用于食品生产经营的工具、设备，指在食品或者食品添加剂生产、销售、使用过程中直接接触食品或者食品添加剂的机械、管道、传送带、容器、用具、餐具等。

用于食品的洗涤剂、消毒剂，指直接用于洗涤或者消毒食品、餐具、饮具以及直接接触食品的工具、设备或者食品包装材料和容器的物质。

食品保质期，指食品在标明的贮存条件下保持品质的期限。

食源性疾病，指食品中致病因素进入人体引起的感染性、中毒性等疾病，包括食物中毒。

食品安全事故，指食源性疾病、食品污染等源于食品，对人体健康有危害或者可能有危害的事故。

第一百五十一条 转基因食品和食盐的食品安全管理，本法未作规定的，适用其他法律、行政法规的规定。

第一百五十二条 铁路、民航运营中食品安全的管理办法由国务院食品安全监督管理部门会同国务院有关部门依照本法制定。

保健食品的具体管理办法由国务院食品安全监督管理部门依照本法制定。

食品相关产品生产活动的具体管理办法由国务院食品安全监督管理部门依照本法制定。

国境口岸食品的监督管理由出入境检验检疫机构依照本法以及有关法律、行政法规的规定实施。

军队专用食品和自供食品的食品安全管理办法由中央军事委员会依照本法制定。

第一百五十三条 国务院根据实际需要，可以对食品安全监督管理体制作出调整。

第一百五十四条 本法自 2015 年 10 月 1 日起施行。

中华人民共和国中医药法（节选）

（2016年12月25日第十二届全国人民代表大会常务委员会第二十五次会议通过）

第二十三条　国家建立道地中药材评价体系，支持道地中药材品种选育，扶持道地中药材生产基地建设，加强道地中药材生产基地生态环境保护，鼓励采取地理标志产品保护等措施保护道地中药材。

前款所称道地中药材，是指经过中医临床长期应用优选出来的，产在特定地域，与其他地区所产同种中药材相比，品质和疗效更好，且质量稳定，具有较高知名度的中药材。

行政法规

中华人民共和国商标法实施条例

（2002年8月3日中华人民共和国国务院令第358号公布　2014年4月29日中华人民共和国国务院令第651号修订通过　自2014年5月1日起施行）

第一章　总　　则

第一条　根据《中华人民共和国商标法》（以下简称商标法），制定本条例。

第二条　本条例有关商品商标的规定，适用于服务商标。

第三条　商标持有人依照商标法第十三条规定请求驰名商标保护的，应当提交其商标构成驰名商标的证据材料。商标局、商标评审委员会应当依照商标法第十四条的规定，根据审查、处理案件的需要以及当事人提交的证据材料，对其商标驰名情况作出认定。

第四条　商标法第十六条规定的地理标志，可以依照商标法和本条例的规定，作为证明商标或者集体商标申请注册。

以地理标志作为证明商标注册的，其商品符合使用该地理标志条件的自然人、法人或者其他组织可以要求使用该证明商标，控制该证明商标的组织应当允许。以地理标志作为集体商标注册的，其商品符合使用该地理标志条件的自然人、法人或者其他组织，可以要求参加以该地理标志作为集体商标注册的团体、协会或者其他组织，该团体、协会或者其他组织应当依据其章程接纳为会员；不要求参加以该地理标志作为集体商标注册的团体、协会或者其他组织的，也可以正当使用该地理标志，该团体、协会或者其他组织无权禁止。

第五条　当事人委托商标代理机构申请商标注册或者办理其他商标事宜，应当提交代理委托书。代理委托书应当载明代理内容及权限；外国人或者外国企业的代理委托书还应当载明委托人的国籍。

外国人或者外国企业的代理委托书及与其有关的证明文件的公证、认证手续，按照对等原则办理。

申请商标注册或者转让商标，商标注册申请人或者商标转让受让人为外国人或者外国企业的，应当在申请书中指定中国境内接收人负责接收商标局、商标评审委员会后继商标业务的法律文件。商标局、商标评审委员会后继商标业务的法律文件向中国境内接收人送达。

商标法第十八条所称外国人或者外国企业，是指在中国没有经常居所或者营业所的外国人或者外国企业。

第六条 申请商标注册或者办理其他商标事宜，应当使用中文。

依照商标法和本条例规定提交的各种证件、证明文件和证据材料是外文的，应当附送中文译文；未附送的，视为未提交该证件、证明文件或者证据材料。

第七条 商标局、商标评审委员会工作人员有下列情形之一的，应当回避，当事人或者利害关系人可以要求其回避：

（一）是当事人或者当事人、代理人的近亲属的；

（二）与当事人、代理人有其他关系，可能影响公正的；

（三）与申请商标注册或者办理其他商标事宜有利害关系的。

第八条 以商标法第二十二条规定的数据电文方式提交商标注册申请等有关文件，应当按照商标局或者商标评审委员会的规定通过互联网提交。

第九条 除本条例第十八条规定的情形外，当事人向商标局或者商标评审委员会提交文件或者材料的日期，直接递交的，以递交日为准；邮寄的，以寄出的邮戳日为准；邮戳日不清晰或者没有邮戳的，以商标局或者商标评审委员会实际收到日为准，但是当事人能够提出实际邮戳日证据的除外。通过邮政企业以外的快递企业递交的，以快递企业收寄日为准；收寄日不明确的，以商标局或者商标评审委员会实际收到日为准，但是当事人能够提出实际收寄日证据的除外。以数据电文方式提交的，以进入商标局或者商标评审委员会电子系统的日期为准。

当事人向商标局或者商标评审委员会邮寄文件，应当使用给据邮件。

当事人向商标局或者商标评审委员会提交文件，以书面方式提交的，以商标局或者商标评审委员会所存档案记录为准；以数据电文方式提交的，以商标局或者商标评审委员会数据库记录为准，但是当事人确有证据证明商标局或者商标评审委员会档案、数据库记录有错误的除外。

第十条　商标局或者商标评审委员会的各种文件，可以通过邮寄、直接递交、数据电文或者其他方式送达当事人；以数据电文方式送达当事人的，应当经当事人同意。当事人委托商标代理机构的，文件送达商标代理机构视为送达当事人。

商标局或者商标评审委员会向当事人送达各种文件的日期，邮寄的，以当事人收到的邮戳日为准；邮戳日不清晰或者没有邮戳的，自文件发出之日起满 15 日视为送达当事人，但是当事人能够证明实际收到日的除外；直接递交的，以递交日为准；以数据电文方式送达的，自文件发出之日起满 15 日视为送达当事人，但是当事人能够证明文件进入其电子系统日期的除外。文件通过上述方式无法送达的，可以通过公告方式送达，自公告发布之日起满 30 日，该文件视为送达当事人。

第十一条　下列期间不计入商标审查、审理期限：

（一）商标局、商标评审委员会文件公告送达的期间；

（二）当事人需要补充证据或者补正文件的期间以及因当事人更换需要重新答辩的期间；

（三）同日申请提交使用证据及协商、抽签需要的期间；

（四）需要等待优先权确定的期间；

（五）审查、审理过程中，依案件申请人的请求等待在先权利案件审理结果的期间。

第十二条　除本条第二款规定的情形外，商标法和本条例规定的各种期限开始的当日不计算在期限内。期限以年或者月计算的，以期限最后一月的相应日为期限届满日；该月无相应日的，以该月最后一日为期限届满日；期限届满日是节假日的，以节假日后的第一个工作日为期限届满日。

商标法第三十九条、第四十条规定的注册商标有效期从法定日开始起算，期限最后一月相应日的前一日为期限届满日，该月无相应日的，以该月最后一日为期限届满日。

第二章　商标注册的申请

第十三条　申请商标注册，应当按照公布的商品和服务分类表填报。每一件商标注册申请应当向商标局提交《商标注册申请书》1 份、商标图样 1 份；以颜色组合或者着色图样申请商标注册的，应当提交着色图样，并提交黑白稿 1 份；不指定颜色的，应当提交黑白图样。

商标图样应当清晰，便于粘贴，用光洁耐用的纸张印制或者用照片代替，长和宽应当不大于10厘米，不小于5厘米。

以三维标志申请商标注册的，应当在申请书中予以声明，说明商标的使用方式，并提交能够确定三维形状的图样，提交的商标图样应当至少包含三面视图。

以颜色组合申请商标注册的，应当在申请书中予以声明，说明商标的使用方式。

以声音标志申请商标注册的，应当在申请书中予以声明，提交符合要求的声音样本，对申请注册的声音商标进行描述，说明商标的使用方式。对声音商标进行描述，应当以五线谱或者简谱对申请用作商标的声音加以描述并附加文字说明；无法以五线谱或者简谱描述的，应当以文字加以描述；商标描述与声音样本应当一致。

申请注册集体商标、证明商标的，应当在申请书中予以声明，并提交主体资格证明文件和使用管理规则。

商标为外文或者包含外文的，应当说明含义。

第十四条 申请商标注册的，申请人应当提交其身份证明文件。商标注册申请人的名义与所提交的证明文件应当一致。

前款关于申请人提交其身份证明文件的规定适用于向商标局提出的办理变更、转让、续展、异议、撤销等其他商标事宜。

第十五条 商品或者服务项目名称应当按照商品和服务分类表中的类别号、名称填写；商品或者服务项目名称未列入商品和服务分类表的，应当附送对该商品或者服务的说明。

商标注册申请等有关文件以纸质方式提出的，应当打字或者印刷。

本条第二款规定适用于办理其他商标事宜。

第十六条 共同申请注册同一商标或者办理其他共有商标事宜的，应当在申请书中指定一个代表人；没有指定代表人的，以申请书中顺序排列的第一人为代表人。

商标局和商标评审委员会的文件应当送达代表人。

第十七条 申请人变更其名义、地址、代理人、文件接收人或者删减指定的商品的，应当向商标局办理变更手续。

申请人转让其商标注册申请的，应当向商标局办理转让手续。

第十八条 商标注册的申请日期以商标局收到申请文件的日期为准。

商标注册申请手续齐备、按照规定填写申请文件并缴纳费用的，商标局予以受理并书面通知申请人；申请手续不齐备、未按照规定填写申请文件或者未缴纳费用的，商标局不予受理，书面通知申请人并说明理由。申请手续基本齐备或者申请文件基本符合规定，但是需要补正的，商标局通知申请人予以补正，限其自收到通知之日起30日内，按照指定内容补正并交回商标局。在规定期限内补正并交回商标局的，保留申请日期；期满未补正的或者不按照要求进行补正的，商标局不予受理并书面通知申请人。

本条第二款关于受理条件的规定适用于办理其他商标事宜。

第十九条　两个或者两个以上的申请人，在同一种商品或者类似商品上，分别以相同或者近似的商标在同一天申请注册的，各申请人应当自收到商标局通知之日起30日内提交其申请注册前在先使用该商标的证据。同日使用或者均未使用的，各申请人可以自收到商标局通知之日起30日内自行协商，并将书面协议报送商标局；不愿协商或者协商不成的，商标局通知各申请人以抽签的方式确定一个申请人，驳回其他人的注册申请。商标局已经通知但申请人未参加抽签的，视为放弃申请，商标局应当书面通知未参加抽签的申请人。

第二十条　依照商标法第二十五条规定要求优先权的，申请人提交的第一次提出商标注册申请文件的副本应当经受理该申请的商标主管机关证明，并注明申请日期和申请号。

第三章　商标注册申请的审查

第二十一条　商标局对受理的商标注册申请，依照商标法及本条例的有关规定进行审查，对符合规定或者在部分指定商品上使用商标的注册申请符合规定的，予以初步审定，并予以公告；对不符合规定或者在部分指定商品上使用商标的注册申请不符合规定的，予以驳回或者驳回在部分指定商品上使用商标的注册申请，书面通知申请人并说明理由。

第二十二条　商标局对一件商标注册申请在部分指定商品上予以驳回的，申请人可以将该申请中初步审定的部分申请分割成另一件申请，分割后的申请保留原申请的申请日期。

需要分割的，申请人应当自收到商标局《商标注册申请部分驳回通知书》之日起15日内，向商标局提出分割申请。

商标局收到分割申请后，应当将原申请分割为两件，对分割出来的初步审定申请生成新的申请号，并予以公告。

第二十三条　依照商标法第二十九条规定，商标局认为对商标注册申请内容需要说明或者修正的，申请人应当自收到商标局通知之日起15日内作出说明或者修正。

第二十四条 对商标局初步审定予以公告的商标提出异议的，异议人应当向商标局提交下列商标异议材料一式两份并标明正、副本：

（一）商标异议申请书；

（二）异议人的身份证明；

（三）以违反商标法第十三条第二款和第三款、第十五条、第十六条第一款、第三十条、第三十一条、第三十二条规定为由提出异议的，异议人作为在先权利人或者利害关系人的证明。

商标异议申请书应当有明确的请求和事实依据，并附送有关证据材料。

第二十五条 商标局收到商标异议申请书后，经审查，符合受理条件的，予以受理，向申请人发出受理通知书。

第二十六条 商标异议申请有下列情形的，商标局不予受理，书面通知申请人并说明理由：

（一）未在法定期限内提出的；

（二）申请人主体资格、异议理由不符合商标法第三十三条规定的；

（三）无明确的异议理由、事实和法律依据的；

（四）同一异议人以相同的理由、事实和法律依据针对同一商标再次提出异议申请的。

第二十七条 商标局应当将商标异议材料副本及时送交被异议人，限其自收到商标异议材料副本之日起30日内答辩。被异议人不答辩的，不影响商标局作出决定。

当事人需要在提出异议申请或者答辩后补充有关证据材料的，应当在商标异议申请书或者答辩书中声明，并自提交商标异议申请书或者答辩书之日起3个月内提交；期满未提交的，视为当事人放弃补充有关证据材料。但是，在期满后生成或者当事人有其他正当理由未能在期满前提交的证据，在期满后提交的，商标局将证据交对方当事人并质证后可以采信。

第二十八条 商标法第三十五条第三款和第三十六条第一款所称不予注册决定，包括在部分指定商品上不予注册决定。

被异议商标在商标局作出准予注册决定或者不予注册决定前已经刊发注册公告的，撤销该注册公告。经审查异议不成立而准予注册的，在准予注册决定生效后重新公告。

第二十九条 商标注册申请人或者商标注册人依照商标法第三十八条

规定提出更正申请的，应当向商标局提交更正申请书。符合更正条件的，商标局核准后更正相关内容；不符合更正条件的，商标局不予核准，书面通知申请人并说明理由。

已经刊发初步审定公告或者注册公告的商标经更正的，刊发更正公告。

第四章　注册商标的变更、转让、续展

第三十条　变更商标注册人名义、地址或者其他注册事项的，应当向商标局提交变更申请书。变更商标注册人名义的，还应当提交有关登记机关出具的变更证明文件。商标局核准的，发给商标注册人相应证明，并予以公告；不予核准的，应当书面通知申请人并说明理由。

变更商标注册人名义或者地址的，商标注册人应当将其全部注册商标一并变更；未一并变更的，由商标局通知其限期改正；期满未改正的，视为放弃变更申请，商标局应当书面通知申请人。

第三十一条　转让注册商标的，转让人和受让人应当向商标局提交转让注册商标申请书。转让注册商标申请手续应当由转让人和受让人共同办理。商标局核准转让注册商标申请的，发给受让人相应证明，并予以公告。

转让注册商标，商标注册人对其在同一种或者类似商品上注册的相同或者近似的商标未一并转让的，由商标局通知其限期改正；期满未改正的，视为放弃转让该注册商标的申请，商标局应当书面通知申请人。

第三十二条　注册商标专用权因转让以外的继承等其他事由发生移转的，接受该注册商标专用权的当事人应当凭有关证明文件或者法律文书到商标局办理注册商标专用权移转手续。

注册商标专用权移转的，注册商标专用权人在同一种或者类似商品上注册的相同或者近似的商标，应当一并移转；未一并移转的，由商标局通知其限期改正；期满未改正的，视为放弃该移转注册商标的申请，商标局应当书面通知申请人。

商标移转申请经核准的，予以公告。接受该注册商标专用权移转的当事人自公告之日起享有商标专用权。

第三十三条　注册商标需要续展注册的，应当向商标局提交商标续展注册申请书。商标局核准商标注册续展申请的，发给相应证明并予以公告。

第五章　商标国际注册

第三十四条　商标法第二十一条规定的商标国际注册，是指根据《商标国际注册马德里协定》（以下简称马德里协定）、《商标国际注册马德里协定有关议定书》（以下简称马德里议定书）及《商标国际注册马德里协定及该协定有关议定书的共同实施细则》的规定办理的马德里商标国际注册。

马德里商标国际注册申请包括以中国为原属国的商标国际注册申请、指定中国的领土延伸申请及其他有关的申请。

第三十五条　以中国为原属国申请商标国际注册的，应当在中国设有真实有效的营业所，或者在中国有住所，或者拥有中国国籍。

第三十六条　符合本条例第三十五条规定的申请人，其商标已在商标局获得注册的，可以根据马德里协定申请办理该商标的国际注册。

符合本条例第三十五条规定的申请人，其商标已在商标局获得注册，或者已向商标局提出商标注册申请并被受理的，可以根据马德里议定书申请办理该商标的国际注册。

第三十七条　以中国为原属国申请商标国际注册的，应当通过商标局向世界知识产权组织国际局（以下简称国际局）申请办理。

以中国为原属国的，与马德里协定有关的商标国际注册的后期指定、放弃、注销，应当通过商标局向国际局申请办理；与马德里协定有关的商标国际注册的转让、删减、变更、续展，可以通过商标局向国际局申请办理，也可以直接向国际局申请办理。

以中国为原属国的，与马德里议定书有关的商标国际注册的后期指定、转让、删减、放弃、注销、变更、续展，可以通过商标局向国际局申请办理，也可以直接向国际局申请办理。

第三十八条　通过商标局向国际局申请商标国际注册及办理其他有关申请的，应当提交符合国际局和商标局要求的申请书和相关材料。

第三十九条　商标国际注册申请指定的商品或者服务不得超出国内基础申请或者基础注册的商品或者服务的范围。

第四十条　商标国际注册申请手续不齐备或者未按照规定填写申请书的，商标局不予受理，申请日不予保留。

申请手续基本齐备或者申请书基本符合规定，但需要补正的，申请人应当自收到补正通知书之日起30日内予以补正，逾期未补正的，商标局不予受理，书面通知申请人。

第四十一条　通过商标局向国际局申请商标国际注册及办理其他有关申请的，应当按照规定缴纳费用。

申请人应当自收到商标局缴费通知单之日起 15 日内，向商标局缴纳费用。期满未缴纳的，商标局不受理其申请，书面通知申请人。

第四十二条　商标局在马德里协定或者马德里议定书规定的驳回期限（以下简称驳回期限）内，依照商标法和本条例的有关规定对指定中国的领土延伸申请进行审查，作出决定，并通知国际局。商标局在驳回期限内未发出驳回或者部分驳回通知的，该领土延伸申请视为核准。

第四十三条　指定中国的领土延伸申请人，要求将三维标志、颜色组合、声音标志作为商标保护或者要求保护集体商标、证明商标的，自该商标在国际局国际注册簿登记之日起 3 个月内，应当通过依法设立的商标代理机构，向商标局提交本条例第十三条规定的相关材料。未在上述期限内提交相关材料的，商标局驳回该领土延伸申请。

第四十四条　世界知识产权组织对商标国际注册有关事项进行公告，商标局不再另行公告。

第四十五条　对指定中国的领土延伸申请，自世界知识产权组织《国际商标公告》出版的次月 1 日起 3 个月内，符合商标法第三十三条规定条件的异议人可以向商标局提出异议申请。

商标局在驳回期限内将异议申请的有关情况以驳回决定的形式通知国际局。

被异议人可以自收到国际局转发的驳回通知书之日起 30 日内进行答辩，答辩书及相关证据材料应当通过依法设立的商标代理机构向商标局提交。

第四十六条　在中国获得保护的国际注册商标，有效期自国际注册日或者后期指定日起算。在有效期届满前，注册人可以向国际局申请续展，在有效期内未申请续展的，可以给予 6 个月的宽展期。商标局收到国际局的续展通知后，依法进行审查。国际局通知未续展的，注销该国际注册商标。

第四十七条　指定中国的领土延伸申请办理转让的，受让人应当在缔约方境内有真实有效的营业所，或者在缔约方境内有住所，或者是缔约方国民。

转让人未将其在相同或者类似商品或者服务上的相同或者近似商标一

并转让的，商标局通知注册人自发出通知之日起3个月内改正；期满未改正或者转让容易引起混淆或者有其他不良影响的，商标局作出该转让在中国无效的决定，并向国际局作出声明。

第四十八条 指定中国的领土延伸申请办理删减，删减后的商品或者服务不符合中国有关商品或者服务分类要求或者超出原指定商品或者服务范围的，商标局作出该删减在中国无效的决定，并向国际局作出声明。

第四十九条 依照商标法第四十九条第二款规定申请撤销国际注册商标，应当自该商标国际注册申请的驳回期限届满之日起满3年后向商标局提出申请；驳回期限届满时仍处在驳回复审或者异议相关程序的，应当自商标局或者商标评审委员会作出的准予注册决定生效之日起满3年后向商标局提出申请。

依照商标法第四十四条第一款规定申请宣告国际注册商标无效的，应当自该商标国际注册申请的驳回期限届满后向商标评审委员会提出申请；驳回期限届满时仍处在驳回复审或者异议相关程序的，应当自商标局或者商标评审委员会作出的准予注册决定生效后向商标评审委员会提出申请。

依照商标法第四十五条第一款规定申请宣告国际注册商标无效的，应当自该商标国际注册申请的驳回期限届满之日起5年内向商标评审委员会提出申请；驳回期限届满时仍处在驳回复审或者异议相关程序的，应当自商标局或者商标评审委员会作出的准予注册决定生效之日起5年内向商标评审委员会提出申请。对恶意注册的，驰名商标所有人不受5年的时间限制。

第五十条 商标法和本条例下列条款的规定不适用于办理商标国际注册相关事宜：

（一）商标法第二十八条、第三十五条第一款关于审查和审理期限的规定；

（二）本条例第二十二条、第三十条第二款；

（三）商标法第四十二条及本条例第三十一条关于商标转让由转让人和受让人共同申请并办理手续的规定。

第六章 商标评审

第五十一条 商标评审是指商标评审委员会依照商标法第三十四条、第三十五条、第四十四条、第四十五条、第五十四条的规定审理有关商标争议事宜。当事人向商标评审委员会提出商标评审申请，应当有明确的请求、事实、理由和法律依据，并提供相应证据。

商标评审委员会根据事实，依法进行评审。

第五十二条　商标评审委员会审理不服商标局驳回商标注册申请决定的复审案件，应当针对商标局的驳回决定和申请人申请复审的事实、理由、请求及评审时的事实状态进行审理。

商标评审委员会审理不服商标局驳回商标注册申请决定的复审案件，发现申请注册的商标有违反商标法第十条、第十一条、第十二条和第十六条第一款规定情形，商标局并未依据上述条款作出驳回决定的，可以依据上述条款作出驳回申请的复审决定。商标评审委员会作出复审决定前应当听取申请人的意见。

第五十三条　商标评审委员会审理不服商标局不予注册决定的复审案件，应当针对商标局的不予注册决定和申请人申请复审的事实、理由、请求及原异议人提出的意见进行审理。

商标评审委员会审理不服商标局不予注册决定的复审案件，应当通知原异议人参加并提出意见。原异议人的意见对案件审理结果有实质影响的，可以作为评审的依据；原异议人不参加或者不提出意见的，不影响案件的审理。

第五十四条　商标评审委员会审理依照商标法第四十四条、第四十五条规定请求宣告注册商标无效的案件，应当针对当事人申请和答辩的事实、理由及请求进行审理。

第五十五条　商标评审委员会审理不服商标局依照商标法第四十四条第一款规定作出宣告注册商标无效决定的复审案件，应当针对商标局的决定和申请人申请复审的事实、理由及请求进行审理。

第五十六条　商标评审委员会审理不服商标局依照商标法第四十九条规定作出撤销或者维持注册商标决定的复审案件，应当针对商标局作出撤销或者维持注册商标决定和当事人申请复审时所依据的事实、理由及请求进行审理。

第五十七条　申请商标评审，应当向商标评审委员会提交申请书，并按照对方当事人的数量提交相应份数的副本；基于商标局的决定书申请复审的，还应当同时附送商标局的决定书副本。

商标评审委员会收到申请书后，经审查，符合受理条件的，予以受理；不符合受理条件的，不予受理，书面通知申请人并说明理由；需要补正的，通知申请人自收到通知之日起30日内补正。经补正仍不符合规定的，商标评审委员会不予受理，书面通知申请人并说明理由；期满未补正的，视为撤回申请，商标评审委员会应当书面通知申请人。

商标评审委员会受理商标评审申请后，发现不符合受理条件的，予以驳回，书面通知申请人并说明理由。

第五十八条 商标评审委员会受理商标评审申请后应当及时将申请书副本送交对方当事人，限其自收到申请书副本之日起30日内答辩；期满未答辩的，不影响商标评审委员会的评审。

第五十九条 当事人需要在提出评审申请或者答辩后补充有关证据材料的，应当在申请书或者答辩书中声明，并自提交申请书或者答辩书之日起3个月内提交；期满未提交的，视为放弃补充有关证据材料。但是，在期满后生成或者当事人有其他正当理由未能在期满前提交的证据，在期满后提交的，商标评审委员会将证据交对方当事人并质证后可以采信。

第六十条 商标评审委员会根据当事人的请求或者实际需要，可以决定对评审申请进行口头审理。

商标评审委员会决定对评审申请进行口头审理的，应当在口头审理15日前书面通知当事人，告知口头审理的日期、地点和评审人员。当事人应当在通知书指定的期限内作出答复。

申请人不答复也不参加口头审理的，其评审申请视为撤回，商标评审委员会应当书面通知申请人；被申请人不答复也不参加口头审理的，商标评审委员会可以缺席评审。

第六十一条 申请人在商标评审委员会作出决定、裁定前，可以书面向商标评审委员会要求撤回申请并说明理由，商标评审委员会认为可以撤回的，评审程序终止。

第六十二条 申请人撤回商标评审申请的，不得以相同的事实和理由再次提出评审申请。商标评审委员会对商标评审申请已经作出裁定或者决定的，任何人不得以相同的事实和理由再次提出评审申请。但是，经不予注册复审程序予以核准注册后向商标评审委员会提起宣告注册商标无效的除外。

第七章 商标使用的管理

第六十三条 使用注册商标，可以在商品、商品包装、说明书或者其他附着物上标明“注册商标”或者注册标记。

注册标记包括㊟和®。使用注册标记，应当标注在商标的右上角或者右下角。

第六十四条 《商标注册证》遗失或者破损的，应当向商标局提交补发《商标注册证》申请书。《商标注册证》遗失的，应当在《商标公告》上刊登遗失声明。破损的《商标注册证》，应当在提交补发申请时交回商标局。

商标注册人需要商标局补发商标变更、转让、续展证明，出具商标注册证明，或者商标申请人需要商标局出具优先权证明文件的，应当向商标局提交相应申请书。符合要求的，商标局发给相应证明；不符合要求的，商标局不予办理，通知申请人并告知理由。

伪造或者变造《商标注册证》或者其他商标证明文件的，依照刑法关于伪造、变造国家机关证件罪或者其他罪的规定，依法追究刑事责任。

第六十五条 有商标法第四十九条规定的注册商标成为其核定使用的商品通用名称情形的，任何单位或者个人可以向商标局申请撤销该注册商标，提交申请时应当附送证据材料。商标局受理后应当通知商标注册人，限其自收到通知之日起 2 个月内答辩；期满未答辩的，不影响商标局作出决定。

第六十六条 有商标法第四十九条规定的注册商标无正当理由连续 3 年不使用情形的，任何单位或者个人可以向商标局申请撤销该注册商标，提交申请时应当说明有关情况。商标局受理后应当通知商标注册人，限其自收到通知之日起 2 个月内提交该商标在撤销申请提出前使用的证据材料或者说明不使用的正当理由；期满未提供使用的证据材料或者证据材料无效并没有正当理由的，由商标局撤销其注册商标。

前款所称使用的证据材料，包括商标注册人使用注册商标的证据材料和商标注册人许可他人使用注册商标的证据材料。

以无正当理由连续 3 年不使用为由申请撤销注册商标的，应当自该注册商标注册公告之日起满 3 年后提出申请。

第六十七条 下列情形属于商标法第四十九条规定的正当理由：

（一）不可抗力；

（二）政府政策性限制；

（三）破产清算；

（四）其他不可归责于商标注册人的正当事由。

第六十八条 商标局、商标评审委员会撤销注册商标或者宣告注册商标无效，撤销或者宣告无效的理由仅及于部分指定商品的，对在该部分指定商品上使用的商标注册予以撤销或者宣告无效。

第六十九条 许可他人使用其注册商标的，许可人应当在许可合同有效期内向商标局备案并报送备案材料。备案材料应当说明注册商标使用许可人、被许可人、许可期限、许可使用的商品或者服务范围等事项。

第七十条 以注册商标专用权出质的，出质人与质权人应当签订书面质权合同，并共同向商标局提出质权登记申请，由商标局公告。

第七十一条 违反商标法第四十三条第二款规定的，由工商行政管理部门责令限期改正；逾期不改正的，责令停止销售，拒不停止销售的，处10万元以下的罚款。

第七十二条 商标持有人依照商标法第十三条规定请求驰名商标保护的，可以向工商行政管理部门提出请求。经商标局依照商标法第十四条规定认定为驰名商标的，由工商行政管理部门责令停止违反商标法第十三条规定使用商标的行为，收缴、销毁违法使用的商标标识；商标标识与商品难以分离的，一并收缴、销毁。

第七十三条 商标注册人申请注销其注册商标或者注销其商标在部分指定商品上的注册的，应当向商标局提交商标注销申请书，并交回原《商标注册证》。

商标注册人申请注销其注册商标或者注销其商标在部分指定商品上的注册，经商标局核准注销的，该注册商标专用权或者该注册商标专用权在该部分指定商品上的效力自商标局收到其注销申请之日起终止。

第七十四条 注册商标被撤销或者依照本条例第七十三条的规定被注销的，原《商标注册证》作废，并予以公告；撤销该商标在部分指定商品上的注册的，或者商标注册人申请注销其商标在部分指定商品上的注册的，重新核发《商标注册证》，并予以公告。

第八章 注册商标专用权的保护

第七十五条 为侵犯他人商标专用权提供仓储、运输、邮寄、印制、隐匿、经营场所、网络商品交易平台等，属于商标法第五十七条第六项规定的提供便利条件。

第七十六条 在同一种商品或者类似商品上将与他人注册商标相同或者近似的标志作为商品名称或者商品装潢使用，误导公众的，属于商标法第五十七条第二项规定的侵犯注册商标专用权的行为。

第七十七条 对侵犯注册商标专用权的行为，任何人可以向工商行政管理部门投诉或者举报。

第七十八条　计算商标法第六十条规定的违法经营额，可以考虑下列因素：

（一）侵权商品的销售价格；

（二）未销售侵权商品的标价；

（三）已查清侵权商品实际销售的平均价格；

（四）被侵权商品的市场中间价格；

（五）侵权人因侵权所产生的营业收入；

（六）其他能够合理计算侵权商品价值的因素。

第七十九条　下列情形属于商标法第六十条规定的能证明该商品是自己合法取得的情形：

（一）有供货单位合法签章的供货清单和货款收据且经查证属实或者供货单位认可的；

（二）有供销双方签订的进货合同且经查证已真实履行的；

（三）有合法进货发票且发票记载事项与涉案商品对应的；

（四）其他能够证明合法取得涉案商品的情形。

第八十条　销售不知道是侵犯注册商标专用权的商品，能证明该商品是自己合法取得并说明提供者的，由工商行政管理部门责令停止销售，并将案件情况通报侵权商品提供者所在地工商行政管理部门。

第八十一条　涉案注册商标权属正在商标局、商标评审委员会审理或者人民法院诉讼中，案件结果可能影响案件定性的，属于商标法第六十二条第三款规定的商标权属存在争议。

第八十二条　在查处商标侵权案件过程中，工商行政管理部门可以要求权利人对涉案商品是否为权利人生产或者其许可生产的产品进行辨认。

第九章　商标代理

第八十三条　商标法所称商标代理，是指接受委托人的委托，以委托人的名义办理商标注册申请、商标评审或者其他商标事宜。

第八十四条　商标法所称商标代理机构，包括经工商行政管理部门登记从事商标代理业务的服务机构和从事商标代理业务的律师事务所。

商标代理机构从事商标局、商标评审委员会主管的商标事宜代理业务的，应当按照下列规定向商标局备案：

（一）交验工商行政管理部门的登记证明文件或者司法行政部门批准

设立律师事务所的证明文件并留存复印件；

（二）报送商标代理机构的名称、住所、负责人、联系方式等基本信息；

（三）报送商标代理从业人员名单及联系方式。

工商行政管理部门应当建立商标代理机构信用档案。商标代理机构违反商标法或者本条例规定的，由商标局或者商标评审委员会予以公开通报，并记入其信用档案。

第八十五条 商标法所称商标代理从业人员，是指在商标代理机构中从事商标代理业务的工作人员。

商标代理从业人员不得以个人名义自行接受委托。

第八十六条 商标代理机构向商标局、商标评审委员会提交的有关申请文件，应当加盖该代理机构公章并由相关商标代理从业人员签字。

第八十七条 商标代理机构申请注册或者受让其代理服务以外的其他商标，商标局不予受理。

第八十八条 下列行为属于商标法第六十八条第一款第二项规定的以其他不正当手段扰乱商标代理市场秩序的行为：

（一）以欺诈、虚假宣传、引人误解或者商业贿赂等方式招徕业务的；

（二）隐瞒事实，提供虚假证据，或者威胁、诱导他人隐瞒事实，提供虚假证据的；

（三）在同一商标案件中接受有利益冲突的双方当事人委托的。

第八十九条 商标代理机构有商标法第六十八条规定行为的，由行为人所在地或者违法行为发生地县级以上工商行政管理部门进行查处并将查处情况通报商标局。

第九十条 商标局、商标评审委员会依照商标法第六十八条规定停止受理商标代理机构办理商标代理业务的，可以作出停止受理该商标代理机构商标代理业务6个月以上直至永久停止受理的决定。停止受理商标代理业务的期间届满，商标局、商标评审委员会应当恢复受理。

商标局、商标评审委员会作出停止受理或者恢复受理商标代理的决定应当在其网站予以公告。

第九十一条 工商行政管理部门应当加强对商标代理行业组织的监督和指导。

第十章　附　　则

第九十二条 连续使用至1993年7月1日的服务商标，与他人在相同或者类似的服务上已注册的服务商标相同或者近似的，可以继续使用；但是，1993 年 7 月 1 日后中断使用 3 年以上的，不得继续使用。

已连续使用至商标局首次受理新放开商品或者服务项目之日的商标，与他人在新放开商品或者服务项目相同或者类似的商品或者服务上已注册的商标相同或者近似的，可以继续使用；但是，首次受理之日后中断使用 3 年以上的，不得继续使用。

第九十三条　商标注册用商品和服务分类表，由商标局制定并公布。

申请商标注册或者办理其他商标事宜的文件格式，由商标局、商标评审委员会制定并公布。

商标评审委员会的评审规则由国务院工商行政管理部门制定并公布。

第九十四条　商标局设置《商标注册簿》，记载注册商标及有关注册事项。

第九十五条　《商标注册证》及相关证明是权利人享有注册商标专用权的凭证。《商标注册证》记载的注册事项，应当与《商标注册簿》一致；记载不一致的，除有证据证明《商标注册簿》确有错误外，以《商标注册簿》为准。

第九十六条　商标局发布《商标公告》，刊发商标注册及其他有关事项。

《商标公告》采用纸质或者电子形式发布。

除送达公告外，公告内容自发布之日起视为社会公众已经知道或者应当知道。

第九十七条　申请商标注册或者办理其他商标事宜，应当缴纳费用。缴纳费用的项目和标准，由国务院财政部门、国务院价格主管部门分别制定。

第九十八条　本条例自 2014 年 5 月 1 日起施行。

企业名称登记管理规定

（1991年5月6日中华人民共和国国家工商行政管理局令第7号发布　根据2012年11月9日《国务院关于修改和废止部分行政法规的决定》第一次修订　2020年12月14日国务院第118次常务会议修订通过）

第一条　为了规范企业名称登记管理，保护企业的合法权益，维护社会经济秩序，优化营商环境，制定本规定。

第二条　县级以上人民政府市场监督管理部门（以下统称企业登记机关）负责中国境内设立企业的企业名称登记管理。

国务院市场监督管理部门主管全国企业名称登记管理工作，负责制定企业名称登记管理的具体规范。

省、自治区、直辖市人民政府市场监督管理部门负责建立本行政区域统一的企业名称申报系统和企业名称数据库，并向社会开放。

第三条　企业登记机关应当不断提升企业名称登记管理规范化、便利化水平，为企业和群众提供高效、便捷的服务。

第四条　企业只能登记一个企业名称，企业名称受法律保护。

第五条　企业名称应当使用规范汉字。民族自治地方的企业名称可以同时使用本民族自治地方通用的民族文字。

第六条　企业名称由行政区划名称、字号、行业或者经营特点、组织形式组成。跨省、自治区、直辖市经营的企业，其名称可以不含行政区划名称；跨行业综合经营的企业，其名称可以不含行业或者经营特点。

第七条　企业名称中的行政区划名称应当是企业所在地的县级以上地方行政区划名称。市辖区名称在企业名称中使用时应当同时冠以其所属的设区的市的行政区划名称。开发区、垦区等区域名称在企业名称中使用时应当与行政区划名称连用，不得单独使用。

第八条　企业名称中的字号应当由两个以上汉字组成。

县级以上地方行政区划名称、行业或者经营特点不得作为字号，另有含义的除外。

第九条　企业名称中的行业或者经营特点应当根据企业的主营业务和国民经济行业分类标准标明。国民经济行业分类标准中没有规定的，可以参照行业习惯或者专业文献等表述。

第十条　企业应当根据其组织结构或者责任形式，依法在企业名称中标明组织形式。

第十一条　企业名称不得有下列情形：

（一）损害国家尊严或者利益；

（二）损害社会公共利益或者妨碍社会公共秩序；

（三）使用或者变相使用政党、党政军机关、群团组织名称及其简称、特定称谓和部队番号；

（四）使用外国国家（地区）、国际组织名称及其通用简称、特定称谓；

（五）含有淫秽、色情、赌博、迷信、恐怖、暴力的内容；

（六）含有民族、种族、宗教、性别歧视的内容；

（七）违背公序良俗或者可能有其他不良影响；

（八）可能使公众受骗或者产生误解；

（九）法律、行政法规以及国家规定禁止的其他情形。

第十二条　企业名称冠以“中国”、“中华”、“中央”、“全国”、“国家”等字词，应当按照有关规定从严审核，并报国务院批准。国务院市场监督管理部门负责制定具体管理办法。

企业名称中间含有“中国”、“中华”、“全国”、“国家”等字词的，该字词应当是行业限定语。

使用外国投资者字号的外商独资或者控股的外商投资企业，企业名称中可以含有“(中国)”字样。

第十三条　企业分支机构名称应当冠以其所从属企业的名称，并缀以“分公司”、“分厂”、“分店”等字词。境外企业分支机构还应当在名称中标明该企业的国籍及责任形式。

第十四条　企业集团名称应当与控股企业名称的行政区划名称、字号、行业或者经营特点一致。控股企业可以在其名称的组织形式之前使用“集团”或者“(集团)”字样。

第十五条　有投资关系或者经过授权的企业，其名称中可以含有另一个企业的名称或者其他法人、非法人组织的名称。

第十六条　企业名称由申请人自主申报。

申请人可以通过企业名称申报系统或者在企业登记机关服务窗口提交有关信息和材料，对拟定的企业名称进行查询、比对和筛选，选取符合本规定要求的企业名称。

申请人提交的信息和材料应当真实、准确、完整，并承诺因其企业名称与他人企业名称近似侵犯他人合法权益的，依法承担法律责任。

第十七条 在同一企业登记机关，申请人拟定的企业名称中的字号不得与下列同行业或者不使用行业、经营特点表述的企业名称中的字号相同：

（一）已经登记或者在保留期内的企业名称，有投资关系的除外；

（二）已经注销或者变更登记未满 1 年的原企业名称，有投资关系或者受让企业名称的除外；

（三）被撤销设立登记或者被撤销变更登记未满 1 年的原企业名称，有投资关系的除外。

第十八条 企业登记机关对通过企业名称申报系统提交完成的企业名称予以保留，保留期为 2 个月。设立企业依法应当报经批准或者企业经营范围中有在登记前须经批准的项目的，保留期为 1 年。

申请人应当在保留期届满前办理企业登记。

第十九条 企业名称转让或者授权他人使用的，相关企业应当依法通过国家企业信用信息公示系统向社会公示。

第二十条 企业登记机关在办理企业登记时，发现企业名称不符合本规定的，不予登记并书面说明理由。

企业登记机关发现已经登记的企业名称不符合本规定的，应当及时纠正。其他单位或者个人认为已经登记的企业名称不符合本规定的，可以请求企业登记机关予以纠正。

第二十一条 企业认为其他企业名称侵犯本企业名称合法权益的，可以向人民法院起诉或者请求为涉嫌侵权企业办理登记的企业登记机关处理。

企业登记机关受理申请后，可以进行调解；调解不成的，企业登记机关应当自受理之日起 3 个月内作出行政裁决。

第二十二条 利用企业名称实施不正当竞争等行为的，依照有关法律、行政法规的规定处理。

第二十三条 使用企业名称应当遵守法律法规，诚实守信，不得损害他人合法权益。

人民法院或者企业登记机关依法认定企业名称应当停止使用的，企业应当自收到人民法院生效的法律文书或者企业登记机关的处理决定之日起30日内办理企业名称变更登记。名称变更前，由企业登记机关以统一社会信用代码代替其名称。企业逾期未办理变更登记的，企业登记机关将其列入经营异常名录；完成变更登记后，企业登记机关将其移出经营异常名录。

第二十四条　申请人登记或者使用企业名称违反本规定的，依照企业登记相关法律、行政法规的规定予以处罚。

企业登记机关对不符合本规定的企业名称予以登记，或者对符合本规定的企业名称不予登记的，对直接负责的主管人员和其他直接责任人员，依法给予行政处分。

第二十五条　农民专业合作社和个体工商户的名称登记管理，参照本规定执行。

第二十六条　本规定自2021年3月1日起施行。

中华人民共和国进出口货物原产地条例

（2004年9月3日中华人民共和国国务院令第416号公布　根据2019年3月2日《国务院关于修改部分行政法规的决定》修订）

第一条　为了正确确定进出口货物的原产地，有效实施各项贸易措施，促进对外贸易发展，制定本条例。

第二条　本条例适用于实施最惠国待遇、反倾销和反补贴、保障措施、原产地标记管理、国别数量限制、关税配额等非优惠性贸易措施以及进行政府采购、贸易统计等活动对进出口货物原产地的确定。

实施优惠性贸易措施对进出口货物原产地的确定，不适用本条例。具体办法依照中华人民共和国缔结或者参加的国际条约、协定的有关规定另行制定。

第三条　完全在一个国家（地区）获得的货物，以该国（地区）为原产地；两个以上国家（地区）参与生产的货物，以最后完成实质性改变的国家（地区）为原产地。

第四条　本条例第三条所称完全在一个国家（地区）获得的货物，是指：

（一）在该国（地区）出生并饲养的活的动物；

（二）在该国（地区）野外捕捉、捕捞、搜集的动物；

（三）从该国（地区）的活的动物获得的未经加工的物品；

（四）在该国（地区）收获的植物和植物产品；

（五）在该国（地区）采掘的矿物；

（六）在该国（地区）获得的除本条第（一）项至第（五）项范围之外的其他天然生成的物品；

（七）在该国（地区）生产过程中产生的只能弃置或者回收用作材料的废碎料；

（八）在该国（地区）收集的不能修复或者修理的物品，或者从该物品中回收的零件或者材料；

（九）由合法悬挂该国旗帜的船舶从其领海以外海域获得的海洋捕捞物和其他物品；

（十）在合法悬挂该国旗帜的加工船上加工本条第（九）项所列物品获得的产品；

（十一）从该国领海以外享有专有开采权的海床或者海床底土获得的物品；

（十二）在该国（地区）完全从本条第（一）项至第（十一）项所列物品中生产的产品。

第五条　在确定货物是否在一个国家（地区）完全获得时，不考虑下列微小加工或者处理：

（一）为运输、贮存期间保存货物而作的加工或者处理；

（二）为货物便于装卸而作的加工或者处理；

（三）为货物销售而作的包装等加工或者处理。

第六条　本条例第三条规定的实质性改变的确定标准，以税则归类改变为基本标准；税则归类改变不能反映实质性改变的，以从价百分比、制造或者加工工序等为补充标准。具体标准由海关总署会同商务部制定。

本条第一款所称税则归类改变，是指在某一国家（地区）对非该国（地区）原产材料进行制造、加工后，所得货物在《中华人民共和国进出口税则》中某一级的税目归类发生了变化。

本条第一款所称从价百分比，是指在某一国家（地区）对非该国（地区）原产材料进行制造、加工后的增值部分，超过所得货物价值一定的百分比。

本条第一款所称制造或者加工工序，是指在某一国家（地区）进行的赋予制造、加工后所得货物基本特征的主要工序。

世界贸易组织《协调非优惠原产地规则》实施前，确定进出口货物原产地实质性改变的具体标准，由海关总署会同商务部根据实际情况另行制定。

第七条　货物生产过程中使用的能源、厂房、设备、机器和工具的原产地，以及未构成货物物质成分或者组成部件的材料的原产地，不影响该货物原产地的确定。

第八条　随所装货物进出口的包装、包装材料和容器，在《中华人民共和国进出口税则》中与该货物一并归类的，该包装、包装材料和容器的原产地不影响所装货物原产地的确定；对该包装、包装材料和容器的原产地不再单独确定，所装货物的原产地即为该包装、包装材料和容器的原产地。

随所装货物进出口的包装、包装材料和容器，在《中华人民共和国进出口税则》中与该货物不一并归类的，依照本条例的规定确定该包装、包装材料和容器的原产地。

第九条 按正常配备的种类和数量随货物进出口的附件、备件、工具和介绍说明性资料，在《中华人民共和国进出口税则》中与该货物一并归类的，该附件、备件、工具和介绍说明性资料的原产地不影响该货物原产地的确定；对该附件、备件、工具和介绍说明性资料的原产地不再单独确定，该货物的原产地即为该附件、备件、工具和介绍说明性资料的原产地。

随货物进出口的附件、备件、工具和介绍说明性资料在《中华人民共和国进出口税则》中虽与该货物一并归类，但超出正常配备的种类和数量的，以及在《中华人民共和国进出口税则》中与该货物不一并归类的，依照本条例的规定确定该附件、备件、工具和介绍说明性资料的原产地。

第十条 对货物所进行的任何加工或者处理，是为了规避中华人民共和国关于反倾销、反补贴和保障措施等有关规定的，海关在确定该货物的原产地时可以不考虑这类加工和处理。

第十一条 进口货物的收货人按照《中华人民共和国海关法》及有关规定办理进口货物的海关申报手续时，应当依照本条例规定的原产地确定标准如实申报进口货物的原产地；同一批货物的原产地不同的，应当分别申报原产地。

第十二条 进口货物进口前，进口货物的收货人或者与进口货物直接相关的其他当事人，在有正当理由的情况下，可以书面申请海关对将要进口的货物的原产地作出预确定决定；申请人应当按照规定向海关提供作出原产地预确定决定所需的资料。

海关应当在收到原产地预确定书面申请及全部必要资料之日起 150 天内，依照本条例的规定对该进口货物作出原产地预确定决定，并对外公布。

第十三条 海关接受申报后，应当按照本条例的规定审核确定进口货物的原产地。

已作出原产地预确定决定的货物，自预确定决定作出之日起 3 年内实际进口时，经海关审核其实际进口的货物与预确定决定所述货物相符，且本条例规定的原产地确定标准未发生变化的，海关不再重新确定该进口货物的原产地；经海关审核其实际进口的货物与预确定决定所述货物不相符的，海关应当按照本条例的规定重新审核确定该进口货物的原产地。

第十四条 海关在审核确定进口货物原产地时，可以要求进口货物的收货人提交该进口货物的原产地证书，并予以审验；必要时，可以请求该货物出口国（地区）的有关机构对该货物的原产地进行核查。

第十五条 根据对外贸易经营者提出的书面申请，海关可以依照《中华人民共和国海关法》第四十三条的规定，对将要进口的货物的原产地预先作出确定原产地的行政裁定，并对外公布。

进口相同的货物，应当适用相同的行政裁定。

第十六条 国家对原产地标记实施管理。货物或者其包装上标有原产地标记的，其原产地标记所标明的原产地应当与依照本条例所确定的原产地相一致。

第十七条 出口货物发货人可以向海关、中国国际贸易促进委员会及其地方分会（以下简称签证机构），申请领取出口货物原产地证书。

第十八条 出口货物发货人申请领取出口货物原产地证书，应当在签证机构办理注册登记手续，按照规定如实申报出口货物的原产地，并向签证机构提供签发出口货物原产地证书所需的资料。

第十九条 签证机构接受出口货物发货人的申请后，应当按照规定审查确定出口货物的原产地，签发出口货物原产地证书；对不属于原产于中华人民共和国境内的出口货物，应当拒绝签发出口货物原产地证书。

出口货物原产地证书签发管理的具体办法，由海关总署会同国务院其他有关部门、机构另行制定。

第二十条 应出口货物进口国（地区）有关机构的请求，海关、签证机构可以对出口货物的原产地情况进行核查，并及时将核查情况反馈进口国（地区）有关机构。

第二十一条 用于确定货物原产地的资料和信息，除按有关规定可以提供或者经提供该资料和信息的单位、个人的允许，海关、签证机构应当对该资料和信息予以保密。

第二十二条 违反本条例规定申报进口货物原产地的，依照《中华人民共和国对外贸易法》、《中华人民共和国海关法》和《中华人民共和国海关行政处罚实施条例》的有关规定进行处罚。

第二十三条 提供虚假材料骗取出口货物原产地证书或者伪造、变造、买卖或者盗窃出口货物原产地证书的，由海关处5000元以上10万元以下的罚款；骗取、伪造、变造、买卖或者盗窃作为海关放行凭证的出口货物原产地证书的，处货值金额等值以下的罚款，但货值金额低于5000元的，处5000元罚款。有违法所得的，由海关没收违法所得。构成犯罪的，依法追究刑事责任。

第二十四条 进出口货物的原产地标记与依照本条例所确定的原产地不一致的，由海关责令改正。

第二十五条 确定进出口货物原产地的工作人员违反本条例规定的程序确定原产地的，或者泄露所知悉的商业秘密的，或者滥用职权、玩忽职守、徇私舞弊的，依法给予行政处分；有违法所得的，没收违法所得；构成犯罪的，依法追究刑事责任。

第二十六条 本条例下列用语的含义：

获得，是指捕捉、捕捞、搜集、收获、采掘、加工或者生产等。

货物原产地，是指依照本条例确定的获得某一货物的国家（地区）。

原产地证书，是指出口国（地区）根据原产地规则和有关要求签发的，明确指出该证中所列货物原产于某一特定国家（地区）的书面文件。

原产地标记，是指在货物或者包装上用来表明该货物原产地的文字和图形。

第二十七条 本条例自2005年1月1日起施行。1992年3月8日国务院发布的《中华人民共和国出口货物原产地规则》、1986年12月6日海关总署发布的《中华人民共和国海关关于进口货物原产地的暂行规定》同时废止。

部门规章

地理标志产品保护规定

（2005年6月7日国家质量监督检验检疫总局令第78号公布　自2005年7月15日起施行）

第一章　总　　则

第一条　为了有效保护我国的地理标志产品，规范地理标志产品名称和专用标志的使用，保证地理标志产品的质量和特色，根据《中华人民共和国产品质量法》、《中华人民共和国标准化法》、《中华人民共和国进出口商品检验法》等有关规定，制定本规定。

第二条　本规定所称地理标志产品，是指产自特定地域，所具有的质量、声誉或其他特性本质上取决于该产地的自然因素和人文因素，经审核批准以地理名称进行命名的产品。地理标志产品包括：

（一）来自本地区的种植、养殖产品。

（二）原材料全部来自本地区或部分来自其他地区，并在本地区按照特定工艺生产和加工的产品。

第三条　本规定适用于对地理标志产品的申请受理、审核批准、地理标志专用标志注册登记和监督管理工作。

第四条　国家质量监督检验检疫总局（以下简称“国家质检总局”）统一管理全国的地理标志产品保护工作。各地出入境检验检疫局和质量技术监督局（以下简称各地质检机构）依照职能开展地理标志产品保护工作。

第五条　申请地理标志产品保护，应依照本规定经审核批准。使用地理标志产品专用标志，必须依照本规定经注册登记，并接受监督管理。

第六条　地理标志产品保护遵循申请自愿，受理及批准公开的原则。

第七条　申请地理标志保护的产品应当符合安全、卫生、环保的要求，对环境、生态、资源可能产生危害的产品，不予受理和保护。

第二章　申请及受理

第八条　地理标志产品保护申请，由当地县级以上人民政府指定的地理标志产品保护申请机构或人民政府认定的协会和企业（以下简称申请人）提出，并征求相关部门意见。

第九条　申请保护的产品在县域范围内的，由县级人民政府提出产地范围的建议；跨县域范围的，由地市级人民政府提出产地范围的建议；跨地市范围的，由省级人民政府提出产地范围的建议。

第十条　申请人应提交以下资料：

（一）有关地方政府关于划定地理标志产品产地范围的建议。

（二）有关地方政府成立申请机构或认定协会、企业作为申请人的文件。

（三）地理标志产品的证明材料，包括：

1. 地理标志产品保护申请书；

2. 产品名称、类别、产地范围及地理特征的说明；

3. 产品的理化、感官等质量特色及其与产地的自然因素和人文因素之间关系的说明；

4. 产品生产技术规范（包括产品加工工艺、安全卫生要求、加工设备的技术要求等）；

5. 产品的知名度，产品生产、销售情况及历史渊源的说明；

（四）拟申请的地理标志产品的技术标准。

第十一条　出口企业的地理标志产品的保护申请向本辖区内出入境检验检疫部门提出；按地域提出的地理标志产品的保护申请和其他地理标志产品的保护申请向当地（县级或县级以上）质量技术监督部门提出。

第十二条　省级质量技术监督局和直属出入境检验检疫局，按照分工，分别负责对拟申报的地理标志产品的保护申请提出初审意见，并将相关文件、资料上报国家质检总局。

第三章　审核及批准

第十三条　国家质检总局对收到的申请进行形式审查。审查合格的，由国家质检总局在国家质检总局公报、政府网站等媒体上向社会发布受理公告；审查不合格的，应书面告知申请人。

第十四条　有关单位和个人对申请有异议的，可在公告后的2个月内向国家质检总局提出。

第十五条　国家质检总局按照地理标志产品的特点设立相应的专家审查委员会，负责地理标志产品保护申请的技术审查工作。

第十六条　国家质检总局组织专家审查委员会对没有异议或者有异议但被驳回的申请进行技术审查，审查合格的，由国家质检总局发布批准该产品获得地理标志产品保护的公告。

第四章　标准制订及专用标志使用

第十七条　拟保护的地理标志产品，应根据产品的类别、范围、知名度、产品的生产销售等方面的因素，分别制订相应的国家标准、地方标准或管理规范。

第十八条　国家标准化行政主管部门组织草拟并发布地理标志保护产品的国家标准；省级地方人民政府标准化行政主管部门组织草拟并发布地理标志保护产品的地方标准。

第十九条　地理标志保护产品的质量检验由省级质量技术监督部门、直属出入境检验检疫部门指定的检验机构承担。必要时，国家质检总局将组织予以复检。

第二十条　地理标志产品产地范围内的生产者使用地理标志产品专用标志，应向当地质量技术监督局或出入境检验检疫局提出申请，并提交以下资料：

（一）地理标志产品专用标志使用申请书。

（二）由当地政府主管部门出具的产品产自特定地域的证明。

（三）有关产品质量检验机构出具的检验报告。

上述申请经省级质量技术监督局或直属出入境检验检疫局审核，并经国家质检总局审查合格注册登记后，发布公告，生产者即可在其产品上使用地理标志产品专用标志，获得地理标志产品保护。

第五章　保护和监督

第二十一条　各地质检机构依法对地理标志保护产品实施保护。对于擅自使用或伪造地理标志名称及专用标志的；不符合地理标志产品标准和管理规范要求而使用该地理标志产品的名称的；或者使用与专用标志相近、易产生误解的名称或标识及可能误导消费者的文字或图案标志，使消费者将该产品误认为地理标志保护产品的行为，质量技术监督部门和出入境检验检疫部门将依法进行查处。社会团体、企业和个人可监督、举报。

第二十二条 各地质检机构对地理标志产品的产地范围，产品名称，原材料，生产技术工艺，质量特色，质量等级、数量、包装、标识，产品专用标志的印刷、发放、数量、使用情况，产品生产环境、生产设备，产品的标准符合性等方面进行日常监督管理。

第二十三条 获准使用地理标志产品专用标志资格的生产者，未按相应标准和管理规范组织生产的，或者在2年内未在受保护的地理标志产品上使用专用标志的，国家质检总局将注销其地理标志产品专用标志使用注册登记，停止其使用地理标志产品专用标志并对外公告。

第二十四条 违反本规定的，由质量技术监督行政部门和出入境检验检疫部门依据《中华人民共和国产品质量法》、《中华人民共和国标准化法》、《中华人民共和国进出口商品检验法》等有关法律予以行政处罚。

第二十五条 从事地理标志产品保护工作的人员应忠于职守，秉公办事，不得滥用职权、以权谋私，不得泄露技术秘密。违反以上规定的，予以行政纪律处分；构成犯罪的依法追究刑事责任。

第六章 附 则

第二十六条 国家质检总局接受国外地理标志产品在中华人民共和国的注册并实施保护。具体办法另外规定。

第二十七条 本规定由国家质检总局负责解释。

第二十八条 本规定自2005年7月15日起施行。原国家质量技术监督局公布的《原产地域产品保护规定》同时废止。原国家出入境检验检疫局公布的《原产地标记管理规定》、《原产地标记管理规定实施办法》中关于地理标志的内容与本规定不一致的，以本规定为准。

集体商标、证明商标注册和管理办法

（2003 年 4 月 17 日国家工商行政管理总局令第 6 号公布　自 2003 年 6 月 1 日起施行）

第一条　根据《中华人民共和国商标法》（以下简称商标法）第三条的规定，制定本办法。

第二条　集体商标、证明商标的注册和管理，依照商标法、《中华人民共和国商标法实施条例》（以下简称实施条例）和本办法的有关规定进行。

第三条　本办法有关商品的规定，适用于服务。

第四条　申请集体商标注册的，应当附送主体资格证明文件并应当详细说明该集体组织成员的名称和地址；以地理标志作为集体商标申请注册的，应当附送主体资格证明文件并应当详细说明其所具有的或者其委托的机构具有的专业技术人员、专业检测设备等情况，以表明其具有监督使用该地理标志商品的特定品质的能力。

申请以地理标志作为集体商标注册的团体、协会或者其他组织，应当由来自该地理标志标示的地区范围内的成员组成。

第五条　申请证明商标注册的，应当附送主体资格证明文件并应当详细说明其所具有的或者其委托的机构具有的专业技术人员、专业检测设备等情况，以表明其具有监督该证明商标所证明的特定商品品质的能力。

第六条　申请以地理标志作为集体商标、证明商标注册的，还应当附送管辖该地理标志所标示地区的人民政府或者行业主管部门的批准文件。

外国人或者外国企业申请以地理标志作为集体商标、证明商标注册的，申请人应当提供该地理标志以其名义在其原属国受法律保护的证明。

第七条　以地理标志作为集体商标、证明商标注册的，应当在申请书件中说明下列内容：

（一）该地理标志所标示的商品的特定质量、信誉或者其他特征；

（二）该商品的特定质量、信誉或者其他特征与该地理标志所标示的地区的自然因素和人文因素的关系；

（三）该地理标志所标示的地区的范围。

第八条 作为集体商标、证明商标申请注册的地理标志，可以是该地理标志标示地区的名称，也可以是能够标示某商品来源于该地区的其他可视性标志。

前款所称地区无需与该地区的现行行政区划名称、范围完全一致。

第九条 多个葡萄酒地理标志构成同音字或者同形字的，在这些地理标志能够彼此区分且不误导公众的情况下，每个地理标志都可以作为集体商标或者证明商标申请注册。

第十条 集体商标的使用管理规则应当包括：

（一）使用集体商标的宗旨；

（二）使用该集体商标的商品的品质；

（三）使用该集体商标的手续；

（四）使用该集体商标的权利、义务；

（五）成员违反其使用管理规则应当承担的责任；

（六）注册人对使用该集体商标商品的检验监督制度。

第十一条 证明商标的使用管理规则应当包括：

（一）使用证明商标的宗旨；

（二）该证明商标证明的商品的特定品质；

（三）使用该证明商标的条件；

（四）使用该证明商标的手续；

（五）使用该证明商标的权利、义务；

（六）使用人违反该使用管理规则应当承担的责任；

（七）注册人对使用该证明商标商品的检验监督制度。

第十二条 使用他人作为集体商标、证明商标注册的葡萄酒、烈性酒地理标志标示并非来源于该地理标志所标示地区的葡萄酒、烈性酒，即使同时标出了商品的真正来源地，或者使用的是翻译文字，或者伴有诸如某某“种”、某某“型”、某某“式”、某某“类”等表述的，适用商标法第十六条的规定。

第十三条 集体商标、证明商标的初步审定公告的内容，应当包括该商标的使用管理规则的全文或者摘要。

集体商标、证明商标注册人对使用管理规则的任何修改，应报经商标局审查核准，并自公告之日起生效。

第十四条 集体商标注册人的成员发生变化的，注册人应当向商标局申请变更注册事项，由商标局公告。

第十五条 证明商标注册人准许他人使用其商标的，注册人应当在一年内报商标局备案，由商标局公告。

第十六条 申请转让集体商标、证明商标的，受让人应当具备相应的主体资格，并符合商标法、实施条例和本办法的规定。

集体商标、证明商标发生移转的，权利继受人应当具备相应的主体资格，并符合商标法、实施条例和本办法的规定。

第十七条 集体商标注册人的集体成员，在履行该集体商标使用管理规则规定的手续后，可以使用该集体商标。

集体商标不得许可非集体成员使用。

第十八条 凡符合证明商标使用管理规则规定条件的，在履行该证明商标使用管理规则规定的手续后，可以使用该证明商标，注册人不得拒绝办理手续。

实施条例第六条第二款中的正当使用该地理标志是指正当使用该地理标志中的地名。

第十九条 使用集体商标的，注册人应发给使用人《集体商标使用证》；使用证明商标的，注册人应发给使用人《证明商标使用证》。

第二十条 证明商标的注册人不得在自己提供的商品上使用该证明商标。

第二十一条 集体商标、证明商标注册人没有对该商标的使用进行有效管理或者控制，致使该商标使用的商品达不到其使用管理规则的要求，对消费者造成损害的，由工商行政管理部门责令限期改正；拒不改正的，处以违法所得三倍以下的罚款，但最高不超过三万元；没有违法所得的，处以一万元以下的罚款。

第二十二条 违反实施条例第六条、本办法第十四条、第十五条、第十七条、第十八条、第二十条规定的，由工商行政管理部门责令限期改正；拒不改正的，处以违法所得三倍以下的罚款，但最高不超过三万元；没有违法所得的，处以一万元以下的罚款。

第二十三条 本办法自2003年6月1日起施行。国家工商行政管理局1994年12月30日发布的《集体商标、证明商标注册和管理办法》同时废止。

商标使用许可合同备案办法

国家工商行政管理总局（商标［1997］39号）

第一条 为了加强对商标使用许可合同的管理，规范商标使用许可行为，根据《中华人民共和国商标法》及《中华人民共和国商标法实施细则》的有关规定，制订本办法。

第二条 商标注册人许可他人使用其注册商标，必须签订商标使用许可合同。

第三条 订立商标使用许可合同，应当遵循自愿和诚实信用的原则。

任何单位和个人不得利用许可合同从事违法活动，损害社会公共利益和消费者权益。

第四条 商标使用许可合同自签订之日起三个月内，许可人应当将许可合同副本报送商标局备案。

第五条 向商标局办理商标使用许可合同备案事宜的，可以委托国家工商行政管理局认可的商标代理组织代理，也可以直接到商标局办理。

许可人是外国人或者外国企业的，应当委托国家工商行政管理局指定的商标代理组织代理。

第六条 商标使用许可合同至少应当包括下列内容：

（一）许可使用的商标及其注册证号；

（二）许可使用的商品范围；

（三）许可使用期限；

（四）许可使用商标的标识提供方式；

（五）许可人对被许可人使用其注册商标的商品质量进行监督的条款；

（六）在使用许可人注册商标的商品上标明被许可人的名称和商品产地的条款。

第七条 申请商标使用许可合同备案，应当提交下列书件：

（一）商标使用许可合同备案表；

（二）商标使用许可合同副本；

（三）许可使用商标的注册证复印件。

人用药品商标使用许可合同备案，应当同时附送被许可人取得的卫生行政管理部门的有效证明文件。

卷烟、雪茄烟和有包装烟丝的商标使用许可合同备案，应当同时附送被许可人取得的国家烟草主管部门批准生产的有效证明文件。

外文书件应当同时附送中文译本。

第八条　商标注册人通过被许可人许可第三方使用其注册商标的，其商标使用许可合同中应当含有允许被许可人许可第三方使用的内容或者出具相应的授权书。

第九条　申请商标使用许可合同备案，应当按照许可使用的商标数量填报商标使用许可合同备案表，并附送相应的使用许可合同副本及《商标注册证》复印件。

通过一份合同许可一个被许可人使用多个商标的，许可人应当按照商标数量报送商标使用许可合同备案表及《商标注册证》复印件，但可以只报送一份使用许可合同副本。

第十条　申请商标使用许可合同备案，许可人应当按照许可使用的商标数量缴纳备案费。

缴纳备案费可以采取直接向商标局缴纳的方式，也可以采取委托商标代理组织缴纳的方式。具体收费标准依照有关商标业务收费的规定执行。

第十一条　有下列情形之一的，商标局不予备案：

（一）许可人不是被许可商标的注册人的；

（二）许可使用的商标与注册商标不一致的；

（三）许可使用商标的注册证号与所提供商标注册证号不符的；

（四）许可使用的期限超过该注册商标的有效期限的；

（五）许可使用的商品超出了该注册商标核定使用的商品范围的；

（六）商标使用许可合同缺少本办法第六条所列内容的；

（七）备案申请缺少本办法第七条所列书件的；

（八）未缴纳商标使用许可合同备案费的；

（九）备案申请中的外文书件未附中文译本的；

（十）其他不予备案的情形。

第十二条　商标使用许可合同备案书件齐备，符合《商标法》及《商标法实施细则》有关规定的，商标局予以备案。

已备案的商标使用许可合同，由商标局向备案申请人发出备案通知书，并集中刊登在每月第2期《商标公告》上。

第十三条 不符合备案要求的，商标局予以退回并说明理由。

许可人应当自收到退回备案材料之日起一个月内，按照商标局指定的内容补正再报送备案。

第十四条 有下列情形之一的，应当重新申请商标使用许可合同备案：

（一）许可使用的商品范围变更的；

（二）许可使用的期限变更的；

（三）许可使用的商标所有权发生转移的；

（四）其他应当重新申请备案的情形。

第十五条 有下列情形之一的，许可人和被许可人应当书面通知商标局及其各自所在地县级工商行政管理机关：

（一）许可人名义变更的；

（二）被许可人名义变更的；

（三）商标使用许可合同提前终止的；

（四）其他需要通知的情形。

第十六条 对以欺骗手段或者其他不正当手段取得备案的，由商标局注销其商标使用许可合同备案并予以公告。

第十七条 对已备案的商标使用许可合同，任何单位和个人均可以提出书面查询申请，并按照有关规定交纳查询费。

第十八条 按照《商标法实施细则》第三十五条的规定，许可人和被许可人应当在许可合同签订之日起三个月内，将许可合同副本交送其所在地工商行政管理机关存查，具体存查办法可以参照本办法执行。

第十九条 县级以上工商行政管理机关依据《商标法》及其他法律、法规和规章的规定，负责对商标使用许可行为的指导、监督和管理。

第二十条 利用商标使用许可合同从事违法活动的，由县级以上工商行政管理机关依据《商标法》及其他法律、法规和规章的规定处理；构成犯罪的，依法追究刑事责任。

第二十一条 本办法所称商标许可人是指商标使用许可合同中许可他人使用其注册商标的人，商标被许可人是指符合《商标法》及《商标法实施细则》有关规定并经商标注册人授权使用其商标的人。

本办法有关商品商标的规定，适用于服务商标。

第二十二条 商标使用许可合同示范文本由商标局制定并公布。

第二十三条 本办法自发布之日起施行。商标局一九八五年二月二十五日颁发的《商标使用许可合同备案注意事项》同时废止。

规范性文件

国外地理标志产品保护办法

（国家知识产权局公告第三三八号）

第一章　总　　则

第一条　为了有效保护在中国销售的国外地理标志产品，规范国外地理标志产品名称和专用标志在华使用，依据《地理标志产品保护规定》第二十六条，制定本办法。

第二条　本办法所称国外地理标志产品，是指在中国以外生产、已受原产国或地区注册保护并符合《地理标志产品保护规定》第二条规定的产品。

第三条　依照本办法，申请在华保护的国外地理标志产品，应当按其所属国和中华人民共和国签订的协议或者共同参加的国际条约办理，或者按对等原则办理。

第四条　在中国保护（简称“在华保护”）的国外地理标志产品的申请、受理、审查、批准、专用标志使用、监督管理和变更撤销等适用本办法。

第五条　国外地理标志产品在华保护名称包括中文名称和原文名称。

（一）中文名称，由具有地理指示功能的名称和反映产品真实属性的通用名称构成，也可是“约定俗成”的名称；

（二）原文名称，是指在原产国或地区获得地理标志注册保护的名称；

（三）上述名称在中国不属于通用名称，且未与中国的地理标志产品名称等其他在先权利相冲突。

第六条　中国国家知识产权局（以下简称“国家知识产权局”）统一管理国外地理标志产品在华保护工作。各级知识产权管理部门依据职能对国外地理标志产品实施保护。

第二章　申请与受理

第七条　国外地理标志产品在华保护，由该产品所在原产国或地区地理标志保护的原申请人申请，经原产国或地区地理标志主管部门推荐，向国家知识产权局提出。

第八条　国外地理标志产品在华保护申请人可以指定其在华机构作为在华保护工作的联系人，也可商请原产国或地区官方驻华代表机构工作人员作为在华保护工作的联系人，或指定代理人。

第九条　国外地理标志产品在华保护申请需提供以下中文书面材料：

（一）国外地理标志产品在华保护申请书；

（二）申请人名称和地址、联系电话，在华联系人、地址和联系电话；

（三）在原产国或地区获准地理标志保护的官方证明文件原件及其经过公证的中文译本；

（四）原产国或地区地理标志主管机构出具的产地范围及其经过公证的中文译本；

（五）该产品的质量技术要求；

（六）检测报告：原产国或地区出具的，证明申请产品感官特色、理化指标的检测报告及其经过公证的中文译本；

（七）其他辅助证明资料等。

第十条　在华保护的国外地理标志产品质量技术要求包括：

（一）产品的中文名称和原文名称；

（二）保护的产地范围；

（三）产品属性及其生产工艺过程；

（四）质量特色，包括产品的感官特色、理化指标等；

（五）知名度，产品在原产国（地区）、中国以及世界其他国家和地区的知名度与贸易销售情况；

（六）关联性，产品质量特色与产地自然或人文因素之间关联性的描述等。

第十一条　国家知识产权局收到申请材料后，在30个工作日内组织对申请材料形式审查。形式审查的结论分为予以受理、需要补正和不予受理三种。

（一）予以受理的，国家知识产权局发布公报，并在其官方网站向社会公示；

（二）需要补正的，国家知识产权局向申请人书面反馈补正意见。申请人向国家知识产权局提交补正材料后，国家知识产权局重新组织形式审查；

（三）不予受理的，国家知识产权局向申请人发出不予受理的书面通知书。

第十二条　受理公告异议期为60日，自国家知识产权局公告受理之日起计算。异议期内，国内外任何组织或个人均可以书面形式向国家知识产权局提出异议。

第十三条　异议内容包括：异议人姓名、单位名称、联系方式，异议的原因及证据材料等。异议应当以中文书写，签字或签章有效。

第十四条　国家知识产权局收到异议后，及时将异议内容反馈申请人。异议由异议双方协商解决；或由国家知识产权局组织异议双方协商解决；协商不定时，由国家知识产权局组织地理标志专家委员会审议后裁定。

第十五条　异议申请有下列情形的，国家知识产权局不予受理，书面通知异议申请人并说明理由：

（一）未在法定期限内提出的；

（二）无明确的异议理由、事实和法律依据的。

第十六条　对驳回的异议申请，国家知识产权局应书面通知异议申请人。对异议裁决不服的，可以自收到通知之日起30日内向国家知识产权局申请复审。国家知识产权局自收到申请之日起60日内做出决定，并书面通知双方，复审决定为终审决定。

第三章　技术审查与批准

第十七条　受理公告期满且无异议、或异议协商一致、或异议经裁定不成立的，国家知识产权局组织专家进行技术审查。

第十八条　技术审查包括会议审查和必要的产地核查，申请人应予配合。技术审查专家组由5人或7人组成。

第十九条　技术审查时，申请人应当邀请熟悉该产品的专业技术人员和翻译人员参加，技术审查的时间和地点由双方商定。

第二十条　技术审查结论分为通过、需要整改和不予通过三种。

（一）审查通过的，国家知识产权局发布国外地理标志产品在华保护批准公告，依法予以保护；

（二）需要整改的，国家知识产权局向申请人书面反馈整改意见。申请人向国家知识产权局提交整改材料后，国家知识产权局再次组织技术审查或技术确认；

（三）不予通过的，国家知识产权局向申请人发出技术审查不予通过的书面通知。

第四章　专用标志和监督管理

第二十一条　获得在华保护的国外地理标志产品，其标注的产品名称、产地等信息应与国家知识产权局批准公告的信息相符。

第二十二条　获得在华保护的国外地理标志产品产地范围内的生产者、协会等社团，可向国家知识产权局申请使用中华人民共和国地理标志专用标志。

第二十三条　专用标志使用实行自我声明制度，一经使用在华保护的产品名称和中华人民共和国地理标志专用标志，则视其自我声明该产品符合国家知识产权局国外地理标志产品批准公告的要求。

第二十四条　中华人民共和国地理标志专用标志按照国家知识产权局有关要求执行。

第二十五条　在华保护的国外地理标志产品申请人应当以中文向社会公布其产品所执行的地理标志法律法规、技术标准。

第二十六条　在华保护的国外地理标志产品申请人须履行相应的管理责任，制定管理措施，对其名称、质量特色、专用标志使用等进行管理。

第二十七条　在华保护的国外地理标志产品施行年度报告制度。每年三月底前，申请人须向国家知识产权局报告当年的管理措施和上一年度实施情况报告。

第二十八条　已经在华保护的国外地理标志产品，在华发生重大负面影响时，国家知识产权局认为确有必要的，可组织对其质量特色和产地条件等进行进一步实地核查，申请人应予配合。

第二十九条　国家知识产权局通过官方网站公布国外地理标志产品的在华保护信息，接受社会监督。

第五章　保护、变更及撤销

第三十条　在华保护的国外地理标志产品与中国地理标志产品享受同等保护。

第三十一条　各级知识产权行政部门受理侵犯在华保护的国外地理标志产品合法权益的举报投诉，相关部门依法对违法行为进行查处；在华保护的国外地理标志产品申请人也可向人民法院提起诉讼。

第三十二条 在华保护的国外地理标志产品的产地范围、质量技术要求、产地范围内的生产者、协会或社团名称、地址等重大信息发生变更的，国外地理标志产品申请人应在90日内向国家知识产权局提出变更申请。经技术审查合格，由国家知识产权局发布公告予以变更。

第三十三条 获得在华保护的国外地理标志产品，存在下列情形的，国家知识产权局可以撤销；任何单位或个人可以请求国家知识产权局予以撤销，并提供相关证据材料：

（一）地理标志产品在原产国或地区被撤销保护的；

（二）在中国境内属于通用名称或演变为通用名称的；

（三）存在严重违反中国相关法律法规相关规定情形的。

第三十四条 撤销请求有下列情形的，国家知识产权局不予受理，书面通知请求人并说明理由：

（一）无明确的撤销理由和事实的；

（二）仅涉及产品名称在国外成为通用名称的。

第三十五条 由国家知识产权局组织地理标志专家委员会对撤销请求进行审议，并予以裁定。裁定予以撤销的，由国家知识产权局发布公告；裁定不予撤销的，通知请求人和权利人。

第六章 附　　则

第三十六条 本办法自发布之日起施行。

第三十七条 在华保护的国外地理标志保护产品还应当遵守中国出入境检验检疫的相关规定。

第三十八条 本办法由国家知识产权局负责解释。

地理标志专用标志使用管理办法（试行）

（国家知识产权局公告第三五四号）

第一条 为加强我国地理标志保护，统一和规范地理标志专用标志使用，依据《中华人民共和国民法总则》《中华人民共和国商标法》《中华人民共和国产品质量法》《中华人民共和国标准化法》《中华人民共和国商标法实施条例》《地理标志产品保护规定》《集体商标、证明商标注册和管理办法》《国外地理标志产品保护办法》，制定本办法。

第二条 本办法所称的地理标志专用标志，是指适用在按照相关标准、管理规范或者使用管理规则组织生产的地理标志产品上的官方标志。

第三条 国家知识产权局负责统一制定发布地理标志专用标志使用管理要求，组织实施地理标志专用标志使用监督管理。地方知识产权管理部门负责地理标志专用标志使用的日常监管。

第四条 地理标志专用标志合法使用人应当遵循诚实信用原则，履行如下义务：

（一）按照相关标准、管理规范和使用管理规则组织生产地理标志产品；

（二）按照地理标志专用标志的使用要求，规范标示地理标志专用标志；

（三）及时向社会公开并定期向所在地知识产权管理部门报送地理标志专用标志使用情况。

第五条 地理标志专用标志的合法使用人包括下列主体：

（一）经公告核准使用地理标志产品专用标志的生产者；

（二）经公告地理标志已作为集体商标注册的注册人的集体成员；

（三）经公告备案的已作为证明商标注册的地理标志的被许可人；

（四）经国家知识产权局登记备案的其他使用人。

第六条 地理标志专用标志的使用要求如下：

（一）地理标志保护产品和作为集体商标、证明商标注册的地理标志使用地理标志专用标志的，应在地理标志专用标志的指定位置标注统一社会信用代码。国外地理标志保护产品使用地理标志专用标志的，应在地理标志专用标志的指定位置标注经销商统一社会信用代码。图样如下：

（二）地理标志保护产品使用地理标志专用标志的，应同时使用地理标志专用标志和地理标志名称，并在产品标签或包装物上标注所执行的地理标志标准代号或批准公告号。

（三）作为集体商标、证明商标注册的地理标志使用地理标志专用标志的，应同时使用地理标志专用标志和该集体商标或证明商标，并加注商标注册号。

第七条　地理标志专用标志合法使用人可在国家知识产权局官方网站下载基本图案矢量图。地理标志专用标志矢量图可按比例缩放，标注应清晰可识，不得更改专用标志的图案形状、构成、文字字体、图文比例、色值等。

第八条　地理标志专用标志合法使用人可采用的地理标志专用标志标示方法有：

（一）采取直接贴附、刻印、烙印或者编织等方式将地理标志专用标志附着在产品本身、产品包装、容器、标签等上；

（二）使用在产品附加标牌、产品说明书、介绍手册等上；

（三）使用在广播、电视、公开发行的出版物等媒体上，包括以广告牌、邮寄广告或者其他广告方式为地理标志进行的广告宣传；

（四）使用在展览会、博览会上，包括在展览会、博览会上提供的使用地理标志专用标志的印刷品及其他资料；

（五）将地理标志专用标志使用于电子商务网站、微信、微信公众号、微博、二维码、手机应用程序等互联网载体上；

（六）其他合乎法律法规规定的标示方法。

第九条　地理标志专用标志合法使用人未按相应标准、管理规范或相关使用管理规则组织生产的，或者在 2 年内未在地理标志保护产品上使用专用标志的，知识产权管理部门停止其地理标志专用标志使用资格。

第十条 对于未经公告擅自使用或伪造地理标志专用标志的；或者使用与地理标志专用标志相近、易产生误解的名称或标识及可能误导消费者的文字或图案标志，使消费者将该产品误认为地理标志的行为，知识产权管理部门及相关执法部门依照法律法规和相关规定进行调查处理。

第十一条 省级知识产权管理部门应加强本辖区地理标志专用标志使用日常监管，定期向国家知识产权局报送上一年使用和监管信息。鼓励地理标志专用标志使用和日常监管信息通过地理标志保护信息平台向社会公开。

第十二条 原相关地理标志专用标志使用过渡期至 2020 年 12 月 31 日。在 2020 年 12 月 31 日前生产的使用原标志的产品可以继续在市场流通。

第十三条 本办法由国家知识产权局负责解释。

第十四条 本办法自发布之日起实施。

政策文件

知识产权强国建设纲要（2021—2035年）

为统筹推进知识产权强国建设，全面提升知识产权创造、运用、保护、管理和服务水平，充分发挥知识产权制度在社会主义现代化建设中的重要作用，制定本纲要。

一、战略背景

党的十八大以来，在以习近平同志为核心的党中央坚强领导下，我国知识产权事业发展取得显著成效，知识产权法规制度体系逐步完善，核心专利、知名品牌、精品版权、优良植物新品种、优质地理标志、高水平集成电路布图设计等高价值知识产权拥有量大幅增加，商业秘密保护不断加强，遗传资源、传统知识和民间文艺的利用水平稳步提升，知识产权保护效果、运用效益和国际影响力显著提升，全社会知识产权意识大幅提高，涌现出一批知识产权竞争力较强的市场主体，走出了一条中国特色知识产权发展之路，有力保障创新型国家建设和全面建成小康社会目标的实现。

进入新发展阶段，推动高质量发展是保持经济持续健康发展的必然要求，创新是引领发展的第一动力，知识产权作为国家发展战略性资源和国际竞争力核心要素的作用更加凸显。实施知识产权强国战略，回应新技术、新经济、新形势对知识产权制度变革提出的挑战，加快推进知识产权改革发展，协调好政府与市场、国内与国际，以及知识产权数量与质量、需求与供给的联动关系，全面提升我国知识产权综合实力，大力激发全社会创新活力，建设中国特色、世界水平的知识产权强国，对于提升国家核心竞争力，扩大高水平对外开放，实现更高质量、更有效率、更加公平、更可持续、更为安全的发展，满足人民日益增长的美好生活需要，具有重要意义。

二、总体要求

（一）指导思想。坚持以习近平新时代中国特色社会主义思想为指导，全面贯彻党的十九大和十九届二中、三中、四中、五中全会精神，紧紧围绕统筹推进“五位一体”总体布局和协调推进“四个全面”战略布局，坚持稳中求进工作总基调，以推动高质量发展为主题，以深化供给侧结构性改革为主线，以改革创新为根本动力，以满足人民日益增长的美好生活需要为根本目的，立足新发展阶段，贯彻新发展理念，构建新发展格局，牢牢把握加强知识产权保护是完善产权保护制度最重要的内容和提高国家经济竞争力最大的激励，打通知识产权创造、运用、保护、管理和服务全链条，更大力度加强知识产权保护国际合作，建设制度完善、保护严格、运行高效、服务便捷、文化自觉、开放共赢的知识产权强国，为建设创新型国家和社会主义现代化强国提供坚实保障。

（二）工作原则

——法治保障，严格保护。落实全面依法治国基本方略，严格依法保护知识产权，切实维护社会公平正义和权利人合法权益。

——改革驱动，质量引领。深化知识产权领域改革，构建更加完善的要素市场化配置体制机制，更好发挥知识产权制度激励创新的基本保障作用，为高质量发展提供源源不断的动力。

——聚焦重点，统筹协调。坚持战略引领、统筹规划，突出重点领域和重大需求，推动知识产权与经济、科技、文化、社会等各方面深度融合发展。

——科学治理，合作共赢。坚持人类命运共同体理念，以国际视野谋划和推动知识产权改革发展，推动构建开放包容、平衡普惠的知识产权国际规则，让创新创造更多惠及各国人民。

（三）发展目标

到 2025 年，知识产权强国建设取得明显成效，知识产权保护更加严格，社会满意度达到并保持较高水平，知识产权市场价值进一步凸显，品牌竞争力大幅提升，专利密集型产业增加值占 GDP 比重达到 13%，版权产业增加值占 GDP 比重达到 7.5%，知识产权使用费年进出口总额达到

3500 亿元，每万人口高价值发明专利拥有量达到 12 件（上述指标均为预期性指标）。

到 2035 年，我国知识产权综合竞争力跻身世界前列，知识产权制度系统完备，知识产权促进创新创业蓬勃发展，全社会知识产权文化自觉基本形成，全方位、多层次参与知识产权全球治理的国际合作格局基本形成，中国特色、世界水平的知识产权强国基本建成。

三、建设面向社会主义现代化的知识产权制度

（四）构建门类齐全、结构严密、内外协调的法律体系。开展知识产权基础性法律研究，做好专门法律法规之间的衔接，增强法律法规的适用性和统一性。根据实际及时修改专利法、商标法、著作权法和植物新品种保护条例，探索制定地理标志、外观设计等专门法律法规，健全专门保护与商标保护相互协调的统一地理标志保护制度，完善集成电路布图设计法规。制定修改强化商业秘密保护方面的法律法规，完善规制知识产权滥用行为的法律制度以及与知识产权相关的反垄断、反不正当竞争等领域立法。修改科学技术进步法。结合有关诉讼法的修改及贯彻落实，研究建立健全符合知识产权审判规律的特别程序法律制度。加快大数据、人工智能、基因技术等新领域新业态知识产权立法。适应科技进步和经济社会发展形势需要，依法及时推动知识产权法律法规立改废释，适时扩大保护客体范围，提高保护标准，全面建立并实施侵权惩罚性赔偿制度，加大损害赔偿力度。

（五）构建职责统一、科学规范、服务优良的管理体制。持续优化管理体制机制，加强中央在知识产权保护的宏观管理、区域协调和涉外事宜统筹等方面事权，不断加强机构建设，提高管理效能。围绕国家区域协调发展战略，制定实施区域知识产权战略，深化知识产权强省强市建设，促进区域知识产权协调发展。实施一流专利商标审查机构建设工程，建立专利商标审查官制度，优化专利商标审查协作机制，提高审查质量和效率。构建政府监管、社会监督、行业自律、机构自治的知识产权服务业监管体系。

（六）构建公正合理、评估科学的政策体系。坚持严格保护的政策导向，完善知识产权权益分配机制，健全以增加知识价值为导向的分配制度，促进知识产权价值实现。完善以强化保护为导向的专利商标审查政

策。健全著作权登记制度、网络保护和交易规则。完善知识产权审查注册登记政策调整机制，建立审查动态管理机制。建立健全知识产权政策合法性和公平竞争审查制度。建立知识产权公共政策评估机制。

（七）构建响应及时、保护合理的新兴领域和特定领域知识产权规则体系。建立健全新技术、新产业、新业态、新模式知识产权保护规则。探索完善互联网领域知识产权保护制度。研究构建数据知识产权保护规则。完善开源知识产权和法律体系。研究完善算法、商业方法、人工智能产出物知识产权保护规则。加强遗传资源、传统知识、民间文艺等获取和惠益分享制度建设，加强非物质文化遗产的搜集整理和转化利用。推动中医药传统知识保护与现代知识产权制度有效衔接，进一步完善中医药知识产权综合保护体系，建立中医药专利特别审查和保护机制，促进中医药传承创新发展。

四、建设支撑国际一流营商环境的知识产权保护体系

（八）健全公正高效、管辖科学、权界清晰、系统完备的司法保护体制。实施高水平知识产权审判机构建设工程，加强审判基础、体制机制和智慧法院建设。健全知识产权审判组织，优化审判机构布局，完善上诉审理机制，深入推进知识产权民事、刑事、行政案件“三合一”审判机制改革，构建案件审理专门化、管辖集中化和程序集约化的审判体系。加强知识产权法官的专业化培养和职业化选拔，加强技术调查官队伍建设，确保案件审判质效。积极推进跨区域知识产权远程诉讼平台建设。统一知识产权司法裁判标准和法律适用，完善裁判规则。加大刑事打击力度，完善知识产权犯罪侦查工作制度。修改完善知识产权相关司法解释，配套制定侵犯知识产权犯罪案件立案追诉标准。加强知识产权案件检察监督机制建设，加强量刑建议指导和抗诉指导。

（九）健全便捷高效、严格公正、公开透明的行政保护体系。依法科学配置和行使有关行政部门的调查权、处罚权和强制权。建立统一协调的执法标准、证据规则和案例指导制度。大力提升行政执法人员专业化、职业化水平，探索建立行政保护技术调查官制度。建设知识产权行政执法监管平台，提升执法监管现代化、智能化水平。建立完善知识产权侵权纠纷检验鉴定工作体系。发挥专利侵权纠纷行政裁决制度作用，加大行政裁决执行力度。探索依当事人申请的知识产权纠纷行政调解协议司法确认制

度。完善跨区域、跨部门执法保护协作机制。建立对外贸易知识产权保护调查机制和自由贸易试验区知识产权保护专门机制。强化知识产权海关保护，推进国际知识产权执法合作。

（十）健全统一领导、衔接顺畅、快速高效的协同保护格局。坚持党中央集中统一领导，实现政府履职尽责、执法部门严格监管、司法机关公正司法、市场主体规范管理、行业组织自律自治、社会公众诚信守法的知识产权协同保护。实施知识产权保护体系建设工程。明晰行政机关与司法机关的职责权限和管辖范围，健全知识产权行政保护与司法保护衔接机制，形成保护合力。建立完善知识产权仲裁、调解、公证、鉴定和维权援助体系，加强相关制度建设。健全知识产权信用监管体系，加强知识产权信用监管机制和平台建设，依法依规对知识产权领域严重失信行为实施惩戒。完善著作权集体管理制度，加强对著作权集体管理组织的支持和监管。实施地理标志保护工程。建设知识产权保护中心网络和海外知识产权纠纷应对指导中心网络。建立健全海外知识产权预警和维权援助信息平台。

五、建设激励创新发展的知识产权市场运行机制

（十一）完善以企业为主体、市场为导向的高质量创造机制。以质量和价值为标准，改革完善知识产权考核评价机制。引导市场主体发挥专利、商标、版权等多种类型知识产权组合效应，培育一批知识产权竞争力强的世界一流企业。深化实施中小企业知识产权战略推进工程。优化国家科技计划项目的知识产权管理。围绕生物育种前沿技术和重点领域，加快培育一批具有知识产权的优良植物新品种，提高授权品种质量。

（十二）健全运行高效顺畅、价值充分实现的运用机制。加强专利密集型产业培育，建立专利密集型产业调查机制。积极发挥专利导航在区域发展、政府投资的重大经济科技项目中的作用，大力推动专利导航在传统优势产业、战略性新兴产业、未来产业发展中的应用。改革国有知识产权归属和权益分配机制，扩大科研机构和高校知识产权处置自主权。建立完善财政资助科研项目形成知识产权的声明制度。建立知识产权交易价格统计发布机制。推进商标品牌建设，加强驰名商标保护，发展传承好传统品牌和老字号，大力培育具有国际影响力的知名商标品牌。发挥集体商标、证明商标制度作用，打造特色鲜明、竞争力强、市场信誉好的产业集群品

牌和区域品牌。推动地理标志与特色产业发展、生态文明建设、历史文化传承以及乡村振兴有机融合，提升地理标志品牌影响力和产品附加值。实施地理标志农产品保护工程。深入开展知识产权试点示范工作，推动企业、高校、科研机构健全知识产权管理体系，鼓励高校、科研机构建立专业化知识产权转移转化机构。

（十三）建立规范有序、充满活力的市场化运营机制。提高知识产权代理、法律、信息、咨询等服务水平，支持开展知识产权资产评估、交易、转化、托管、投融资等增值服务。实施知识产权运营体系建设工程，打造综合性知识产权运营服务枢纽平台，建设若干聚焦产业、带动区域的运营平台，培育国际化、市场化、专业化知识产权服务机构，开展知识产权服务业分级分类评价。完善无形资产评估制度，形成激励与监管相协调的管理机制。积极稳妥发展知识产权金融，健全知识产权质押信息平台，鼓励开展各类知识产权混合质押和保险，规范探索知识产权融资模式创新。健全版权交易和服务平台，加强作品资产评估、登记认证、质押融资等服务。开展国家版权创新发展建设试点工作。打造全国版权展会授权交易体系。

六、建设便民利民的知识产权公共服务体系

（十四）加强覆盖全面、服务规范、智能高效的公共服务供给。实施知识产权公共服务智能化建设工程，完善国家知识产权大数据中心和公共服务平台，拓展各类知识产权基础信息开放深度、广度，实现与经济、科技、金融、法律等信息的共享融合。深入推进“互联网+”政务服务，充分利用新技术建设智能化专利商标审查和管理系统，优化审查流程，实现知识产权政务服务“一网通办”和“一站式”服务。完善主干服务网络，扩大技术与创新支持中心等服务网点，构建政府引导、多元参与、互联共享的知识产权公共服务体系。加强专业便捷的知识产权公共咨询服务，健全中小企业和初创企业知识产权公共服务机制。完善国际展会知识产权服务机制。

（十五）加强公共服务标准化、规范化、网络化建设。明晰知识产权公共服务事项和范围，制定公共服务事项清单和服务标准。统筹推进分级分类的知识产权公共服务机构建设，大力发展高水平的专门化服务机构。有效利用信息技术、综合运用线上线下手段，提高知识产权公共服务效

率。畅通沟通渠道，提高知识产权公共服务社会满意度。

（十六）建立数据标准、资源整合、利用高效的信息服务模式。加强知识产权数据标准制定和数据资源供给，建立市场化、社会化的信息加工和服务机制。规范知识产权数据交易市场，推动知识产权信息开放共享，处理好数据开放与数据隐私保护的关系，提高传播利用效率，充分实现知识产权数据资源的市场价值。推动知识产权信息公共服务和市场化服务协调发展。加强国际知识产权数据交换，提升运用全球知识产权信息的能力和水平。

七、建设促进知识产权高质量发展的人文社会环境

（十七）塑造尊重知识、崇尚创新、诚信守法、公平竞争的知识产权文化理念。加强教育引导、实践养成和制度保障，培养公民自觉尊重和保护知识产权的行为习惯，自觉抵制侵权假冒行为。倡导创新文化，弘扬诚信理念和契约精神，大力宣传锐意创新和诚信经营的典型企业，引导企业自觉履行尊重和保护知识产权的社会责任。厚植公平竞争的文化氛围，培养新时代知识产权文化自觉和文化自信，推动知识产权文化与法治文化、创新文化和公民道德修养融合共生、相互促进。

（十八）构建内容新颖、形式多样、融合发展的知识产权文化传播矩阵。打造传统媒体和新兴媒体融合发展的知识产权文化传播平台，拓展社交媒体、短视频、客户端等新媒体渠道。创新内容、形式和手段，加强涉外知识产权宣传，形成覆盖国内外的全媒体传播格局，打造知识产权宣传品牌。大力发展国家知识产权高端智库和特色智库，深化理论和政策研究，加强国际学术交流。

（十九）营造更加开放、更加积极、更有活力的知识产权人才发展环境。完善知识产权人才培养、评价激励、流动配置机制。支持学位授权自主审核高校自主设立知识产权一级学科。推进论证设置知识产权专业学位。实施知识产权专项人才培养计划。依托相关高校布局一批国家知识产权人才培养基地，加强相关高校二级知识产权学院建设。加强知识产权管理部门公职律师队伍建设，做好涉外知识产权律师培养和培训工作，加强知识产权国际化人才培养。开发一批知识产权精品课程。开展干部知识产权学习教育。进一步推进中小学知识产权教育，持续提升青少年的知识产权意识。

八、深度参与全球知识产权治理

（二十）积极参与知识产权全球治理体系改革和建设。扩大知识产权领域对外开放，完善国际对话交流机制，推动完善知识产权及相关国际贸易、国际投资等国际规则和标准。积极推进与经贸相关的多双边知识产权对外谈判。建设知识产权涉外风险防控体系。加强与各国知识产权审查机构合作，推动审查信息共享。打造国际知识产权诉讼优选地。提升知识产权仲裁国际化水平。鼓励高水平外国机构来华开展知识产权服务。

（二十一）构建多边和双边协调联动的国际合作网络。积极维护和发展知识产权多边合作体系，加强在联合国、世界贸易组织等国际框架和多边机制中的合作。深化与共建“一带一路”国家和地区知识产权务实合作，打造高层次合作平台，推进信息、数据资源项目合作，向共建“一带一路”国家和地区提供专利检索、审查、培训等多样化服务。加强知识产权对外工作力量。积极发挥非政府组织在知识产权国际交流合作中的作用。拓展海外专利布局渠道。推动专利与国际标准制定有效结合。塑造中国商标品牌良好形象，推动地理标志互认互保，加强中国商标品牌和地理标志产品全球推介。

九、组织保障

（二十二）加强组织领导。全面加强党对知识产权强国建设工作的领导，充分发挥国务院知识产权战略实施工作部际联席会议作用，建立统一领导、部门协同、上下联动的工作体系，制定实施落实本纲要的年度推进计划。各地区各部门要高度重视，加强组织领导，明确任务分工，建立健全本纲要实施与国民经济和社会发展规划、重点专项规划及相关政策相协调的工作机制，结合实际统筹部署相关任务措施，逐项抓好落实。

（二十三）加强条件保障。完善中央和地方财政投入保障制度，加大对本纲要实施工作的支持。综合运用财税、投融资等相关政策，形成多元化、多渠道的资金投入体系，突出重点，优化结构，保障任务落实。按照国家有关规定，对在知识产权强国建设工作中作出突出贡献的集体和个人给予表彰。

（二十四）加强考核评估。国家知识产权局会同有关部门建立本纲要实施动态调整机制，开展年度监测和定期评估总结，对工作任务落实情况开展督促检查，纳入相关工作评价，重要情况及时按程序向党中央、国务院请示报告。在对党政领导干部和国有企业领导班子考核中，注重考核知识产权相关工作成效。地方各级政府要加大督查考核工作力度，将知识产权强国建设工作纳入督查考核范围。

“十四五”国家知识产权保护和运用规划

（国发〔2021〕20号）

为贯彻落实党中央、国务院关于知识产权工作的决策部署，全面加强知识产权保护，高效促进知识产权运用，激发全社会创新活力，推动构建新发展格局，依据《中华人民共和国国民经济和社会发展第十四个五年规划和2035年远景目标纲要》和《知识产权强国建设纲要（2021—2035年）》，制定本规划。

一、规划背景

“十三五”时期，党中央、国务院把知识产权保护工作摆在更加突出的位置，加强顶层设计，部署推动一系列改革，出台一系列重大政策，建立健全国务院知识产权战略实施工作部际联席会议制度，重新组建国家知识产权局，完善知识产权法律法规体系，推进知识产权领域司法改革，有效提升了知识产权领域治理能力和治理水平。五年来，各地区、各有关部门深入实施《“十三五”国家知识产权保护和运用规划》，持续推进知识产权战略实施，知识产权创造能力稳步提高，国内每万人口发明专利拥有量从“十二五”末的6.3件增加到15.8件，专利、商标、版权、植物新品种等知识产权数量位居世界前列，质量稳步提升。知识产权运用效益持续提高，交易运营更加活跃，转移转化水平不断提升，专利密集型产业增加值占国内生产总值（GDP）比重超过11.6%，版权产业增加值占GDP比重超过7.39%。知识产权保护力度明显加大，保护体系不断完善，保护能力持续提升，知识产权保护社会满意度提高到80.05分。知识产权公共服务体系进一步健全，知识产权服务业加快发展。知识产权人才队伍不断壮大，全社会尊重和保护知识产权意识明显提升。知识产权国际合作不断深化，与世界知识产权组织、共建“一带一路”国家和地区、金砖国家、亚太经合组织等的知识产权合作扎实推进，形成“四边联动、协调推进”的知识产权国际合作新局面。总的看，“十三五”规划主要目标任务如期完成，知识产权事业实现了大发展、大跨越、大提升，知识产权保护工作取得了历史性成就，有效支撑了创新型国家建设和全面建成小康社会目标实现。

当今世界正经历百年未有之大变局，新一轮科技革命和产业变革深入发展，国际力量对比深刻调整，国际环境日趋复杂，不稳定性不确定性明显增加，新冠肺炎疫情影响广泛深远。我国正处于实现中华民族伟大复兴的关键时期，经济已由高速增长阶段转向高质量发展阶段，创新驱动发展战略深入实施，现代产业体系建设加快推进，高水平对外开放不断深化。创新是引领发展的第一动力，保护知识产权就是保护创新。知识产权保护工作关系国家治理体系和治理能力现代化，关系高质量发展，关系人民生活幸福，关系国家对外开放大局，关系国家安全。当前，知识产权对激励创新、打造品牌、规范市场秩序、扩大对外开放正发挥越来越重要的作用，但我国知识产权工作还面临不少问题和短板，主要表现为：关键核心技术领域高质量知识产权创造不足，行政执法和司法衔接机制不够完善，知识产权侵权易发多发和侵权易、维权难的现象仍然存在，知识产权转移转化成效有待提高，知识产权服务供给不够充分，海外知识产权纠纷应对能力不足，知识产权制度促进经济社会高质量发展的作用需要进一步发挥等。“十四五”时期，做好知识产权工作要统筹国内国际两个大局，增强机遇意识和风险意识，在危机中育先机、于变局中开新局，充分发挥知识产权制度在推动构建新发展格局中的重要作用，为全面建设社会主义现代化国家提供有力支撑。

二、总体要求

（一）指导思想。

坚持以习近平新时代中国特色社会主义思想为指导，全面贯彻党的十九大和十九届二中、三中、四中、五中全会精神，统筹推进“五位一体”总体布局，协调推进“四个全面”战略布局，坚持稳中求进工作总基调，立足新发展阶段，完整、准确、全面贯彻新发展理念，构建新发展格局，坚持以推动高质量发展为主题，以全面加强知识产权保护为主线，以建设知识产权强国为目标，以改革创新为根本动力，深化知识产权保护工作体制机制改革，全面提升知识产权创造、运用、保护、管理和服务水平，深入推进知识产权国际合作，促进建设现代化经济体系，激发全社会创新活力，有力支撑经济社会高质量发展。

（二）基本原则。

坚持质量优先。坚持高质量发展方向不动摇，加快推动知识产权工作由追求数量向提高质量转变，促进知识产权高质量创造、高效益运用、高标准保护、高水平服务，更好服务现代化经济体系建设。

坚持强化保护。加强知识产权全链条保护，统筹推进知识产权审查授权、行政执法、司法保护、仲裁调解、行业自律、公民诚信等工作，构建严保护、大保护、快保护、同保护的工作格局，全面提升保护能力，着力营造公平竞争的市场环境。

坚持开放合作。推动知识产权更大范围、更宽领域、更深层次对外开放，统筹推进知识产权国际合作，积极参与全球知识产权治理体系建设，加强知识产权领域多边合作，持续提升知识产权国际影响力和竞争力，服务开放型经济发展。

坚持系统协同。树立系统观念，健全知识产权工作协同推进机制，强化部门协同、上下联动、区域协作、社会共治，综合运用法律、行政、经济、技术、社会治理等手段，提高知识产权领域系统治理效能。

（三）主要目标。

到 2025 年，知识产权强国建设阶段性目标任务如期完成，知识产权领域治理能力和治理水平显著提高，知识产权事业实现高质量发展，有效支撑创新驱动发展和高标准市场体系建设，有力促进经济社会高质量发展。

——知识产权保护迈上新台阶。知识产权保护法治化水平不断提高，知识产权保护衔接机制更加完善，知识产权侵权惩罚性赔偿制度有效实施，侵权易发多发现象得到有效遏制，知识产权保护社会满意度达到并保持较高水平，关键核心技术领域高质量知识产权更多涌现，有效提升产业链供应链现代化水平，知识产权制度激励创新的基本保障作用充分发挥。

——知识产权运用取得新成效。知识产权转移转化体制机制更加完善，知识产权归属制度更加健全，知识产权流转更加顺畅，知识产权转化效益显著提高，知识产权市场价值进一步凸显，专利密集型产业增加值和版权产业增加值占 GDP 比重稳步提升，推动产业转型升级和新兴产业创新发展。

——知识产权服务达到新水平。知识产权信息化、智能化基础设施建设取得显著成效，知识产权保护实现线上线下融合发展，知识产权公共服务体系进一步完善，知识产权服务业有序发展，服务机构专业化水平明显提升，进一步促进创新成果更好惠及人民。

——知识产权国际合作取得新突破。我国在全球知识产权治理体系中的作用更加凸显，知识产权国际协调更加有力，“一带一路”知识产权合作实现新进展，海外知识产权获权维权能力进一步提高，有力推进高水平对外开放。

“十四五”时期知识产权发展主要指标

指标	2020 年	2025 年	累计增加值	属性
1. 每万人口高价值发明专利拥有量①（件）	6. 3	12	5. 7	预期性
2. 海外发明专利授权量（万件）	4	9	5	预期性
3. 知识产权质押融资登记金额②（亿元）	2180	3200	1020	预期性
4. 知识产权使用费年进出口总额（亿元）	3194. 4	3500	305. 6	预期性
5. 专利密集型产业增加值占 GDP 比重（%）	11. 6③	13. 0	1. 4	预期性
6. 版权产业增加值占 GDP 比重（%）	7. 39④	7. 5	0. 11	预期性
7. 知识产权保护社会满意度（分）	80. 05	82	1. 95	预期性
8. 知识产权民事一审案件服判息诉率（%）	—	85	—	预期性

注：①“每万人口高价值发明专利拥有量”是指每万人口本国居民拥有的经国家知识产权局授权的符合下列任一条件的有效发明专利数量：1. 战略性新兴产业的发明专利；2. 在海外有同族专利权的发明专利；3. 维持年限超过 10 年的发明专利；4. 实现较高质押融资金额的发明专利；5. 获得国家科学技术奖、中国专利奖的发明专利。

②“知识产权质押融资登记金额”是指经国家知识产权局登记的知识产权质押融资金额。

③④ 为 2019 年值。

三、全面加强知识产权保护，激发全社会创新活力

（四）完善知识产权法律政策体系。

健全知识产权法律法规。开展知识产权基础性法律研究。统筹推进专利法、商标法、著作权法、反垄断法、科学技术进步法、电子商务法等相关法律法规的修改完善。加强地理标志、商业秘密等领域立法，出台商业秘密保护规定。完善集成电路布图设计法规。推进修订植物新品种保护条例。制定中医药传统知识保护条例。完善与国防建设相衔接的知识产权法律制度。全面建立并实施知识产权侵权惩罚性赔偿制度，加大损害赔偿力度。研究建立健全符合知识产权审判规律的特别程序法律制度。适应科技进步和经济社会发展需要，依法及时推动知识产权法律法规立改废释。（中央宣传部、最高人民法院、最高人民检察院、科技部、工业和信息化部、司法部、农业农村部、商务部、国家卫生健康委、市场监管总局、国家国防科工局、国家林草局、国家中医药局、国家知识产权局、中央军委装备发展部等按职责分工负责）

专栏1　商业秘密保护工程
健全商业秘密保护政策。完善行政执法程序，细化处罚标准，完善刑事司法程序，加强商业秘密行政执法与民事、刑事司法审判的联动配合，合理划定举证责任。加强商业秘密司法鉴定能力建设，提升司法鉴定水平。 提升市场主体商业秘密保护能力。推动行业组织加强商业秘密保护自律，指导市场主体制定并严格执行全面的商业秘密管理制度，推动有条件的地方建设国家级商业秘密保护基地。建立健全跨境商业秘密保护援助体系。开展商业秘密保护及法律风险培训，强化市场主体特别是中小企业商业秘密保护意识。（市场监管总局牵头，最高人民法院、最高人民检察院、公安部等按职责分工负责）

完善知识产权保护政策。健全大数据、人工智能、基因技术等新领域新业态知识产权保护制度。研究构建数据知识产权保护规则。完善开源知识产权和法律体系。完善电子商务领域知识产权保护机制。健全遗传资源获取和惠益分享制度，建立跨部门生物遗传资源获取和惠益分享信息共享制度。制定传统文化、民间文艺、传统知识等领域保护办法。建立与非物质文化遗产相关的知识产权保护制度。完善体育赛事节目、综艺节目、网

络直播等领域著作权保护制度。完善红色经典等优秀舞台艺术作品的版权保护措施。完善服装设计等时尚产业知识产权保护政策。健全药品专利纠纷早期解决机制，制定相关配套措施。完善中医药领域发明专利审查和保护机制。健全绿色技术知识产权保护制度。完善高校知识产权保护管理规定。建立知识产权侵权损害评估制度。（中央宣传部、中央网信办、最高人民法院、教育部、财政部、生态环境部、文化和旅游部、市场监管总局、广电总局、国家林草局、国家中医药局、国家药监局、国家知识产权局等按职责分工负责）

专栏2　数据知识产权保护工程
构建数据知识产权保护规则。深入研究数据的产权属性，探索开展数据知识产权保护相关立法研究，推动完善涉及数据知识产权保护的法律法规。完善数据知识产权保护政策，探索建立分级分类的数据知识产权保护模式。推动建立数据知识产权保护行业规范，加强数据生产、流通、利用、共享过程中的知识产权保护。研究推动数据知识产权保护国际规则制定。 促进数据资源利用和安全保护。支持有条件的地区开展数据知识产权保护和运用试点。在保护个人信息安全和国家数据安全的基础上，促进数据要素合理流动、有效保护、充分利用。积极开展数据知识产权保护国际合作与交流。（中央宣传部、中央网信办、最高人民法院、外交部、工业和信息化部、公安部、司法部、商务部、市场监管总局、国家知识产权局等按职责分工负责）

完善维护国家安全的知识产权政策。研究制定事关国家安全的关键核心技术知识产权保护规则。依法管理涉及国家安全的知识产权对外转让行为，完善知识产权对外转让审查制度。完善知识产权反垄断、公平竞争相关法律法规和政策措施。推进我国知识产权有关法律规定域外适用。研究建立针对进口贸易的知识产权境内保护制度。完善跨境电商知识产权保护规则。（中央宣传部、中央网信办、国家发展改革委、科技部、工业和信息化部、商务部、市场监管总局、国家国防科工局、国家知识产权局等按职责分工负责）

（五）加强知识产权司法保护。

完善知识产权司法保护体系。加强知识产权司法资源配置，加强知识产权审判体系建设。健全知识产权案件上诉机制，完善专门法院设置。深入推进知识产权民事、刑事、行政案件“三合一”审判机制改革。完善知识产权检察体制机制。建立健全与审判机制、检察机制相适应的案件管辖制度和协调机制。完善知识产权司法案件繁简分流机制，开展适应知识产权审判特点的简易程序试点，提高审判质量和效率。探索依当事人申请的知识产权纠纷行政调解协议司法确认制度。推动建立跨行政区域知识产权案件审理机制，充分发挥法院案件指定管辖机制作用，有效打破地方保护。（最高人民法院、最高人民检察院等按职责分工负责）

提升知识产权司法保护能力。加强司法保护与行政确权、行政执法、调解、仲裁、公证存证等环节的信息沟通和共享，促进行政执法标准和司法裁判标准统一，形成有机衔接、优势互补的运行机制。强化民事司法保护，研究制定符合知识产权案件规律的诉讼规范。完善刑事法律和司法解释，加大刑事打击力度，准确适用知识产权领域行政执法移送刑事司法标准和刑事案件立案追诉标准，规范刑罚适用。加强知识产权司法工作人员培养和选拔，加强技术调查官队伍建设。（最高人民法院、最高人民检察院、公安部等按职责分工负责）

（六）加强知识产权行政保护。

健全知识产权行政保护机制。加强中央在知识产权保护的宏观管理、区域协调和涉外事宜统筹等方面事权。加强知识产权快保护机构建设。在条件成熟的地区建设国家知识产权保护试点示范区。加强知识产权行政执法指导制度建设。建立行政保护技术调查官制度。健全知识产权侵权纠纷行政裁决制度。健全跨区域、跨部门知识产权行政保护协作机制。加强商贸流通领域知识产权保护，制定商品交易市场知识产权保护国家规范，持续推进知识产权保护规范化市场建设，净化消费市场。（国家知识产权局牵头，中央宣传部、文化和旅游部、市场监管总局等按职责分工负责）

专栏3　知识产权保护机构建设工程

提升知识产权保护机构服务能力。在优势产业集聚区布局建设一批知识产权保护中心，构建知识产权快速协同保护体系，提供集快速审查、快速确权、快速维权于一体的知识产权一站式综合服务，加快提升知识产权快速协同保护运行管理能力。加强人员配备和职业化专业化建设，优化人才选聘机制和管理激励机制，加大培训力度，打造知识产权保护高素质、复合型人才队伍。

加强维权援助统筹协调。强化部门协同和区域协作。推动维权援助体系向基层延伸，完善中国知识产权维权援助线上服务平台，加强全国维权援助资源整合，实现维权援助服务全国一张网。（国家知识产权局负责）

提高知识产权行政保护效能。更好发挥全国打击侵犯知识产权和制售假冒伪劣商品工作领导小组作用，加强部门协同配合，开展关键领域、重点环节、重点区域行政执法专项行动，重点查处假冒专利、商标侵权、侵犯著作权、地理标志侵权假冒等违法行为。加大行政处罚力度，加强侵权纠纷行政裁决，有效遏制恶意侵权、重复侵权、群体侵权。完善专利、商标侵权判断标准。加强植物新品种保护体系建设。强化知识产权海关保护。加强特殊标志、官方标志、奥林匹克标志保护。加强知识产权行政执法和行政裁决队伍人员配备和能力建设，提升知识产权行政执法装备现代化、智能化水平，利用新技术手段畅通投诉举报渠道，提升打击侵权假冒行为的效率及精准度。依法规制知识产权滥用行为，不断完善防止知识产权滥用相关制度。（中央宣传部、农业农村部、文化和旅游部、海关总署、市场监管总局、国家林草局、国家知识产权局等按职责分工负责）

专栏4　植物新品种保护体系建设工程

完善植物新品种保护体制机制。推动建立实质性派生品种制度，研究加入《国际植物新品种保护公约》（UPOV）1991年文本，有效激励种业自主创新。加快国家植物品种测试徐州、三亚中心建设，探索建立品种权区域性审查协作中心和第三方测试机构。加快国家种质资源库、遗传物质保存库和无性繁殖植物保存圃等基础设施建设。加快建立国际测试报告互认机制，深度参与国际在线申请平台建设，鼓励向海外申请品种权。

提升植物新品种保护能力。大力开展维权打假专项行动，加大品种权行政执法案件查处力度，定期向全社会公布典型案例。探索建立品种保护专业审查员制度，建立国家品种保护培训基地，培养一批种业知识产权管理、新品种审查测试、行政执法、政策研究等领域的高素质专业人才。（农业农村部、国家林草局、国家知识产权局等按职责分工负责）

专栏5　地理标志保护工程

实施地理标志保护提升行动。推进建立地理标志统一认定和立体化保护机制。深化地理标志专用标志使用核准改革试点，强化地理标志专用标志使用监管，推动市场主体使用地理标志专用标志覆盖率达到80%以上。构建新型地理标志保护标准体系，推进地理标志保护基础通用国家标准的制定。开展地域特色农产品资源普查，建立资源目录。建成100个国家地理标志产品保护示范区。完善地理标志保护监管年度报告制度。探索建立地理标志联动保护机制，推动形成生产地、流通地、销售地联动查处地理标志侵权违法行为的工作格局。（国家知识产权局牵头，市场监管总局、农业农村部等按职责分工负责）

（续表）

实施地理标志农产品保护工程。加强原生地种质资源和特色品种保护培育，强化特色品质保持技术集成和监测。加强生产环境保护和设施条件改善，完善地理标志农产品质量技术规程，推进全产业链标准化，打造一批地理标志农产品核心基地。推进地理标志农产品与绿色有机农产品、重要农业文化遗产等融合发展，打造区域农产品公用品牌。加强地理标志农产品质量安全监管，全面实施追溯管理。建立健全地理标志农产品培育、保护和发展机制。（农业农村部、国家知识产权局等按职责分工负责）

（七）加强知识产权协同保护。

完善知识产权纠纷多元化解决机制。培育和发展知识产权调解组织、仲裁机构、公证机构。鼓励行业协会、商会建立知识产权保护自律和信息沟通机制。建立健全知识产权调解、仲裁、公证、社会监督等人才的选聘、培养、管理、激励制度。推动完善知识产权纠纷投诉受理处理、诉讼调解对接、调解仲裁对接、行政执法与调解仲裁对接等机制。探索维权援助社会共治模式，鼓励高校、社会组织等开展维权援助工作。建立完善知识产权侵权纠纷检验鉴定工作体系，加强知识产权鉴定机构专业化、规范化建设，推动建立知识产权鉴定技术标准。建立国防领域知识产权纠纷多元化处理机制。（国家知识产权局牵头，中央宣传部、最高人民法院、司法部、国家国防科工局、中央军委装备发展部、中国贸促会等按职责分工负责）

加强知识产权领域诚信体系建设。推进建立知识产权领域以信用为基础的分级分类监管模式，积极支持地方开展工作试点。制定覆盖专利、商标、版权等领域的信用信息基础目录。推进知识产权领域信用承诺制建设。规范知识产权领域严重失信主体名单认定标准和程序，依法依规对严重失信主体实施惩戒。推进知识产权信用修复制度建设。推动全国知识产权信用信息共享平台与全国信用信息共享平台实现数据共享。（中央宣传部、国家发展改革委、农业农村部、人民银行、市场监管总局、国家林草局、国家知识产权局等按职责分工负责）

（八）加强知识产权源头保护。

促进知识产权高质量创造。健全高质量创造支持政策，加强人工智能、量子信息、集成电路、基础软件、生命健康、脑科学、生物育种、空天科技、深地深海探测等领域自主知识产权创造和储备。加强国家科技计划项目的知识产权管理，在立项和组织实施各环节强化重点项目科技成果的知识产权布局和质量管理。优化专利资助奖励等激励政策和考核评价机制，突出高质量发展导向。完善无形资产评估制度，形成激励与监管相协调的管理机制。（科技部、工业和信息化部、财政部、国家知识产权局等按职责分工负责）

提高知识产权审查质量和审查效率。完善适应创新发展需求的知识产权审查管理体系，优化专利、商标审查协作机制。提升专利商标审查机构能力水平，强化专利、商标、版权、地理标志、植物新品种全流程审查质量管控，提升知识产权授权确权质量。提高专利、商标审查业务精细化管理水平，优化审查资源配置，加强智能化技术运用，提升审查效能，缩短审查周期。完善专利、商标审查模式，加强审查与产业发展的政策协同和业务联动，满足产业绿色转型和新领域新业态创新发展等社会多样化需求。（中央宣传部、工业和信息化部、农业农村部、国家林草局、国家知识产权局等按职责分工负责）

专栏6 一流专利商标审查机构建设工程

建设高水平审查员队伍。对标国际先进水平，完善审查人才培养体系，优化队伍结构，健全保障和激励机制，增强审查人员职业荣誉感。

提高审查智能化便利化水平。以大数据、云计算、人工智能等技术为支撑，以智能审查和智能检索为核心，加强智能分类建设，推进专利、商标审查系统智能化建设。优化远程审查保障。完善数据资源保障，提高基础数据完整性、安全性、可靠性、适用性。

提升审查质量。适时修改专利审查指南，制定专利申请指南，完善商标审查审理标准。建立健全专利、商标审查质量保障和评价体系。加强审查业务指导体系协同。专利审查质量用户满意度指数保持在85以上，商标审查质量满意度保持在较高水平。

提高审查效率。发明专利审查周期压缩至15个月以内，专利无效结案周期控制在6个月以内。商标变更和续展首次审查周期压缩至15天以内，商标转让首次审查周期压缩至1个月以内，商标驳回复审案件平均审理周期压缩至5.5个月以内，商标异议审查周期进一步压缩。（国家知识产权局负责）

强化知识产权申请注册质量监管。完善以质量和价值为导向的知识产权统计指标体系，健全知识产权质量统计监测和反馈机制。严格规范专利申请、商标注册和版权登记行为，严厉打击不以保护创新为目的的非正常专利申请和代理行为，以及不以使用为目的的恶意商标注册和代理行为，依法依规对相关行为进行处置。加强信用监管和行业自律，严厉打击无资质专利代理等违法违规行为。（国家知识产权局牵头，中央宣传部、国家统计局等按职责分工负责）

四、提高知识产权转移转化成效，支撑实体经济创新发展

（九）完善知识产权转移转化体制机制。

推进国有知识产权权益分配改革。强化国家战略科技力量，深化科技成果使用权、处置权、收益权改革，开展赋予科研人员职务科技成果所有权或长期使用权试点。充分赋予高校和科研院所知识产权处置自主权，推动建立权利义务对等的知识产权转化收益分配机制。有效落实国有企业知识产权转化奖励和报酬制度。完善国有企事业单位知识产权转移转化决策机制。（国家发展改革委、教育部、科技部、财政部、人力资源社会保障部、国务院国资委、中科院、国家国防科工局、国家知识产权局等按职责分工负责）

优化知识产权运营服务体系。推动在重点产业领域和产业集聚区建设知识产权运营中心。培育发展综合性知识产权运营服务平台，创新服务模式，促进知识产权转化。支持高校和科研院所加强市场化知识产权运营机构建设，提升知识产权转化能力。加强知识产权运营专业化人才队伍建设。建立完善专利开放许可制度和运行机制。拓宽专利技术供给渠道，推进专利技术供需对接，促进专利技术转化实施。指导规范知识产权交易，完善知识产权质押登记和转让许可备案管理制度，加强数据采集分析和披露利用。加强知识产权转移转化状况统计调查。（中央宣传部、教育部、科技部、财政部、国家统计局、国家知识产权局等按职责分工负责）

积极稳妥发展知识产权金融。优化知识产权质押融资体系，健全知识产权质押融资风险管理机制，完善质物处置机制，建设知识产权质押信息平台。支持银行创新内部考核管理模式，推动银行业金融机构用好单列信贷计划和优化不良率考核等监管政策，在风险可控的前提下扩大知识产权质押贷款规模。鼓励知识产权保险、信用担保等金融产品创新，充分发挥金融支持知识产权转化的作用。在自由贸易试验区和自由贸易港推进知识产权金融服务创新。健全知识产权价值评估体系，鼓励开发智能化知识产

权评估工具。（国家知识产权局牵头，中央宣传部、国家发展改革委、财政部、人民银行、银保监会、证监会等按职责分工负责）

促进产业知识产权协同运用。推动企业、高校、科研机构知识产权深度合作，引导开展订单式研发和投放式创新。围绕关键核心技术联合攻关加强专利布局和运用。引导建立产业专利导航决策机制，优化战略性新兴产业发展模式，增强产业集群创新引领力。推动在数字经济、智能制造、生命健康、新材料等领域组建产业知识产权联盟，构筑产业专利池。促进技术、专利与标准协同发展，研究制定标准必要专利许可指南，引导创新主体将自主知识产权转化为技术标准。健全知识产权军民双向转化工作机制。（教育部、科技部、工业和信息化部、市场监管总局、中科院、国家国防科工局、国家知识产权局、中央军委装备发展部等按职责分工负责）

专栏7　专利导航工程

完善专利导航工作体系。推动出台地方专利导航产业发展配套落实措施。引导企业、高校、科研机构、行业协会等推广实施专利导航指南国家标准，突出专利导航服务、评价、培训、组织实施标准化引领。加强专利导航理论研究、实务指导、技术支撑，推动建设专利导航业务指导中心，支持在重点区域、重点产业园区建设专利导航服务基地。开展专利导航示范项目建设，加强专利导航项目评价，引导规范专利导航市场化服务。

深化专利导航运用模式。完善以产业数据、专利数据为基础的专利导航决策机制，创新专利导航服务模式，打造专利导航深度应用场景。组织开发专利导航数据产品、分析工具、应用平台。推动实施重点领域、重点产业专利导航项目，引导关键核心技术攻关，加强产业专利布局，助力保障产业链供应链稳定和安全。（国家知识产权局牵头，教育部、科技部、工业和信息化部、中科院等按职责分工负责）

（十）提升知识产权转移转化效益。

提升创新主体知识产权管理效能。推动创新主体加强知识产权管理标准化体系建设，推动实施创新过程知识产权管理国际标准。推动中央企业建立完善知识产权工作体系，打造一批具备国际竞争优势的知识产权强企。深化实施中小企业知识产权战略推进工程。分级分类开展企业、高校、科研院所知识产权优势培育和建设工作。引导创新主体建立健全知识产权资产管理制度，推动企业做好知识产权会计信息披露工作。建立健全财政资助科研项目形成知识产权的声明制度和监管机制。（教育部、科技部、工业和信息化部、财政部、国务院国资委、税务总局、市场监管总

局、中科院、国家知识产权局等按职责分工负责）

专栏8　中小企业知识产权战略推进工程

提升知识产权管理水平。鼓励有条件的中小企业实施企业知识产权管理规范国家标准，加大中小企业知识产权托管服务力度。

提升知识产权运用能力。开展工业企业知识产权运用试点工作，发挥知识产权运营平台和运营基金作用，促进中小企业知识产权转移转化，鼓励国有企业通过并购等方式支持中小企业知识产权转移转化，完善中小企业知识产权维权援助工作机制。

拓宽中小企业知识产权融资渠道。鼓励各类金融机构创新知识产权金融服务，丰富金融产品供给，加大中小企业知识产权质押融资支持力度，完善风险分担补偿机制。（工业和信息化部牵头，中央宣传部、人民银行、国务院国资委、市场监管总局、银保监会、证监会、国家知识产权局等按职责分工负责）

推动知识产权融入产业创新发展。培育专利密集型产业，探索开展专利密集型产品认定工作，指导地方制定专利密集型产业培育目录，健全专利密集型产业增加值核算与发布机制，加强专利密集型产业培育监测评价。实施商标品牌战略，加强驰名商标保护，提升品牌国际影响力。实施版权创新发展工程，打造版权产业集群，强化版权发展技术支撑。推动地方建立地理标志产品产值统计制度，健全地理标志产业发展利益联结机制，发挥龙头企业带动作用，吸引更多市场主体参与地理标志产业融合发展。完善绿色知识产权统计监测，推动绿色专利技术产业化，支撑产业绿色转型。（中央宣传部、农业农村部、市场监管总局、国家统计局、国家知识产权局等按职责分工负责）

专栏9　商标品牌建设工程

建立健全商标品牌推进工作体系。完善产品质量监督体系，健全监督信息交流共享机制，提升商标品牌质量。引导行业协会、高校、科研机构等服务商标品牌发展，对品牌质量进行研究、评价、监测。发展区域品牌，推动新型农业、先进制造业、现代服务业等产业集群品牌商标化。推动设立商标品牌指导站，强化商标品牌培育帮扶指导。

推动企业实施商标品牌战略。加强商标品牌资产管理，强化商标使用导向。支持开展商标海外布局，培育具有市场竞争力、国际影响力的知名商标品牌，支持开展中国国际商标品牌节等宣传活动，加强中国商标品牌的全球推广。（国家知识产权局牵头，工业和信息化部、农业农村部、市场监管总局等按职责分工负责）

专栏10 版权创新发展工程
构筑版权产业发展新优势。面向省、市、县及园区持续推进版权示范工作。建设国家版权创新发展基地。建立全国版权展会授权交易体系。持续推进文化文物单位文化创意产品开发试点工作。完善版权登记体制机制。优化资源配置，打造一批符合国家战略、反映产业和区域特点的优质版权产业集群。 推进版权交易、保护、服务一体化发展。拓宽版权作品国际合作与宣传渠道。打造一批精品广播电视和网络视听版权资源。推动中国优秀作品走出去、外国优秀作品引进来。推进版权保护技术、标准的研究和应用，加强各类作品价值评估、登记认证、质押融资等服务。探索在版权确权、用权、维权中引入区块链技术。（中央宣传部牵头，文化和旅游部、广电总局等按职责分工负责）

助力区域经济协调发展。优化央地合作会商机制，持续推动知识产权强省强市建设，面向省、市、县及园区深入开展知识产权强国建设试点示范工作，探索支撑创新发展的知识产权运行机制。强化区域间合作互助，促进东、中、西部和东北地区知识产权工作共同发展。鼓励地方探索构建符合区域发展需求的知识产权政策体系。推动京津冀高端知识产权服务业集聚发展。强化长三角区域一体化知识产权保护。推动粤港澳大湾区打造知识产权国际合作高地。推动成渝地区双城经济圈建立知识产权金融生态区。支持深圳建设中国特色社会主义先行示范区，打造保护知识产权标杆城市。支持香港建设区域知识产权贸易中心。加强涉农知识产权运用，助力乡村振兴。（国家知识产权局牵头，国家发展改革委、农业农村部、人民银行、国家林草局等按职责分工负责）

专栏11 知识产权助力乡村振兴工程
推进专利技术强农。开展专利信息帮扶，提升农业专利技术成果转化应用水平。 推进商标品牌富农。开展涉农产品商标品牌培育，遴选优质地理标志产品进行扶持，加强涉农品牌宣传。 推进地理标志兴农。开展地理标志助力乡村振兴行动，推动建设地理标志特色优势园区，实施农业生产“三品一标”提升行动，推进品种培优、品质提升、品牌打造和标准化生产，打造地理标志农产品引领乡村特色产业发展的县域样板。 推进新品种惠农。加强优秀植物新品种培育和产业化，促进农作物育种创新，加快培育具有自主知识产权的优良品种，培育和转化运用一批优质林草新品种。（农业农村部、市场监管总局、国家林草局、国家知识产权局等按职责分工负责）

五、构建便民利民知识产权服务体系，促进创新成果更好惠及人民

（十一）提高知识产权公共服务能力。

加快知识产权新型基础设施建设。依托全国一体化大数据中心体系，完善国家知识产权大数据中心和公共服务平台，提升知识产权公共服务智能化水平。推进地方知识产权公共服务平台和专题数据库建设，优先支持战略性新兴产业集群所在地建设知识产权公共服务平台，推动知识产权公共服务平台与行业、产业信息服务平台互联互通，提高知识产权公共服务可及性和普惠性。加强知识产权网络安全建设，健全网络安全综合防控体系，持续增强网络安全综合保障能力。（国家知识产权局牵头，中央网信办、国家发展改革委、财政部等按职责分工负责）

专栏12　知识产权公共服务信息化智能化建设工程

建设国家知识产权大数据中心。汇聚全球专利、商标、地理标志、集成电路布图设计等知识产权数据，实现知识产权数据与经济、科技、产业等信息融合。利用机器学习、人工智能等技术，加强对知识产权注册登记、公布公告、纠纷调解、质押许可等信息的智能监测，进行创新态势分析等主题挖掘。提供智能数据服务，实现对各类知识产权数据的智能分析，为科学决策等提供数据支撑。

完善国家知识产权公共服务平台。对接全国一体化政务服务平台、国家“互联网+监管”系统，优化知识产权行政执法保护支撑、行政复议、知识产权注册簿登记簿应用、电子商务领域知识产权保护、知识产权代理监管、非正常申请监管、知识产权咨询等政务服务。面向社会公众提供专利、商标、地理标志、集成电路布图设计等一站式智能查询检索服务，实现知识产权公共服务便利化、集约化、高效化。（国家知识产权局牵头，中央网信办、国家发展改革委、财政部等按职责分工负责）

完善知识产权公共服务体系。完善知识产权公共服务网络，健全公共服务支持创新工作机制。推动公共服务骨干节点分级分类建设，省级公共服务机构实现全覆盖，地市级公共服务机构覆盖率力争达到50%，鼓励有条件的县（市、区）设立综合性公共服务机构。支持开展跨行政区域知识产权公共服务合作。优化知识产权公共服务网点布局，提升高校、科研机构、科技社团、公共图书馆、科技情报机构、产业园区生产力促进机构等知识产权信息公共服务能力。重点支持技术与创新支持中心、高校国家知

识产权信息服务中心、国家知识产权信息公共服务网点有序发展。（国家知识产权局牵头，教育部、科技部、工业和信息化部、文化和旅游部、中科院、中国科协等按职责分工负责）

提高知识产权公共服务供给水平。加强知识产权数据标准制定，提高数据质量，维护数据安全，完善知识产权基础数据资源管理和服务规范。加强知识产权信息传播利用，加大知识产权基础数据开放力度，促进数据资源共享。完善知识产权信息利用相关规范，开展知识产权信息利用研究分析和发布。积极参与国际知识产权数据标准制定，加强国际知识产权数据交换。加大政府购买服务力度，创新公共服务形式，丰富公共服务产品供给。加强知识产权公共服务规范化、标准化建设，明晰知识产权公共服务事项和范围，建立知识产权公共服务清单制度。（国家知识产权局负责）

（十二）促进知识产权服务业健康发展。

培育发展知识产权服务业。引导知识产权代理、法律、信息、咨询、运营服务向专业化和高水平发展，拓展知识产权投融资、保险、资产评估等增值服务，促进知识产权服务业新业态新模式发展。加快制定实施知识产权服务业基础标准、支撑标准、产品标准、质量标准。深入实施专利代理机构执业许可审批告知承诺改革。引导国际高水平知识产权服务机构依规在华设立常驻代表机构。开展品牌价值提升行动，培育一批国际化、市场化、专业化知识产权服务机构。建设国家知识产权服务出口基地。全国执业专利代理师达到 4 万人。完善知识产权服务业统计制度。支持知识产权服务行业协会组织开展公益代理和维权援助。（国家知识产权局牵头，中央宣传部、司法部、商务部、国家统计局等按职责分工负责）

促进知识产权服务业与区域产业融合发展。聚焦重点区域、重点产业需求，优化知识产权服务业集聚区建设，引导知识产权服务链上下游优势互补、多业态协同发展。建立知识产权服务对接重点产业、重大项目工作机制，重点提供专利导航等高端服务。鼓励知识产权服务机构为创新主体提供全链条、专业化知识产权服务，支持企业创新发展和产业转型升级。（国家知识产权局牵头，工业和信息化部等按职责分工负责）

加强知识产权服务业监管。规范计划制定、名单抽取、结果公示、数据存档等各项抽查检查工作程序，实现“双随机、一公开”监管全覆盖。建立知识产权服务业监管长效机制。健全跨部门、跨区域协同监管机制。完善年度报告、经营异常名录、严重失信主体名单制度，开展信用评价并推广应用评价结果。建立知识产权服务业质量监测机制，利用新技术手段快速精准发现违法违规行为线索，提升监管效能。充分发挥知识产权服务行业协会作用，加大行业自律惩戒力度。建设知识产权服务业评价系统，及时公开服务机构和从业人员评价数据。（国家知识产权局负责）

六、推进知识产权国际合作，服务开放型经济发展

（十三）主动参与知识产权全球治理。

积极参与完善知识产权国际规则体系。加强与世界知识产权组织的合作磋商，推动完善知识产权及相关国际贸易、国际投资等国际规则和标准。积极参与遗传资源、传统知识、民间文艺、非物质文化遗产、广播组织等方面的知识产权国际规则制定。积极研究和参与数字领域等新领域新业态知识产权国际规则和标准的制定。（中央宣传部、外交部、商务部、文化和旅游部、国家知识产权局等按职责分工负责）

积极推进与经贸相关的多双边知识产权谈判。妥善应对国际知识产权争端，加强与主要贸易伙伴的知识产权合作磋商。在相关谈判中合理设置知识产权议题。深入参与世界贸易组织有关知识产权谈判。积极推进同其他国家和地区自贸协定知识产权议题谈判。研究推动与更多国家和地区开展地理标志协定谈判。（中央宣传部、外交部、商务部、国家知识产权局等按职责分工负责）

（十四）提升知识产权国际合作水平。

加强知识产权国际合作机制建设。巩固和完善“一带一路”知识产权合作，充分利用“一带一路”知识产权合作平台，扩大合作项目规模和储备。深度参与金砖国家、中美欧日韩、中日韩、中国—东盟等小多边知识产权合作，加强与各方政策和业务规则交流，支持产业界积极参与相关合作机制。完善跨境司法协作安排，加强防范打击侵犯知识产权犯罪国际合作。（中央宣传部、最高人民法院、最高人民检察院、外交部、公安部、商务部、海关总署、国家知识产权局等按职责分工负责）

专栏 13　“一带一路”知识产权合作工程
加强“一带一路”知识产权合作机制建设。打造共建“一带一路”国家和地区知识产权高层次合作平台。将知识产权合作同“数字丝绸之路”、“创新丝绸之路”等建设协调推进。推进知识产权信息、数据资源等领域合作。 强化知识产权能力提升项目实施。向共建“一带一路”国家和地区提供专利检索、审查、培训等多样化服务。开展面向共建“一带一路”国家和地区的知识产权培训。（国家知识产权局牵头，外交部、商务部、国际发展合作署等按职责分工负责）

优化知识产权国际合作环境。深化与国际和地区组织、重点国家和地区的知识产权合作，完善合作布局。加强面向周边和发展中国家的知识产权培训，支持发展中国家知识产权能力建设。加强药物及新冠病毒疫苗研发等重点领域的知识产权国际合作。与贸易对象国建立企业知识产权事务沟通协调机制。（中央宣传部、外交部、工业和信息化部、商务部、国家卫生健康委、市场监管总局、国际发展合作署、国家药监局、国家知识产权局、中国贸促会等按职责分工负责）

（十五）加强知识产权保护国际合作。

便利知识产权海外获权。强化知识产权审查业务合作，拓展“专利审查高速路”国际合作网络，重点推动相关国家共享专利、植物新品种等审查结果。引导创新主体合理利用世界知识产权组织全球服务体系等渠道，提高海外知识产权布局效率。（国家知识产权局牵头，中央宣传部、农业农村部、国家林草局等按职责分工负责）

加强知识产权海外维权援助。建立国际知识产权风险预警和应急机制，建设知识产权涉外风险防控体系。建立国际趋势跟踪研究基地，加强对商业秘密保护、互联网企业走出去等重点前沿问题的研究。提升海外知识产权信息服务能力，建立健全国外展会知识产权服务站工作机制。鼓励保险机构开展知识产权海外侵权保险业务。积极发挥贸易投资促进机构作用，不断加强知识产权海外服务保障工作。（中央宣传部、商务部、市场监管总局、银保监会、国家知识产权局、中国贸促会等按职责分工负责）

专栏 14　对外贸易知识产权保护工程

加强海外知识产权纠纷应对指导体系建设。建立与知识产权有关的贸易对象国调查报告机制。拓展打击知识产权侵权犯罪国际执法协作渠道，开展重大案件跨国联合执法行动。建立海关跨境合作机制，加强知识产权海关执法信息情报交换共享。

提升海外知识产权风险防范能力。制定跨境电商知识产权保护指南，引导跨境电商平台防范进出口贸易中的知识产权风险，有效支持跨境电商平台企业国际化发展。加强对海外知识产权制度环境的研究，编制发布重点国家知识产权保护国别指南。（中央宣传部、中央网信办、最高人民检察院、公安部、商务部、海关总署、国家知识产权局等按职责分工负责）

七、推进知识产权人才和文化建设，夯实事业发展基础

（十六）加强知识产权人才队伍建设。

优化知识产权人才发展环境。推进知识产权学科建设，支持学位授权自主审核单位依程序设置知识产权一级学科点，支持有关单位依程序设置知识产权二级学科点，研究设置知识产权硕士专业学位。推动知识产权相关专业升级和数字化改造，开发一批知识产权精品课程。鼓励支持有条件的理工科高校开设知识产权相关专业和课程。设立一批国家知识产权人才培养基地。做好知识产权职称制度改革实施工作，完善知识产权人才评价体系。（教育部、人力资源社会保障部、国家知识产权局等按职责分工负责）

提升知识产权人才能力水平。完善知识产权人才分类培训体系，健全人才保障机制。加强知识产权理论研究，完善知识产权研究管理机制，强化智库建设，鼓励地方开展政策研究。加强知识产权行政管理、行政执法、行政裁决人员培养，分层次分区域持续开展轮训。加强企事业单位知识产权人才培养，建设理论与实务联训基地。建立知识产权服务业人才培训体系，提高服务业人才专业能力。大力培养知识产权国际化人才。（国家知识产权局牵头，中央宣传部、市场监管总局等按职责分工负责）

（十七）加强知识产权文化建设。

构建知识产权大宣传格局。围绕知识产权强国建设，统筹传统媒体与

新兴媒体，用好融媒体，健全知识产权新闻发布制度。建立健全政府活动宣传、媒体传播报道、学界文章影响、国际文化交流相互促进的知识产权传播大矩阵。持续做好全国知识产权宣传周、中国知识产权年会等品牌宣传活动。讲好中国知识产权故事，展示文明大国、负责任大国形象。（国家知识产权局牵头，中央宣传部、中央网信办、广电总局等按职责分工负责）

专栏 15　知识产权普及教育工程
推动知识产权普及教育进校园。支持大中小学开展知识产权基础性普及教育。鼓励知识产权专家进校园，促进知识产权教育与学校创新实践活动相融合，持续推进全国中小学知识产权教育工作和全国大学生版权征文活动。推动技工院校普及知识产权教育，将知识产权普及教育作为全国专业技术人员继续教育的重要内容。 推动知识产权进干部培训课堂。优化知识产权课程设置，加强对党政领导干部和国有企业负责人的知识产权宣传培训。（国家知识产权局牵头，中央组织部、中央宣传部、教育部、人力资源社会保障部、中国科协等按职责分工负责）

厚植知识产权文化理念。增强全社会尊重和保护知识产权的意识，推动知识产权文化与法治文化、传统文化、创新文化、诚信文化深度融合。大力宣传锐意创新和诚信经营的典型企业，引导企业自觉履行尊重和保护知识产权的社会责任。开展贴近时代、贴近百姓、贴近生活的知识产权文化惠民活动。加强知识产权文化基础设施建设。探索建立“互联网＋”知识产权保护云博物馆。加大对中西部地区知识产权文化建设投入。开展知识产权文化建设理论和学术研究，以文化为媒，提升文化软实力。（国家知识产权局牵头，中央宣传部、司法部、文化和旅游部等按职责分工负责）

八、实施保障

（十八）加强组织领导。

坚持党对知识产权工作的全面领导，充分发挥国务院知识产权战略实施工作部际联席会议作用，完善工作机制，形成工作合力，确保党中央、国务院关于知识产权工作的各项决策部署落到实处。各地区、各有关部门要强化责任意识，密切协调配合，结合实际进一步明确工作重点，落实好本规划部署的各项任务措施。国家知识产权局要加强组织协调，明确责任分工，细化目标任务，加强宣传解读，制定年度推进计划，确保规划有序推进。相关社会组织和行业协会要积极参与规划实施，主动作为，发挥作用。（国家知识产权局牵头，有关部门与地方各级人民政府按职责分工负责）

（十九）鼓励探索创新。

各地要发扬基层首创精神，针对规划实施中的痛点、难点问题，主动作为、创新思路，积极探索积累务实管用、科学精准的具体举措，不断丰富完善有关政策措施。各有关部门要营造有利环境，支持有条件的地区先行先试。（地方各级人民政府与有关部门按职责分工负责）

（二十）加大投入力度。

完善多渠道投入机制，推进规划重大工程项目落地，促进规划有效实施。加强对知识产权工作的政策和资源支持。鼓励社会资本积极参与，创新投入模式和机制，充分发挥市场在资源配置中的决定性作用。（有关部门与地方各级人民政府按职责分工负责）

（二十一）狠抓工作落实。

国家知识产权局会同有关部门加强对规划实施情况的跟踪监测，通过第三方评估等形式开展规划实施的中期评估、总结评估，总结推广典型经验做法，发现规划实施中存在的问题并研究解决对策。强化监督检查，确保任务落实，重要情况及时报告国务院。（国家知识产权局牵头，有关部门按职责分工负责）

国家知识产权局　国家市场监督管理总局关于进一步加强地理标志保护的指导意见

（国知发保字〔2021〕11号）

各省、自治区、直辖市和新疆生产建设兵团知识产权局、市场监管局（厅、委），各有关单位：

地理标志是重要的知识产权类型，是促进区域特色经济发展的有效载体，是推进乡村振兴的有力支撑，是推动外贸外交的重要领域，是保护和传承传统优秀文化的鲜活载体，也是企业参与市场竞争的重要资源。为落实习近平总书记有关地理标志工作的指示要求和中共中央办公厅、国务院办公厅印发的《关于强化知识产权保护的意见》，进一步加强地理标志保护，严格地理标志管理，现提出以下指导意见。

一、指导思想和基本原则

（一）指导思想。

坚持以习近平新时代中国特色社会主义思想为指导，深入贯彻落实党的十九大和十九届二中、三中、四中、五中全会精神，深入贯彻习近平总书记在中央政治局第二十五次集体学习时的重要讲话精神，全面落实党中央、国务院强化知识产权保护的决策部署，深化地理标志管理改革，强化地理标志保护，提升地理标志领域治理能力，有力支撑经济高质量发展，推动构建以国内大循环为主体、国内国际双循环相互促进的新发展格局。

（二）基本原则。

坚持高水平保护。完善地理标志法律制度体系，提高地理标志保护法治化水平，严格地理标志审查认定，严厉打击地理标志侵权假冒行为，统筹推进地理标志保护国际合作，提升地理标志保护水平。

坚持高标准管理。加强地理标志保护顶层设计，强化规划引领，深化管理体制机制改革，建立健全特色质量保证体系、技术标准体系与检验检测体系。

坚持高质量发展。坚守中国特色，突出“原汁原味”，扩大地理标志专用标志使用覆盖面，提升地理标志产品市场竞争力，更好满足人民日益增长的美好生活需要。

二、夯实地理标志保护工作基础

（三）提高地理标志保护法治化水平。深入开展地理标志立法调研论证，推动加快地理标志立法步伐，明确主管部门行政职责和各方权利义务，做好地理标志保护产品认定与地理标志集体商标、证明商标注册的衔接，推动地理标志保护与动植物品种保护的有效衔接，确定违法行为、法律责任及保护途径，提出立法建议。完善地理标志保护政策、标准和制度。推动在地理标志保护机制下，强化初级农产品、加工食品、道地药材、传统手工艺品等的保护。

（四）强化地理标志保护申请质量监管。严格把控地理标志保护申请质量，加强地理标志保护申请质量监控和通报。规范地理标志保护申请行为，对申请材料弄虚作假等行为从严处置，驳回有关地理标志保护申请，加强信用监管，并与知识产权保护考核检查等形成联动约束，切实推动从追求数量向提高质量转变。

（五）严格地理标志审核认定。强化地理标志保护产品认定与地理标志集体商标、证明商标注册的程序衔接协调，加强地理标志保护产品认定与地理标志作为集体商标、证明商标注册的数据交换、信息通报与资源共享，在普通商标注册审查过程中依法考虑地理标志保护产品认定与地理标志作为集体商标、证明商标注册在先审查结果。研究完善地理标志保护申请审核认定规则，统一规范地理标志名称、保护地域范围划定等认定要素，判断通用名称时综合考虑消费者理解认知等因素。研究建立有效反映地理标志特色的专门分类制度。

（六）优化地理标志保护扶持引导政策。清理和规范对地理标志保护申请的资助、奖励政策。着力优化资源投入方向，重点加大对强化地理标志行政保护、创新监管手段、核准专用标志使用、实施质量管控、建设地理标志产品保护示范区等方面的支持，切实改变“重申报、轻保护”的偏向，推动加强地理标志全链条保护，进一步提升地理标志知名度和市场竞争力。深化地理标志专用标志核准改革，探索进一步下放专用标志使用核准权和注销权，优化核准流程，压缩核准周期，进一步畅通合法使用人使用地理标志专用标志渠道。

三、健全地理标志保护业务体系

（七）完善特色质量保证体系。落实地理标志产品生产者主体责任，提高地理标志产品生产者质量管理水平。推动人工智能、大数据等新一代信息技术与地理标志特色质量管理融合，支持和鼓励地理标志专用标志合法使用人应用过程控制、产地溯源等先进管理方法和工具，加快建立以数字化、网络化、智能化为基础的地理标志特色质量保证体系，有效支撑地理标志高质量发展。

（八）建立健全技术标准体系。优化完善地理标志保护标准体系，推进地理标志保护基础通用国家标准制定，有效发挥全国知识管理标准化技术委员会地理标志分技术委员会作用，加快标准立改废释步伐，提升高质量地理标志保护产品标准的有效供给。鼓励研制地理标志国家标准样品。鼓励地理标志保护标准协调配套与协同发展，获得保护的地理标志可以根据保护地域范围、类别、知名度等方面的因素，制修订相应的国家标准、地方标准或团体标准，加强与地理标志保护要求的衔接。鼓励开展地理标志保护标准外文版研制，提升我国地理标志保护标准国际化水平。

（九）强化检验检测体系。鼓励有条件的地理标志产品产地建设专业化检验检测机构，畅通政府部门、行业协会等采信检验检测结果的信息渠道。完善专业化地理标志检验检测服务网点建设，不断满足消费市场需求，为消费者提供权威、可靠的专业技术服务。鼓励第三方检测机构为地理标志保护提供数据和技术支持。

四、加强地理标志行政保护

（十）严厉打击地理标志侵权假冒行为。加强执法检查和日常监管，严格依据《中华人民共和国产品质量法》等有关伪造产地的处罚规定和《中华人民共和国商标法》《中华人民共和国反不正当竞争法》相关规定，打击伪造或者擅自使用地理标志的生产、销售等违法行为，规范在营销宣传和产品外包装中使用地理标志的行为。加强对相同或近似产品上使用意译、音译、字译或标注“种类”“品种”“风格”“仿制”等地理标志“搭便车”行为的规制和打击。严格监督和查处地理标志专用标志使用人未按管理规范或相关使用管理规则组织生产的违规违法行为。加强地理标志领域的行政执法与刑事司法衔接，全方位提高地理标志执法保护水平。

（十一）强化涉及地理标志的企业名称登记管理。建立地理标志保护和企业名称的信息互通机制，研究将地理标志有关字段依法纳入全国名称规范管理系统，在企业名称登记管理中加强对地理标志的保护。企业在名称中使用地理标志有关字段的，应与地理标志保护申请机构达成一致或经过地理标志保护申请机构依法依规授权，并符合企业名称登记管理有关规定。

（十二）加强地理标志专用标志使用日常监管。建立健全地理标志专用标志使用情况年报制度，及时有效掌握地理标志专用标志中介机构使用信息并对社会公开。采用“双随机、一公开”与专项检查相结合的方式，聚焦特色质量，实行重点地理标志清单式监管。依法推动将地理标志产品生产、地理标志专用标志使用纳入知识产权信用监管。探索建立地理标志专用标志使用异常名录。

五、构建地理标志协同保护工作格局

（十三）加强地理标志快速协同保护。加强地理标志产品生产集中地、销售集散地、网络平台企业总部所在地知识产权部门违法线索、监管标准、保护信息的互联互通。支持和鼓励区域知识产权保护协作机制中纳入地理标志保护措施，开展联合保护行动。充分发挥知识产权保护中心作用，加强舆情监测和地理标志侵权假冒线索搜集报送，有效支撑相关执法部门开展联动执法。

（十四）健全涉外地理标志保护机制。严格履行《中华人民共和国政府与欧洲联盟地理标志保护与合作协定》《中华人民共和国政府和美利坚合众国政府经济贸易协议》《区域全面经济伙伴关系协定》等国际协议义务。加强与国外地理标志审查认定机构的交流与合作。鼓励在我国获得保护的国外地理标志产品在华经销商使用我国地理标志官方标志，指导互认互保清单中方产品在海外市场使用外方地理标志官方标志。完善国外地理标志产品在华保护以及我国地理标志产品在外保护年度报告制度。

六、加强地理标志保护组织保障

（十五）加强组织领导和资源投入。各级市场监管部门和知识产权部门要高度重视地理标志保护工作，立足本地实际、更新工作理念、创新工作方式，加强规划引领，抓好工作落实。争取各级财政部门、人事部门政策支持，加大资源投入力度，加强地理标志保护队伍建设，充分利用现有奖励制度，对为地理标志保护作出突出贡献的集体和个人，按国家有关规定给予表彰奖励。加强地理标志保护申请电子受理平台建设，完善平台功能，提升综合服务能力。国家知识产权局知识产权保护司牵头加强制度机制建设，会同国家市场监督管理总局相关司局建立地理标志保护和监管协调机制，不断加强业务指导。

（十六）加强学术研究和宣传培训。推动加强地理标志学术研究工作，夯实地理标志工作理论基础。将地理标志保护培训纳入行政保护培训计划，积极组织开展业务和技能培训、案例研讨等活动。积极做好地理标志行政保护典型案例和指导案例的遴选和报送，加强对地理标志保护措施成效、先进经验的宣传报道。加大涉外宣传力度，助推我国地理标志产品走出国门，开拓国际市场，大力弘扬中华优秀传统文化。

各级知识产权管理部门、市场监管部门和各有关单位要履职尽责，结合实际，细化工作任务和政策措施，认真落实各项措施和要求，确保各项重点任务落地见效。工作进展及重大问题及时向国家知识产权局、国家市场监督管理总局反馈。

附件：《关于进一步加强地理标志保护的指导意见》分工方案

国家知识产权局　国家市场监督管理总局

2021 年 5 月 21 日

附件

《关于进一步加强地理标志保护的指导意见》分工方案

序号			具体举措	工作分工
1	二、夯实地理标志保护工作基础	（三）提高地理标志保护法治化水平	深入开展地理标志立法调研论证，推动加快地理标志立法步伐，明确主管部门行政职责和各方权利义务，做好地理标志保护产品认定与地理标志集体商标、证明商标注册的衔接，推动地理标志保护与动植物品种保护的有效衔接，确定违法行为、法律责任及保护途径，提出立法建议。完善地理标志保护政策、标准和制度。	市场监管总局法规司、知识产权局条法司、知识产权保护司、商标局按职责分工
2			推动在地理标志保护机制下，强化初级农产品、加工食品、道地药材、传统手工艺品等的保护。	知识产权局知识产权保护司、各地方知识产权局按职责分工
3		（四）强化地理标志保护申请质量监管	严格把控地理标志保护申请质量，加强地理标志保护申请质量监控和通报。	知识产权局知识产权保护司牵头，知识产权局商标局参与
4			规范地理标志保护申请行为，对申请材料弄虚作假等行为从严处置，驳回有关地理标志保护申请，加强信用监管，并与知识产权保护考核检查等形成联动约束。	知识产权局知识产权保护司牵头，知识产权局商标局参与

续表

序号			具体举措	工作分工
5	二、夯实地理标志保护工作基础	（五）严格地理标志审核认定	强化地理标志保护产品认定与地理标志集体商标、证明商标注册的程序衔接协调，加强地理标志保护产品认定与地理标志作为集体商标、证明商标注册的数据交换、信息通报与资源共享，在普通商标注册审查过程中依法考虑地理标志保护产品认定与地理标志作为集体商标、证明商标注册在先审查结果。	知识产权局知识产权保护司、知识产权局条法司牵头，知识产权局商标局参与
6			研究完善地理标志保护申请审核认定规则，统一规范地理标志名称、保护地域范围划定等认定要素，判断通用名称时综合考虑消费者理解认知等因素。	知识产权局知识产权保护司、知识产权局条法司、知识产权局商标局按职责分工负责
7			研究建立有效反映地理标志特色的专门分类制度。	知识产权局知识产权保护司负责
8		（六）优化地理标志扶持引导政策	清理和规范对地理标志保护申请的资助、奖励政策。	各地方知识产权局负责
9			着力优化资源投入方向，重点加大对强化地理标志行政保护、创新监管手段、核准专用标志使用、实施质量管控、建设地理标志产品保护示范区等方面的支持，切实改变“重申报、轻保护”的偏向，推动加强地理标志全链条保护，进一步提升地理标志知名度和市场竞争力。	知识产权局知识产权保护司、各地方知识产权局按职责分工负责
10			深化地理标志专用标志核准改革，探索进一步下放专用标志使用核准权和注销权，优化核准流程，压缩核准周期，进一步畅通合法使用人使用地理标志专用标志渠道。	知识产权局知识产权保护司、各地方知识产权局按职责分工负责

续表

序号			具体举措	工作分工
11	三、健全地理标志保护业务体系	（七）完善特色质量保证体系	落实地理标志产品生产者主体责任，提高地理标志产品生产者质量管理水平。	市场监管总局产品质量安全监督管理司、食品生产安全监督管理司、各地方市场监管部门、各地方知识产权局按职责分工负责
12			推动人工智能、大数据等新一代信息技术与地理标志特色质量管理融合，支持和鼓励地理标志专用标志合法使用人应用过程控制、产地溯源等先进管理方法和工具，加快建立以数字化、网络化、智能化为基础的地理标志特色质量保证体系，有效支撑地理标志高质量发展。	知识产权局知识产权保护司、各地方知识产权局按职责分工负责
13		（八）建立健全技术标准体系	优化完善地理标志保护标准体系，推进地理标志保护基础通用国家标准制定，有效发挥全国知识管理标准化技术委员会地理标志分技术委员会作用，加快标准立改废释步伐，提升高质量地理标志保护产品标准的有效供给。鼓励研制地理标志国家标准样品。	市场监管总局标准技术管理司、知识产权局知识产权保护司按职责分工负责
14			鼓励地理标志保护标准协调配套与协同发展，获得保护的地理标志可以根据保护地域范围、类别、知名度等方面的因素，制修订相应的国家标准、地方标准或团体标准，加强与地理标志保护要求的衔接。	市场监管总局标准技术管理司、标准创新管理司、知识产权局知识产权保护司、各地方知识产权局按职责分工负责

续表

序号			具体举措	工作分工
15	三、健全地理标志保护业务体系	(八) 建立健全技术标准体系	鼓励开展地理标志保护标准外文版研制，提升我国地理标志保护标准国际化水平。	市场监管总局标准创新管理司、知识产权局知识产权保护司按职责分工负责
16		(九) 强化检验检测体系	鼓励有条件的地理标志产品产地建设专业化检验检测机构，畅通政府部门、行业协会等采信检验检测结果的信息渠道。	市场监管总局认可与检验检测管理司、知识产权局知识产权保护司、各地方知识产权局按职责分工负责
17			完善专业化地理标志检验检测服务网点建设，不断满足消费市场需求，为消费者提供权威、可靠的专业技术服务。	市场监管总局认可与检验检测管理司、各地方知识产权局按职责分工负责
18			鼓励第三方检测机构为地理标志保护提供数据和技术支持。	市场监管总局认可与检验检测管理司、知识产权局知识产权保护司、各地方知识产权局按职责分工负责
19	四、加强地理标志行政保护	(十) 严厉打击地理标志侵权假冒行为	加强执法检查和日常监管，严格依据《产品质量法》等有关伪造产地的处罚规定和《商标法》《反不正当竞争法》相关规定，打击伪造或者擅自使用地理标志的生产、销售等违法犯罪行为，规范在营销宣传和产品外包装中使用地理标志的行为。加强对相同或近似产品上使用意译、音译、字译或标注“种类”“品种”“风格”“仿制”等地理标志“搭便车”行为的规制和打击。	市场监管总局执法稽查局、价监竞争局、知识产权局知识产权保护司、各地方市场监管部门、各地方知识产权局按职责分工负责

续表

序号			具体举措	工作分工
20	四、加强地理标志行政保护	（十）严厉打击地理标志侵权假冒行为	严格监督和查处地理标志专用标志使用人未按管理规范或相关使用管理规则组织生产的违规违法行为。	市场监管总局执法稽查局、知识产权局知识产权保护司、各地方市场监管部门、各地方知识产权局按职责分工
21			加强地理标志领域的行政执法与刑事司法衔接，全方位提高地理标志执法保护水平。	市场监管总局执法稽查局、知识产权局知识产权保护司、各地方市场监管部门、各地方知识产权局按职责分工
22		（十一）强化涉及地理标志的企业名称登记注册管理	建立地理标志保护和企业名称的信息互通机制，研究将地理标志有关字段依法纳入全国名称规范管理系统，在企业名称登记管理中加强对地理标志的保护。企业在名称中使用地理标志有关字段的，应与地理标志保护申请机构达成一致或经过地理标志保护申请机构依法依规授权，并符合企业名称登记管理有关规定。	市场监管总局登记注册局、知识产权局知识产权保护司按职责分工

续表

序号			具体举措	工作分工
23	四、加强地理标志行政保护	（十二）加强地理标志专用标志使用日常监管	建立健全地理标志专用标志使用情况年报制度，及时有效掌握地理标志专用标志使用信息并对社会公开。	知识产权局知识产权保护司、各地方知识产权局按职责分工
24			采用“双随机、一公开”与专项检查相结合的方式，聚焦特色质量，实行重点地理标志清单式监管。	知识产权局知识产权保护司、各地方市场监管部门、各地方知识产权局按职责分工
25			依法推动将地理标志产品生产、地理标志专用标志使用纳入知识产权信用监管。探索建立地理标志专用标志使用异常名录。	知识产权局知识产权保护司、各地方知识产权局按职责分工
26	五、构建地理标志协同保护工作格局	（十三）加强地理标志快速协同保护	加强地理标志产品生产集中地、销售集散地、网络平台企业总部所在地知识产权部门违法线索、监管标准、保护信息的互联互通。	知识产权局知识产权保护司、各地方知识产权局按职责分工
27			支持和鼓励区域知识产权保护协作机制中纳入地理标志保护措施，开展联合保护行动。	知识产权局知识产权保护司、各地市场监督管理部门、各地方知识产权局按职责分工
28			充分发挥知识产权保护中心作用，加强舆情监测和地理标志侵权假冒线索搜集报送，有效支撑相关执法部门开展联动执法。	知识产权局知识产权保护司、各地市场监督管理部门、各地方知识产权局按职责分工

续表

序号			具体举措	工作分工
29	五、构建地理标志协同保护工作格局	（十四）健全涉外地理标志保护机制	严格履行《中华人民共和国政府与欧洲联盟地理标志保护与合作协定》《中华人民共和国政府和美利坚合众国政府经济贸易协议》《区域全面经济伙伴关系协定》等国际协议义务。	知识产权局知识产权保护司、知识产权局条法司、知识产权局国际合作司、知识产权局商标局按职责分工
30			加强与国外地理标志审查认定机构的技术交流与合作。	知识产权局国际合作司牵头，知识产权局知识产权保护司、知识产权局商标局参与
31			鼓励在我国获得保护的国外地理标志产品在华经销商使用我国地理标志官方标志，指导互认互保清单中方产品在海外市场使用外方地理标志官方标志。	知识产权局知识产权保护司、知识产权局国际合作司、各地方知识产权局按职责分工
32			完善国外地理标志产品在华保护以及我国地理标志产品在外保护年度报告制度。	知识产权知识产权保护司负责
33	六、加强地理标志保护组织保障	（十五）加强组织领导和资源投入	争取各级财政部门、人事部门政策支持，加大资源投入力度，加强地理标志保护队伍建设，充分利用现有奖励制度，对为地理标志保护作出突出贡献的集体和个人，按国家有关规定给予表彰奖励。	知识产权局人事司、知识产权局战略规划司、各地方知识产权局按职责分工
34			加强地理标志保护申请电子受理平台建设，完善平台功能，提升综合服务能力。	知识产权局知识产权保护司

续表

序号			具体举措	工作分工
35	六、加强地理标志保护组织保障	（十六）加强学术研究和宣传培训	推动加强地理标志学术研究工作，夯实地理标志工作理论基础。	知识产权局办公室、知识产权局知识产权保护司、各地方知识产权局按职责分工
36			将地理标志保护培训纳入行政保护培训计划，积极组织开展业务和技能培训、案例研讨等活动。	知识产权局人事司、知识产权局知识产权保护司、各地方知识产权局按职责分工
37			积极做好地理标志行政保护典型案例和指导案例的遴选和报送，加强对地理标志保护措施成效、先进经验的宣传报道。加大涉外宣传力度，助推我国地理标志产品走出国门，开拓国际市场，大力弘扬中华优秀传统文化。	知识产权局办公室、知识产权局知识产权保护司、知识产权局国际合作司、各地方知识产权局按职责分工
38			履职尽责，结合实际，细化工作任务和政策措施，认真落实各项措施和要求，确保各项重点任务落地见效。工作进展及重大问题及时向国家知识产权局、国家市场监督管理总局反馈。	知识产权局知识产权保护司牵头，市场监管总局各相关司局、知识产权局各相关司局、各地方市场监管部门和各地方知识产权管理部门按职责分工

地理标志保护和运用“十四五”规划

地理标志是重要的知识产权，是促进区域特色经济发展的有效载体，是推进乡村振兴的有力支撑，是推动外贸外交的重要领域，是保护和传承传统优秀文化的鲜活载体，也是企业参与市场竞争的重要资源。中国拥有悠久的历史和深厚的文化积淀，地理标志资源丰富。为贯彻落实《知识产权强国建设纲要（2021—2035年）》《“十四五”国家知识产权保护和运用规划》《关于强化知识产权保护的意见》，提升地理标志保护和运用水平，制定本规划。

一、规划背景

党中央、国务院高度重视地理标志保护工作，对地理标志保护工作作出一系列重要部署。“十三五”时期，我国地理标志保护和运用工作取得重要进展，按照党和国家机构改革方案，实现了原产地地理标志的集中统一管理。地理标志制度不断完善，修订《国外地理标志产品保护办法》《商标审查审理指南》，发布《地理标志专用标志使用管理办法（试行）》，有效发挥《商标法》《商标法实施条例》《集体商标、证明商标的注册和管理办法》作用，地理标志工作朝着有法可依、有章可循、严格保护的方向持续迈进。注册认定工作稳步推进，截至“十三五”末，我国累计保护地理标志产品2391个，地理标志专用标志使用市场主体达到9479家，以地理标志作为集体商标、证明商标注册达到6085件，专用标志使用市场主体年直接产值超过6000亿元。建成国家地理标志产品保护示范区16个。地理标志运用效益显著，地理标志运用促进工程落地生根。地理标志保护国际合作取得重要进展，中欧地理标志保护与合作协定签署生效。

同时，地理标志保护和运用工作也面临许多挑战。一是制度协调统一有待加强。二是保护能力水平与营造一流营商环境的要求仍有距离。三是审查认定体系尚待完善。四是产品特色质量管理与监督有待强化。五是地理标志品牌价值尚未充分显现。

“十四五”时期是我国全面建成小康社会、实现第一个百年奋斗目标之后，乘势而上开启全面建设社会主义现代化国家新征程、向第二个百年奋斗目标进军的重要阶段，也是知识产权强国建设的关键时期，经济社会高质量发展的需求更加迫切，我国地理标志工作面临重要发展机遇。要充分发挥我国超大规模市场优势和内需潜力，以满足国内需求为出发点和落脚点，加快构建完善的地理标志保护和运用体系，加快适应以国内大循环为主体、国内国际双循环相互促进的新发展格局，培育我国地理标志产品的竞争新优势。

二、总体要求

（一）指导思想

以习近平新时代中国特色社会主义思想为指导，全面贯彻党的十九大和十九届历次全会精神，紧紧围绕统筹推进“五位一体”总体布局和协调推进“四个全面”战略布局，贯彻落实新发展理念，全面落实《知识产权强国建设纲要（2021—2035 年）》《“十四五”国家知识产权保护和运用规划》《关于强化知识产权保护的意见》要求，以高水平保护、高质量发展、高标准建设、高效益运用为主线，进一步完善地理标志保护和运用体系，强化地理标志保护，提升我国地理标志产品的价值内涵，推动地理标志与特色产业发展、生态文明建设、历史文化传承和乡村振兴有机融合，为推进供给侧结构性改革、培育经济发展新动能、实现可持续发展提供重要支撑。

（二）发展目标

地理标志制度进一步完善，保护水平显著提升，运用效益充分显现，我国地理标志产品市场竞争力和国际影响力不断增强，地理标志服务国内大循环为主体、国内国际双循环发展格局的重要作用进一步体现。

——地理标志保护基础更加坚实。地理标志审查认定效率和质量进一步提升，地理标志标准化体系进一步完善，地理标志保护资源统计分析制度初步建立，新建成一批特色显著、成效明显的地理标志产品保护示范区。

——地理标志运用效益更加凸显。地理标志品牌效应显著提高，地理标志产品的市场竞争力有效增强，以地理标志品牌为核心，企业商标和区域品牌相结合，共同发展的地理标志品牌体系更加完善，地理标志相关产业链更加健全。

——地理标志互认互保范围进一步扩大。地理标志保护国际交流合作的广度和深度进一步拓展，中国地理标志产品国际市场竞争力进一步提升。

到2025年，地理标志认定数量保持稳定合理增长，使用地理标志专用标志的市场主体达到1.8万家以上，年直接产值保持稳定增长，制修订一批地理标志领域国家标准、地方标准和团体标准，建成国家地理标志产品保护示范区100家，推动更多中国地理标志在海外获得保护（以上指标均为预期性指标）。

三、主要任务

（一）夯实地理标志保护和管理基础

1. 健全地理标志法律制度。积极推动地理标志专门立法工作，深入开展地理标志立法调研论证，加强国外地理标志法律制度比较研究，健全专门保护与商标保护相互协调的统一地理标志保护制度。明晰地理标志的权利内容和保护范围，明确行政保护的基本原则、管理机关的监管职责和相关市场主体的权利义务，优化地理标志保护程序，提高地理标志保护水平，构建中国特色地理标志保护法律制度。（条法司、保护司、商标局按职责分工负责）

2. 建立协调有序的地理标志统一认定制度。有序推进地理标志统一认定和立体保护机制。完善地理标志认定机制，统一规范不同保护渠道的地理标志名称、保护地域范围划定等认定要素，优化地理标志认定流程，制定发布地理标志认定产品分类标准。推动在地理标志保护机制下，强化初级农产品、加工食品、道地药材、传统手工艺品等的保护。（条法司、保护司、商标局按职责分工负责）

3. 优化地理标志审查工作机制。严格地理标志保护申请审核认定规则和审查流程，完善作为集体商标、证明商标注册的地理标志审查质量管理体系。强化信息化手段，推进审查智能化。加强审查认定人员能力建设，打造高水平的专业人才队伍。积极发挥产品技术、质量、标准、历史文化

等领域专家作用，为地理标志审查工作提供有效智力支持。（条法司、保护司、商标局按职责分工负责）

4. 健全地理标志标准化体系。充分发挥全国知识管理标准化技术委员会地理标志分技术委员会作用，加快构建涵盖地理标志保护、运用、管理、服务的地理标志标准体系。加强地理标志保护关键技术标准研究，推进地理标志基础通用类和产品类国家标准制修订工作。强化地理标志产品原产地政府在地理标志标准实施中的作用，定期监测和评估标准实施效果。鼓励开展地理标志相关标准外文版研制，提升我国地理标志品牌的国际传播力。鼓励研制地理标志国家标准样品。支持各地建立健全以地方标准为基础的标准体系。（保护司负责，各地方知识产权管理部门参与）

5. 建立地理标志保护资源动态管理制度。规范地理标志相关数据指标体系、分析方法和数据报表。推进地理标志保护资源管理信息化建设，建立完善地理标志保护资源数据库和电子化应用平台。探索建立地理标志保护资源管理数据发布机制，探索研究发布地理标志年度公报。（保护司负责，各地方知识产权管理部门参与）

6. 加强地理标志保护基础理论研究。布局建设一批国家地理标志保护理论研究基地，开展地理标志保护理论与实践研究。鼓励开展地理标志产品产地溯源、假冒线索搜集等方面的技术研发，强化运用技术手段保护地理标志。发布地理标志行政保护典型案例和指导案例。（办公室、保护司按职责分工负责，各地方知识产权管理部门参与）

（二）提升地理标志保护和管理水平

7. 加强地理标志专用标志管理。深入推进地理标志专用标志使用核准改革，完善地理标志专用标志使用管理制度。提升地理标志专用标志使用管理智能化和便利化水平，强化监管效果。加大宣传推广力度，提高合法使用人规范使用地理标志专用标志的意识。优化地理标志专用标志使用信息查询服务，加大专用标志使用监管情况向社会公开的力度。建立健全举报投诉机制，完善调查处理程序。严格监督和查处地理标志专用标志使用人未按管理规范或集体商标、证明商标使用管理规则组织生产的违规违法行为。（保护司负责，各地方知识产权管理部门参与）

8. 强化地理标志产地质量管控。推动原产地政府加强应用标准、检验检测、认证等质量基础设施建设，构建政府监管、行业管理、生产者自律的质量保证体系。鼓励综合运用大数据、区块链、电子围栏等技术，建立来源可查、去向可追、责任可究的地理标志来源追溯机制。落实地理标志产品生产者主体责任，加大对生产经营主体的培训力度，加强地理标志相关产品标准的实施应用和示范推广，提高地理标志产品生产者质量管理水平。探索开展地理标志产区等级划分和产品特色质量品级划分，科学合理设定分级指标和要求。（保护司负责，各地方知识产权管理部门参与）

9. 强化地理标志保护监管。健全“双随机、一公开”行政监管机制，聚焦重点地理标志产品加强行政保护。建立地理标志领域的信用监管机制。建立地理标志保护检查对象随机抽查名录，制定抽查事项清单、工作细则和抽查计划。结合地理标志产品的区域性、季节性等特点，加强重点地理标志执法保护。针对示范区地理标志产品、高价值产品、热销产品和互认互保产品等，加强对擅自使用地理标志的生产、销售等违法行为的执法保护力度，严格规范在营销宣传和产品外包装中使用地理标志的行为。加强对相同或近似产品上使用意译、音译、字译或标注“种类”“品种”“风格”“仿制”等地理标志“搭便车”行为的规制和打击。（保护司负责，各地方知识产权管理部门参与）

10. 增强地理标志公共服务能力。支持引导各级各类知识产权公共服务机构开展地理标志信息查询检索、咨询、预警、公益讲座、专题培训等，积极推动高校、科研院所、图书情报等机构参与提供地理标志信息公共服务。依托知识产权保护信息平台、国家知识产权大数据中心和国家知识产权公共服务平台等，统筹开展地理标志信息化建设，实现平台数据共享、互联互通，推动实现面向公众的地理标志“一站式”信息服务。（保护司、公共服务司按职责分工负责，各地方知识产权管理部门参与）

专栏1：地理标志保护工程

（一）实施地理标志保护提升行动

1. 开展地理标志强基计划

提升地理标志审查能力。打造专业化的审查人才队伍，强化专业技术培训工作，提升审查人才队伍业务能力，促进审查标准一致。建设完善地理标志审查专家库，提升地理标志技术审查专业化水平。

完善地理标志信息化工作平台。完善地理标志产品保护申请电子受理平台，全面实现地理标志产品申报、受理、审查、认定、专用标志核准等全流程信息化服务。丰富地理标志保护数据管理系统功能，实现地理标志保护数据资源、执法监督案例等线上报送与统计。

续表

加强地理标志标准制定。以基础术语、产品分类与编码、产地关联性分析、特色质量控制、区域经济贡献评价为重点，推进基础通用类国家标准制定。依据产品的传统特色、知名度和出口量，分批次启动地理标志产品类国家标准制定工作。开展地理标志保护标准、保护要求外文版研制。支持各地制修订地理标志地方标准。 2. 开展地理标志筑篱计划 开展地理标志专用标志"放管服"改革试点。深化地理标志专用标志使用核准改革工作，推动市场主体使用地理标志专用标志覆盖率达到80%以上。建立专用标志使用管理台账，完善常态化监督检查工作制度，将专用标志使用情况纳入年度监督抽查计划，定期组织开展专项抽查。协同推进专用标志使用监管方式创新，积极探索新型监管模式，落实地方知识产权管理部门监管责任。鼓励省级知识产权管理部门将地理标志专用标志相关信息向社会公开，推动相关服务纳入知识产权领域"好差评"政务事项，评估结果按相关规定纳入政府绩效评价。 建设地理标志产品保护示范区。统筹规划示范区建设布局，兼顾地区平衡，支持"一区一品""一区多品"等多类型、国家级与省级多层级示范区建设。重点支持建设200个体系完善、特色显著、效益突出、人文内涵丰富、辐射带动力强的示范区。加大示范区内地理标志日常管理和监督力度，加强地理标志专用标志使用监管，严厉查处地理标志侵权违法行为，推动示范区建立健全质量基础体系、信用体系、协同监管体系、执法维权体系、宣传推介体系，进一步推广示范经验，发挥引领作用。 加强地理标志保护维权援助。建立健全地理标志维权援助工作机制。发挥知识产权保护中心作用，对接各类知识产权快速协同保护、维权援助公共服务平台，结合纠纷多元解决、诚信体系建设等工作，加强地理标志维权援助工作。加强农业展览会等商贸流通领域地理标志维权援助服务。探索建立海外知识产权维权援助机制，加强海外地理标志纠纷应对指导，强化海外地理标志纠纷预警防范。 3. 开展地理标志挖潜计划 建设地理标志保护资源分析机制。研究确定地理标志保护资源数据内容与格式，完善地理标志保护资源数据库，强化资源分析功能设计，实现基础数据报表及分析自动化。推动建立地理标志保护资源年报制度。 实施潜在地理标志保护资源摸底。开展全国潜在地理标志保护资源调研，以县域为基础，围绕当地具有独特品质的产品，采集特色质量、特殊工艺、人文历史、产地环境、地理范围、发展状况等基础信息数据及纸质、影像等代表性实物资料，建立潜在地理标志保护资源基础数据库，加强对初级农产品、加工食品、道地药材、传统手工艺品等的保护。

续表

（二）实施地理标志农产品保护工程 强化特色产品保护管理。对符合要求的特色农产品采取地理标志产品保护等措施予以保护，实现生产加工布局合理、产品特色质量可控、生产记录可查、来源去向可溯、责任问题可追。 促进特色产品品质提升。针对符合地理标志保护的特色农产品，完善保护机制，建立健全特色质量保证体系、技术标准体系、检验检测体系，发挥地理标志品牌效应，加强与重要农业文化遗产等的融合发展，打造一批品质高、口碑好、影响大的地理标志农产品品牌。

（三）加强地理标志品牌建设

11. 强化地理标志品牌效应。加强品牌培育规划，打造一批品质优越、市场占有率高、经济效益好、有较高知名度的地理标志品牌。加强品牌培育指导，围绕地理标志产业建设一批商标品牌指导站，强化对市场主体商标品牌注册、运用、管理、保护与推广的指导和服务，建立健全商标品牌管理制度。宣传推广一批地理标志产品经典案例。健全地理标志新闻发布制度，拓展信息发布渠道。充分利用全国知识产权宣传周、知识产权服务万里行、中国国际商标品牌节等各种活动载体宣传地理标志，提高中国地理标志的影响力。开展地理标志知识进校园、进农村等活动。推动地理标志产品进驻社区市场，提升地理标志公众知晓率和认知度。（办公室、战略规划司、保护司、运用促进司、人事司、商标局等按职责分工负责，各地方知识产权管理部门参与）

12. 提升地理标志品牌价值和影响力。注重品牌建设与文化传承有机结合，突出地理标志品牌特色，强化品牌推广运用，提升地理标志品牌影响力和国际价值。结合地方特色和需求，建设地理标志展示推广中心，加强产品展示、品牌推介、文化传承，打造地理标志名片。用好新媒体，拓展营销渠道。在推动品牌运营中心建设中，强化地理标志品牌研究、品牌设计、品牌定位和品牌沟通，完善地理标志品牌经营管理体系，加强品牌推介和经营管理。（办公室、运用促进司、国际合作司等按职责分工负责，各地方知识产权管理部门参与）

13. 打造地理标志特色会展。充分利用大型展会举办地理标志品牌和产品推介活动，打响地理标志品牌，促进产销对接。鼓励资源丰富的地方打造地理标志特色展会，建设地理标志产品品牌展示馆和产品体验地，全方位开展品牌价值传递和文化传播。鼓励电子商务平台、展会服务平台等开设地理标志产品线上专区，拓展地理标志产品推介渠道。（运用促进司负责，各地方知识产权管理部门参与）

（四）发展地理标志特色产业

14. 建立健全地理标志相关产业发展推进体系。明确地理标志相关产业发展目标、规划产业布局，加强组织领导、确定责任主体。建立与市场监管、发展改革、财政、商务、文化旅游、农村农业、乡村振兴等多部门工作协同机制，推动形成以地理标志产品生产为主导，带动种植、储藏、加工、运输、销售、文化旅游等上下游产业联动的发展格局，推动形成具有规模效应和积聚效应的区域品牌和产业集群。开展地理标志产业集群区域经济贡献研究。（联席办、运用促进司等按职责分工负责，各地方知识产权管理部门参与）

15. 强化地理标志市场主体惠益共享。培育地理标志产品生产龙头企业，鼓励支持发展产业联合体，通过信息互通、技术共享、品牌共建等方式加强惠益共享。建立协会、企业、生产者等各主体之间的利益分享机制，加强技术指导、创业孵化等服务，完善配套设施，延伸产业链条，提高市场主体的抗风险能力，加快实现地理标志产业化带动区域特色经济发展。（运用促进司负责，各地方知识产权管理部门参与）

16. 加强协同运用服务地理标志产业发展。综合发挥专利在助推技术攻关、前瞻布局，地理标志在助推品种保护、品质保障，商标在助推品牌打造、市场拓展等方面的独特优势，服务支撑地理标志相关产业的产品研发、生产、包装、销售等各环节，综合发挥知识产权运用效能，塑造地理标志产品相关生产企业品牌，促进地理标志产业高质量发展。（运用促进司负责，各地方知识产权管理部门参与）

17. 推动地理标志产业实现跨界融合发展。推动地理标志特色产业发展与生态文明建设、历史文化传承等有机融合，推进特色经济与生态文明协同发展。促进地理标志与互联网、电子商务、文化创意、生态旅游等产业深度融合，促进实现经济效益的多行业联动发展。支持开展地理标志产业发展相关研究，积极探索延伸产业链条、扩大产业参与群体、增强产业发展韧性。（运用促进司负责，各地方知识产权管理部门参与）

专栏2：地理标志运用促进工程

（一）实施地理标志品牌价值提升行动

提升区域品牌内涵。结合地区资源禀赋，立足传统优势和种养习惯，着力打造优质地理标志产品基地，打造特点鲜明、品质性状独特的地理标志产品。支持改善生产设施条件，保护特定产地环境，促进适度规模发展。完善区域品牌的生产标准、产品质量标准、包装标准体系。推行品牌基地标准化生产，突出技术标准和操作规范，实行从生产到市场的全过程标准化管理，保持区域内地理标志产品特色品质。

助力地理标志品牌推广。充分发挥新媒体传播快、渠道广特性，综合短视频、直播平台等多种媒体渠道，开展地理标志品牌推广行动。鼓励各地开展“为家乡地理标志代言”等特色推广活动，扩大宣传受众面。

提升地理标志品牌影响力。重点遴选一批优质地理标志，深挖产品价值和历史人文故事，打通市场调研、产品开发、商标注册、品牌策划推广等链条，强化品牌研究、品牌设计、品牌定位和品牌沟通，量身打造、精耕细作、集中力量塑造高端品牌形象。

加强地理标志文化知识传播。全面展示和推介地方特色产品，加强民众地理标志特色产品意识。以世界知识产权日集中宣传地理标志产品为主，以地理标志产品进驻综艺、纪录片展现、编写科普丛书等宣传推介活动为辅，让地理标志代表的文化故事、品牌价值以及质量优势深入人心。

（二）实施地理标志赋能行动

推动产业融合。促进地理标志与旅游、文化产业的协同，带动餐饮、住宿、交通等相关行业的多行业联动发展，提高地理标志区域经济增长贡献。围绕地理标志运用加强技术指导、创业孵化、金融扶持、带农惠农等服务配套，发展电子商务和冷链物流，促进产业集群化、复合化发展。以地理标志为纽带，带动当地产业链采购，引导地理标志产业链中加工、包装、运输、仓储等环节采购当地资源。

助力乡村振兴。发挥好农业适度规模经营的引领作用，增加地理标志产品有效供给，推动消费升级，促进农产品向高水平供需平衡跃升。以地理标志为纽带，凝聚各方力量，培育出一批地域特点鲜明、品质性状独特的地方特产，共同推动特色产业发展，发挥产业供给、生态屏障、文化传承等功能，优化农村生产生活生态空间，激发乡村发展活力，吸纳农村人口就业，促进产业兴旺，实现兴农富农。

（五）扩大地理标志对外交流

18. 加强地理标志国际交流合作。积极落实中欧地理标志保护与合作协定、中法地理标志合作议定书、中泰地理标志保护协议等，推动与更多国家开展地理标志国际互认互保谈判磋商。加强与国外知识产权机构地理标志领域的交流合作，强化审查认定标准交流和信息共享。加强对共建

“一带一路”等重点国家和地区的地理标志发展经验分享。在世界知识产权组织等多双边平台积极推介中国地理标志保护运用优秀案例。开展面向相关重点国家和地区的需求调研和对比研究，研判国际合作形势与政策，开展法律政策交流。加强对运用马德里渠道开展集体商标、证明商标海外注册的指导。（办公室、条法司、保护司、运用促进司、国际合作司、商标局按职责分工负责，各地方知识产权管理部门参与）

19. 服务地理标志产品“走出去”。支持举办面向海外的中国地理标志产品推介展示活动。鼓励在我国获得保护的国外地理标志产品在华经销商使用我国地理标志官方标志，指导中国相关企业在海外使用欧盟地理标志官方标志。开展国外地理标志保护法律政策信息收集，加强海外纠纷应对指导和信息推送，支持企业海外维权，推动地理标志产品在海外依法获得保护。（办公室、保护司、运用促进司、国际合作司按职责分工负责，各地方知识产权管理部门参与）

四、保障措施

（一）加强组织领导。各地区、局各有关部门单位要高度重视，加强组织领导，明确责任分工，密切协调配合，健全工作机制，结合实际细化落实本规划提出的目标任务，制定年度计划和配套政策，推动规划的有效落实。加强对规划实施情况的跟踪监测，通过第三方评估等形式开展规划实施的中期评估、总结评估，及时发现实施中存在的问题，并研究解决对策。（保护司、运用促进司牵头，局各部门单位、各地方知识产权管理部门按职责分工负责）

（二）加强政策支持。加强财政、投资、金融、科技等政策对地理标志保护和运用的保障。围绕地理标志保护管理、产业促进等方面出台支持政策措施，切实推动从注重注册申请向注重保护运用、从追求数量向提高质量的转变，切实保障规划的落实。（局各部门单位、各地方知识产权管理部门按职责分工负责）

（三）加强人才队伍建设。加大人才培养力度，扩大人才培养规模，建立健全人才使用与激励机制。建立多领域、多层次、高水平的地理标志智库。加强人才交流，加快培养一支精通地理标志政策研究、国际合作、品牌培育、行业管理、保护运用的高水平、高层次人才队伍。（局各部门单位、各地方知识产权管理部门按职责分工负责）

（四）加大宣传引导。加强地理标志政策解读，及时回应社会关切。加强典型宣传，提高消费者对地理标志产品的认知度。建立健全多层级的地理标志培训机制，加强公益性地理标志保护培训。创新宣传培训方式，通过新媒介宣传、成果展示展览、论坛研讨等宣传地理标志知识。注重地理标志蕴含深厚的历史和文化价值，发挥地理标志产品传承和创新中国传统文化的重要作用。（办公室牵头，局各部门单位、各地方知识产权管理部门按职责分工负责）

国家地理标志产品保护示范区建设管理办法（试行）

第一章　总　　则

第一条　为全面加强知识产权保护工作，强化地理标志保护，深化地理标志管理改革，推进国家地理标志产品保护示范区（以下简称示范区）建设，激励保护积极性，推广保护和管理经验，服务经济社会高质量发展，制定本办法。

第二条　本办法所称示范区是指以国家知识产权局认定的地理标志为对象，具有较大产业规模、较显著社会经济效益、较高保护水平，制度健全、机制完善、管理规范，产品特色鲜明、知名度高，对国内地理标志保护起示范、引领、推广作用的保护地域。示范区可以示范一个或多个地理标志保护。

第三条　国家知识产权局负责制定发布示范区建设管理办法，组织实施建设规划、筹建验收和指导管理。省级知识产权局负责示范区建设的组织协调、日常管理和推荐报送，受国家知识产权局委托对示范区工作情况进行筹建验收。

第四条　示范区建设工作主要遵循以下原则：

（一）坚持高标准建设。在经国家知识产权局认定的地理标志中遴选典型代表，加强地理标志保护制度机制建设，提升地理标志保护能力，形成特色鲜明的地理标志保护体系。

（二）坚持高水平保护。示范区建设原则上以地理标志保护地域所在行政区划为单位，在地方人民政府的统一领导下，统筹地理标志保护工作，强化严保护导向，突出部门协同配合，构建社会共治、协调联动的地理标志保护格局。

（三）坚持高质量发展。树立叫得响的国家地理标志保护示范精品，提供可复制、可推广的保护经验，发挥示范区引领带动作用，提高地理标志产品知名度和市场影响力。

第二章 申报与审核

第五条 示范区建设要以保护当地优势特色和经深加工附加值高的地理标志为主，优先选择传承历史文化技艺并预期可取得较大经济、社会和生态效益的地理标志。

第六条 示范区申报应当具备下列条件：

（一）经过地理标志认定。示范区内经批准获得地理标志产品保护或者地理标志作为集体商标、证明商标注册时间在 3 年以上。

（二）具有产业优势。知名度高，具有较大产业规模，较高年销售额或出口额，地理标志专用标志使用者数量达区域内生产者总数的 60% 以上，使用地理标志专用标志企业产值达区域内相关产业产值的 60% 以上。

（三）规范诚信守法。示范区内相关地理标志产品生产企业规范、诚信、守法，3 年内未发生重大产品质量、安全健康、环境保护等责任事故，未受到监管执法等相关部门通报、处分和媒体曝光。

（四）持续政策保障。示范区保护对象所属领域应为政府发展规划鼓励或重点支持范围，出台明确的地理标志保护工作保障政策、工作机制、督促考核和激励措施等。

第七条 国家知识产权局发布示范区申报通知，每年组织 1 次示范区建设申报评定工作。县级以上人民政府作为申报单位，填写《国家地理标志产品保护示范区建设申报书》（附件 1），并报省级知识产权局。申请材料应真实有效，对提供虚假材料的，一经核实将取消其示范区申请资格且 5 年内不得再次申报。

第八条 省级知识产权局接收示范区建设申请后，应当依照本办法有关规定提出意见。符合条件的，由省级知识产权局汇总后推荐报送国家知识产权局。

第九条 国家知识产权局组织对申报的示范区建设申请进行综合评审，择优确定示范区建设名单。名单应当向社会公示，公示期不低于 30 天（日历日）。经公示无异议的，由国家知识产权局公布筹建示范区名称和承担单位。

第三章 建设与管理

第十条 示范区的主要任务：

（一）夯实保护制度，引领协同推进。健全社会共治的地理标志保护制度体系，加强区域资源整合和制度衔接，出台协调配套的保护和管理政策，制定具体工作计划和保障措施。

（二）健全工作体系，引领特色质量。建立健全地理标志保护标准体系、检验检测体系和质量管理体系，制定系列标准，提高检测能力，规范生产过程，保证地理标志产品质量特色突出。

（三）加大保护力度，引领水平提升。开展地理标志保护专项行动，加强地理标志领域行政执法和协同保护，公开有社会影响力的典型案例，强化地理标志专用标志使用监督管理，综合运用法律、行政、经济、技术、社会治理等手段提高地理标志保护水平，营造良好营商环境。

（四）强化保护宣传，引领意识提升。加强地理标志保护政策宣贯和舆论引导，开展地理标志保护进企业、进市场、进社区、进学校、进网络等活动，不断提升生产者、经营者、消费者保护意识，加强地理标志保护专业人才队伍建设。

（五）加强合作共赢，引领市场开拓。健全涉外地理标志保护机制，积极参与地理标志互认互保国际合作，有组织地通过各类国际交流合作平台，拓展海外市场，推动中国地理标志产品“走出去”。

第十一条　示范区筹建期为 3 年。筹建期间，承担单位应制定实施方案，落实建设责任要求，有序推进各项工作任务。省级知识产权局加强示范区建设的日常管理，国家知识产权局加强检查抽查，推动示范区建设任务落实。

第十二条　筹建期满前 2 个月，承担单位应对照实施方案进行自查。完成建设目标和工作任务的，承担单位提交《国家地理标志产品保护示范区筹建验收申请书》（附件 2），由省知识产权局提出意见，汇总后报送国家知识产权局。

第十三条　国家知识产权局制定验收标准，引入第三方评价，统一组织筹建验收，可以委托省级知识产权局组织实施筹建验收。筹建验收主要内容包括：示范区建设的组织管理，建设工作任务完成情况，取得的经验成效等。

第十四条　国家知识产权局根据验收意见，确定结果并公布。对通过筹建验收的示范区，及时总结经验并加以推广，建立长效机制，加强后续管理；对示范效果不明显、工作开展不力的，限期整改；对整改后仍不能达到要求的，取消示范区资格。

第十五条　在示范区建设过程中，承担单位应及时向国家知识产权局和省级知识产权局报送工作动态。每年 12 月底前承担单位应当向省级知识产权局报送示范区年度总结，省级知识产权局于次年 1 月 31 日前汇总报送国家知识产权局备案。

第四章　附　　则

第十六条　省级知识产权局可依据本办法制定加强示范区管理工作文件，并可参照本办法确定省级地理标志产品保护示范区。

第十七条　示范区承担单位可以多渠道争取财政支持，确保示范区建设有效实施，符合国家相关规定，专款专用。

第十八条　本办法由国家知识产权局负责解释。

附件：1. 国家地理标志产品保护示范区建设申报书

2. 国家地理标志产品保护示范区筹建验收申请书

附件 1

国家地理标志产品保护示范区建设申报书

示范区名称：______________________

申报单位：______________________

申报时间：______________________

国家知识产权局编制

填写说明

一、申报书应按照规定格式填写，准确、如实填报。

二、“申报单位”是县级以上人民政府。

三、“示范区名称”应按照示范区类型填写，示范一个地理标志保护的，使用“地理标志名称＋国家地理标志产品保护示范区（××××）”表达；示范多个地理标志保护的，使用“国家地理标志产品保护示范区（××××）”表达。括号中内容填写地理标志保护地域所在的县级以上行政区划。

四、“示范区建设实施方案”应参照《国家地理标志产品保护示范区建设管理办法（试行）》建设管理相关要求填写。

五、申报书应当使用计算机打印，并使用A4纸装订（纸版一式四份，电子版一份）。

国家地理标志产品保护示范区申报书

填表单位：（印章）　　　　　　　　　　　　　　日期：　　　年　月　日

一、基本信息			
申报单位			
联系人		职务	
联系电话		传真	
通讯地址及邮编			
电子邮箱			
省级知识产权局			
联系人		职务	
联系电话		传真	
通讯地址及邮编			
电子邮箱			
示范区名称			
示范区类型	□ 一个地理标志　□ 多个地理标志		
地理标志产品保护批准时间及公告号	产品名称		
	批准时间		
	公告号		
集体商标/证明商标（地理标志）注册时间及注册号	商标名称		
	注册时间		
	注册号		
（可附页）			

续表

二、示范区建设实施方案
1. 目的意义
填写建设国家地理标志产品保护示范区的目的和意义。(可附页)

续表

2. 工作基础
填写建设示范区的工作基础，包括承担单位现状、地理标志保护现状、政策保障、产业优势、诚信守法等方面。（可附页）

续表

3. 建设目标
填写示范区的建设目标，包括地理标志保护的经济效益、社会效益、生态效益以及示范辐射作用等方面。（可附页）

续表

4. 工作任务
填写示范区筹建的工作任务，包括夯实保护制度、健全工作体系、体制改革创新、加大保护力度、强化保护宣传、加强合作共赢等方面工作。（可附页）

续表

5. 进度安排
填写示范区建设进度安排，包括时间进度、阶段目标和考核指标等方面。（可附页）

续表

6. 保障措施
填写筹建示范区采取的保障措施，包括组织管理形式、运行机制和经费保障等方面。（可附页）

续表

三、有关申报材料清单
（可附页）
四、示范区申报单位及省级知识产权管理部门意见
申报单位意见 本单位对申报材料的真实性、合法性、有效性负责。 申报单位（盖章） 年　月　日
省级知识产权局意见 省级知识产权局（盖章） 年　月　日

附件 2

国家地理标志产品保护示范区筹建验收申请书

示 范 区 名 称：____________________________

承　担　单　位：____________________________

筹　建　时　间：____________________________

国家知识产权局编制

填写说明

一、申请书应按照规定格式填写，准确、如实填报。

二、“承担单位”是县级以上人民政府。

三、“示范区筹建工作总结”应参照《国家地理标志产品保护示范区建设管理办法（试行）》建设管理要求以及国家地理标志产品保护示范区实施方案填写。

四、申请书应当使用计算机打印，并使用A4纸装订（纸版一式四份，电子版一份）。

国家地理标志产品保护示范区筹建验收申请书

填表单位：（印章）　　　　　　　　　　日期：　　年　月　日

一、基本信息			
承担单位			
联系人		职务	
联系电话		传真	
通讯地址及邮编			
电子邮箱			
省级知识产权局			
联系人		职务	
联系电话		传真	
通讯地址及邮编			
电子邮箱			
示范区名称			
示范区类型	□一个地理标志　□多个地理标志		
地理标志产品			
集体商标/证明商标（地理标志）	（可附页）		

续表

二、示范区筹建工作总结
1. 实施方案目标完成情况
（可附页）

续表

2. 工作任务完成情况
（可附页）

续表

3. 可复制推广的示范经验案例
（可附页）

续表

4. 存在的主要问题
（可附页）

续表

5. 下一步工作计划
（可附页）

续表

三、有关验收材料清单
（可附页）
四、示范区承担单位及省级知识产权管理部门意见
承担单位意见 本单位对验收材料的真实性、合法性、有效性负责。 承担单位（盖章） 年　月　日
省级知识产权局意见 省级知识产权局（盖章） 年　月　日

第二部分
国际公约及条约

保护工业产权巴黎公约（节选）*

一八八三年三月二十日

一九〇〇年十二月十四日在布鲁塞尔修订；一九一一年六月二日在华盛顿修订；一九二五年十一月六日在海牙修订；一九三四年六月二日在伦敦修订；一九五八年十月三十一日在里斯本修订；一九六七年七月十四日在斯德哥尔摩修订。

第一条 【本联盟的建立；工业产权的范围】❶

（1）适用本公约的国家组成联盟，以保护工业产权。

（2）工业产权的保护对象有专利、实用新型、外观设计、商标、服务标记、厂商名称、货源标记或原产地名称，和制止不正当竞争。

（3）对工业产权应作最广义的理解，不仅应适用于工业和商业本身，而且也应同样适用于农业和采掘业，适用于一切制成品或天然产品，例如：酒类、谷物、烟叶、水果、牲畜、矿产品、矿泉水、啤酒、花卉和谷类的粉。

（4）专利应包括本联盟国家的法律所承认的各种工业专利，如输入专利、改进专利、增补专利和增补证书等。

---

* 文件来源：《中华人民共和国国务院公报》［一九八四年第二十九号（总号：450）］，http：//www. gov. cn/gongbao/shuju/1984/gwyb198429. pdf，2022 年 6 月 21 日访问。

❶ 为了便于识别各条的内容，特增加了标题。（法语）签订本中无此标题。

原产地名称保护及国际注册里斯本协定*

（1958年10月31日签订，1967年7月14日修订于斯德哥尔摩，并于1979年9月28日修正）

* 文件来源：世界知识产权组织官方网站，https：//wipolex.wipo.int/zh/text/401404，2022年6月16日访问。

第一条 ［建立特别联盟；保护国际局注册的原产地名称］

（一）在保护工业产权联盟的框架内，本协定所适用的国家组成特别联盟。

（二）联盟各国承诺，依照本协定的规定，在其领土内保护本特别联盟其他国家产品的原产地名称，这些原产地名称得到原属国的承认和保护，并在《建立世界知识产权组织（以下简称“产权组织”）公约》所指的知识产权国际局（以下简称“国际局”）注册。

第二条 ［原产地名称及原属国概念的定义］

（一）在本协定中，原产地名称系指一个国家、地区或地方的地理名称，用于指示一项产品来源于该地，其质量或特征完全或主要取决于地理环境，包括自然和人为因素。

（二）原属国系指其名称构成原产地名称而赋予产品以声誉的国家或者地区或地方所在的国家。

第三条 ［保护的内容］

保护旨在防止任何假冒和仿冒，即使标明了产品的真实来源或者使用名称的翻译形式或附加“类”、“式”、“样”、“仿”字样或类似字样。

第四条 ［根据其他案文的保护］

本协定各条款不排除特别联盟各国依照其他国际文书，如 1883 年 3 月 20 日《保护工业产权巴黎公约》及其后的修订本和 1891 年 4 月 14 日《制止商品产地虚假或欺骗性标记马德里协定》及其后的修订本，或者根据国家法律或法院判决已经给予原产地名称的保护。

第五条 ［国际注册；驳回；通知；在特定期限内允许使用］

（一）原产地名称的注册，应经特别联盟国家主管机关请求，以按照所在国法律已取得此种名称使用权的自然人或法人（公共或私营）的名义，在国际局办理。

（二）国际局应立即将注册通知特别联盟各国的主管机关并在期刊上公告。

（三）各国主管机关可以声明对通知注册的某个原产地名称不予保护，但声明应在收到注册通知之日起一年之内通知国际局，并说明理由，而且此种声明不得影响该名称所有人在有关国家可以依据上述第四条对原产地名称要求的其他形式的保护。

（四）在前款规定的一年期限期满后，联盟各国的主管机关不得提出此种声明。

（五）国际局应及时将另一国家主管机关根据第（三）款提出的任何声明通知原属国主管机关。有关当事人本国主管机关将其他国家的声明通知当事人后，当事人可以在该其他国家采取其国民享有的任何法律或行政补救手段。

（六）根据国际注册通知，一个原产地名称已在一国取得保护，如果该名称在通知前已为第三方在该国使用，该国的主管机关有权给予该第三方不超过两年的期限，以结束其使用，条件是须在上述第（三）款规定的一年期限届满后三个月内通知国际局。

第六条 ［防止成为通用名称］

根据第五条规定的程序在特别联盟一国受到保护的原产地名称，只要在原属国作为原产地名称受到保护，就不能在该国视为已成为通用名称。

第七条 ［注册有效期；费用］

（一）根据第五条在国际局办理的注册，不经续展，在前条所指的整个期间受到保护。

（二）每个原产地名称注册应交纳统一的费用。

第八条 ［诉讼］

为保护原产地名称的必要诉讼可以：

（一）应主管机关的请求或应检察院的公诉；

（二）由任何有关方面（不论是自然人还是法人，公共还是私营）提出，在特别联盟各国根据国家法律进行。

第九条 ［特别联盟大会］

（一）1. 特别联盟设大会，由批准或加入本文本的国家组成。

2. 每个国家的政府委派一名代表参加，该代表可由若干副代表、顾问和专家辅助其工作。

3. 各代表团的费用由委派代表团的政府负担。

（二）1. 大会的职责：

（1）处理有关维护和发展特别联盟以及执行本协定方面的一切事宜；

（2）就筹备修订会议对国际局作指示，但应对本特别联盟各国中未批准或者未加入本文本的国家的建议给予适当考虑；

（3）修改细则，包括确定第七条第（二）款所指费用的金额以及有关国际注册的其他费用；

（4）审议和通过产权组织总干事（以下称“总干事”）关于特别联盟的报告和活动，就特别联盟权限内的问题向总干事作出必要的指示。

（5）确定计划，通过特别联盟两年度的预算及批准其年终结算；

（6）通过特别联盟的财务规则；

（7）建立必要的专家委员会和工作组，以实现特别联盟的目标；

（8）决定哪些非特别联盟成员的国家以及哪些政府间组织和国际非政府组织可作为观察员参加其会议；

（9）通过对第九至十二条的修正；

（10）为了实现特别联盟的目标，采取任何其他必要的行动；

（11）执行本协定规定的其他各项任务。

2. 大会就产权组织所辖其他联盟共同关心的问题，听取产权组织协调委员会的意见后作出决定。

（三）1. 大会每一成员国有一票表决权。

2. 大会成员国的半数构成开会的法定人数。

3. 尽管第2项有所规定，若在任何一次会议上，出席会议的国家少于半数，但等于或多于大会成员国的三分之一，大会仍可以作出决定；但是，除涉及大会程序的决议外，大会的决议只有符合下述的条件才能生效。国际局应将上述决议通知缺席的大会成员国，请其于通知之日起三个月内以书面形式投票或弃权。若此期限届满，此类投票或弃权国家的数目至少等于会议开会的法定人数的差额数，并同时要达到必要的多数，此类决议才能生效。

4. 除第十二条第（二）款另有规定外，大会作出决议需要三分之二的多数票。

5. 弃权不视作投票。

6. 一位代表只能代表一个国家并以该国名义投票。

7. 特别联盟国家不是大会成员国的，可以作为观察员出席大会的会议。

（四）1. 大会每两年举行一次例会，由总干事召集，除特殊情况外，与产权组织大会同期同地举行。

2. 大会应其四分之一成员国的请求，举行大会特别会议，由总干事召集。

3. 每次会议的议事日程由总干事拟订。

（五）大会通过其本身的议事规则。

第十条　［国际局］

（一）1. 国际局承办国际注册和有关的工作，并执行特别联盟有关的其他一切行政工作。

2. 尤其是，国际局安排会议并担任大会及其可能设立的专家委员会和工作组的秘书处。

3. 总干事为特别联盟的最高官员并代表本联盟。

（二）总干事和由他指定的工作人员参加大会及其可能设立的各专家委员会或工作组的一切会议，但没有表决权。总干事或由他指定的一名工作人员为这些机构的当然秘书。

（三）1. 根据大会的指示，国际局筹备修订协定第九条至第十二条以外条款的会议。

2. 国际局可就筹备修订会议与政府间组织和国际非政府组织进行协商。

3. 总干事和他指定的人员参加此类会议的讨论，但没有表决权。

（四）国际局执行分配的其他各项任务。

第十一条 ［财务］

（一）1. 特别联盟应制定预算。

2. 特别联盟的预算包括特别联盟专用的收入和支出、其在各联盟共同开支预算中的摊款份额以及必要时拨给产权组织成员国会议预算的款项。

3. 不单属于本特别联盟，同时也属于产权组织所辖其他一个或多个联盟的开支，应视作各联盟的共同开支。特别联盟在这些共同开支中负担的份额应与特别联盟在其中所享的利益成比例。

（二）本特别联盟预算的制定，应适当考虑到与产权组织所辖其他各联盟预算相协调的需要。

（三）本特别联盟预算的资金来源如下：

1. 根据第七条第（二）款所收的国际注册费和国际局提供与本特别联盟有关的其他服务所得的费用和款项；

2. 国际局有关本联盟的出版物的售款或版税；

3. 捐款、遗赠和补助金；

4. 租金、利息和其他收入；

5. 第1至4项所指来源的收入不敷特别联盟支出时，特别联盟各国的会费。

（四）1. 第七条第（二）款所指费用金额，由大会根据总干事的提议确定。

2. 该项费用金额的确定应使特别联盟的收入在正常情况下足敷国际局维持国际注册业务的支出，而不需交付上述第（三）款第5项所指的会费来弥补。

（五）1. 为了确定第（三）款第5项所指的会费，特别联盟各国支款的级别应与其在保护工业产权巴黎联盟所属的等级相同，并以该联盟为该等级所定的相同单位数交纳年度会费。

2. 每个特别联盟国家年度会费的数额在所有国家向特别联盟预算年度交费总额中所占的比例，应与其交费单位数在所有交费国家的单位总数中所占的比例相同。

3. 缴纳会费的日期应由大会确定。

4. 欠交会费的国家，其欠款的数额如果等于或超过过去两整年的数额，在特别联盟的任何机构中，均不能行使其表决权。然而，如果本联盟某一机构认为拖欠是由特殊和不可避免的情况引起的，仍可准许此类国家在该机构中保留其表决权。

5. 如果在新的财政期间开始前，预算还未通过，根据财务规则规定，继续执行上一年度同样的预算水平。

（六）国际局提供有关特别联盟的其他服务应纳费用和款项数额由总干事确定并报告大会，第（四）款第1项另有规定者除外。

（七）1. 特别联盟设周转基金，由特别联盟各国一次纳款构成。资金不足时，由大会决定增加该基金。

2. 每国对上述基金的初次付款额或在增加基金时分摊的款额，应与该国作为保护工业产权巴黎联盟的成员在建立基金或决定增加基金当年该联盟的预算中的会费成比例。

3. 纳款的比例和方式，应由大会根据总干事的建议并征求产权组织协调委员会的意见后作出决定。

（八）1. 在与产权组织总部所在地的国家达成的总部协定中，应规定当周转基金不足时，该国应提供预付款。预付的金额与条件由该国和产权组织间分别情况逐次签署协议。

2. 前项所指的国家和产权组织均有权以书面通知废止提供预付的协议。该废止于通知之年年终起三年后生效。

（九）账目审查工作应按照财务规则的规定，由本联盟一国或多国，或者由外请的审计员进行，这些国家或审计员应由大会指定，并事先征得其同意。

第十二条　［对第九条至第十二条的修正］

（一）对第九条、第十条、第十一条及本条的修正，应经大会的任何成员国或总干事的提议进行。该提议至少应于大会审议前六个月由总干事通知大会成员国。

（二）第（一）款所指各条的修正案应由大会通过。通过修正案须达到投票数的四分之三，但第九条和本款的修正案须达到投票数的五分之四。

（三）第（一）款所指各条的修正案，应在总干事从大会通过修正案时的大会成员国的四分之三的国家收到按照各该国宪法程序生效的书面接受通知书一个月后发生效力。如此获得接受的上述各条的修正案，对其生效时的所有大会成员国或以后成为大会成员国的国家均有约束力，但任何增加特别联盟国家债务的修正案，仅对通知接受该修正案的国家有约束力。

第十三条 ［细则；修订］

（一）本协定的实施由细则规定。

（二）本协定可由特别联盟国家代表会议修订。

第十四条 ［批准和加入；生效；关于《巴黎公约》第二十四条（领土）；加入1958年文本］

（一）本特别联盟国家已签署本文本的可批准本文本；尚未签署的国家，可加入本文本。

（二）1. 非本特别联盟国家，凡为《保护工业产权巴黎公约》成员的，均可加入本文本而成为特别联盟的成员。

2. 加入通知中应保证在加入之时已获得国际注册的原产地名称，在加入国领土内享受上述条款规定的利益。

3. 然而，任何国家在加入本协定时，可在一年期限内声明，在已经国际局注册的原产地名称中，该国愿对哪些行使第五条第（三）款规定的权利。

（三）批准书和加入书应递交总干事保存。

（四）《保护工业产权巴黎公约》第二十四条的规定适用于本协定。

（五）1. 对于最先递交批准书或加入书的五个国家，本文本在递交第五份此种文件起三个月后生效。

2. 对于其他任何国家，本文本自总干事就该国的批准或加入发出通知之日起三个月后生效，在批准书或加入书中指定较迟日期的除外。对于后一种情况，本文本对该国在其指定的日期开始生效。

（六）批准或加入，即当然接受本文本的所有条款并享受本文本规定的所有利益。

（七）本文本生效后，一个国家只有同时批准或加入本文本，才可加入1958年10月31日文本。

第十五条 ［协定的期限；退约］

（一）只要至少有五个国家仍然为协定的成员国，本协定就继续有效。

（二）任何国家可以通知总干事退出本文本。该退约亦构成退出本协定1958年10月31日文本，并且退约仅对退约国有效，本协定对于特别联盟的其他国家继续有效和适用。

（三）退约自总干事收到通知之日起一年后生效。

（四）成为本特别联盟成员尚不满五年的国家，不得行使本条规定的退约权。

第十六条 ［适用的文本］

（一）1. 在已经批准或加入本文本的特别联盟国家间，本文本应替代1958年10月31日文本。

2. 然而，已批准或加入本文本的特别联盟各国，在与未批准或加入本文本国家的关系中，应适用1958年10月31日文本。

（二）非特别联盟国家加入本文本的，对于应未加入本文本的任一特别联盟国家的主管机关请求在国际局办理的原产地名称国际注册，应适用本文本，条件是对于上述加入国，此种注册符合本文本规定的条件。对于应上述加入本文本的非特别联盟国家的主管机关请求在国际局办理的国际注册，这些国家承认，上述未加入本文本的特别联盟国家可以要求符合1958年10月31日文本规定的条件。

第十七条 ［签字；语言；保存人的职责］

（一）1. 本文本在法文原本上签署，交瑞典政府保存。

2. 大会所指定的其他语种的正式文本，由总干事与有关政府协商后制定。

（二）本文本至1968年1月13日止在斯德哥尔摩开放签字。

（三）总干事应将经瑞典政府确认的本文本签署原本的副本两份转交特别联盟所有国家的政府，并应请求转交给其他任何国家的政府。

（四）总干事应将本文本报联合国秘书处登记。

（五）总干事应将签字、批准书或加入书的交存、本文本各条款的生效、退约通知以及按照第十四条第（二）款第3项和第（四）款所作的声明，通知特别联盟所有国家的政府。

第十八条 ［过渡条款］

（一）在第一任总干事就职以前，本文本所指的产权组织国际局或总干事应分别视为《保护工业产权巴黎公约》所成立的联盟局或其干事。

（二）在建立产权组织的公约生效后五年内，未批准或加入本文本的特别联盟国家，如果欲行使本文本第九条至第十二条规定的权利的，可以行使这些权利，视同已接受这些条款。任何国家希望行使上述权利的，应书面通知总干事。该通知自接到之日起生效。直到所述期限届满为止，这类国家应视为大会的成员。

原产地名称和地理标志里斯本协定日内瓦文本*

目　录

* 文件来源：世界知识产权组织官方网站，https：//wipolex. wipo. int/zh/text/376541，2022 年 6 月 16 日访问。

第一章　绪则和总则

第一条　缩略语

在本文本中，除非另有说明：

1. “里斯本协定”指1958年10月31日的《原产地名称保护及国际注册里斯本协定》；

2. “1967年文本”指1967年7月14日在斯德哥尔摩修订并于1979年9月28日修正的里斯本协定；

3. “本文本”指由此文本制定的原产地名称和地理标志里斯本协定；

4. “实施细则”指第二十五条所述的实施细则；

5. “巴黎公约”指1883年3月20日订立、后经修订和修正的《保护工业产权巴黎公约》；

6. “原产地名称”指第二条第一款第1目所述的名称；

7. “地理标志”指第二条第一款第2目所述的标志；

8. “国际注册簿”指作为原产地名称和地理标志国际注册正式数据集、由国际局根据第四条保管的国际注册簿，而不论用何种介质保管此种数据；

9. “国际注册”指国际注册簿中登记的国际注册；

10. “申请”指国际注册申请；

11. “已注册”指已依据本文本在国际注册簿上登记；

12. “原产地理区域”指第二条第二款所述的地理区域；

13. “跨界地理区域”指位于相邻缔约方之内或覆盖相邻缔约方的地理区域；

14. “缔约方”指参加本文本的任何国家或政府间组织；

15. “原产缔约方”指原产地理区域所在的缔约方或跨界原产地理区域所在的各缔约方；

16. “主管机构”指依据第三条指定的实体；

17. “受益各方”指依据原产缔约方的法律，有权使用一个原产地名称或一个地理标志的自然人或法律实体；

18. “政府间组织”指依据第二十八条第一款第3目有资格参加本文本的政府间组织；

19. “产权组织”指世界知识产权组织；

20. “总干事”指产权组织的总干事；

21. “国际局”指产权组织的国际局。

第二条 客 体

一、[原产地名称和地理标志] 本文本适用于：

1. 在原产缔约方受到保护、由一个地理区域的地名构成或包含该地名的任何名称，或者众所周知指称该地理区域的另一名称，该名称用于指示一项产品来源于该地理区域，并且赋予该产品以声誉，而该产品的质量或特征完全或主要取决于地理环境，包括自然因素和人的因素；以及

2. 在原产缔约方受到保护、由一个地理区域的地名构成或包含该地名的任何标志，或者众所周知指称该地理区域的另一标志，该标志标示一项产品来源于该地理区域，而该产品的特定质量、声誉或其他特征主要由其地理来源所决定。

二、[可能的原产地理区域] 第一款所述的原产地理区域可以由原产缔约方的全部领土构成，也可以由原产缔约方的一个地区、区域或地方构成。这不排除本文本适用于由一个跨界地理区域或这种区域的一部分构成的第一款所述的原产地理区域。

第三条　主管机构

每一缔约方应指定一个实体，负责本文本在其领土内的行政，以及依据本文本和实施细则与国际局的通信。缔约方应按实施细则的规定，将该主管机构的名称及联系方式通知国际局。

第四条　国际注册簿

国际局应保管一份国际注册簿，登记依本文本、依里斯本协定及 1967 年文本，或既依本文本又依里斯本协定及 1967 年文本进行的国际注册以及与这些国际注册有关的数据。

第二章　申请和国际注册

第五条　申　请

一、[提交地] 申请应向国际局提交。

二、[由主管机构提交申请] 除第三款规定的情况外，原产地名称或地理标志国际注册申请应由主管机构以下列名义提交：

1. 受益各方；或

2. 根据原产缔约方的法律，具备法律地位、能够主张受益各方的权利或者该原产地名称或地理标志的其他权利的自然人或法律实体。

三、[直接提交申请]（一）在不损害第四款的情况下，如果原产缔约方的立法允许，申请可以由受益各方或第二款第 2 目所述的自然人或法律实体提交。

（二）适用第（一）项，须由缔约方声明其立法允许。此种声明可以由缔约方在交存批准书或加入书时作出，也可以在以后的任何时间作出。声明在交存批准书或加入书时作出的，于本文本对该缔约方生效时生效。声明在本文本对缔约方生效之后作出的，于总干事收到声明之日起三个月后生效。

四、[跨界地理区域可以共同申请] 原产地理区域由跨界地理区域构成的，相邻的各缔约方可以根据其协议，通过一个共同指定的主管机构共同提交申请。

五、[必要内容] 实施细则应规定除第六条第三款所规定的资料之外，申请中所必须包含的必要资料。

六、[非必要内容] 实施细则可以规定申请中可以包含的非必要资料。

第六条　国际注册

一、[国际局的形式审查] 国际局收到符合实施细则规定的原产地名称或地理标志国际注册申请，应在国际注册簿中注册该原产地名称或该地理标志。

二、[国际注册日] 除第三款另有规定外，国际注册日为国际局收到申请的日期。

三、[缺少资料时的国际注册日] 申请未包含下列所有资料的，国际注册日为国际局收到最后一项所缺资料的日期：

1. 主管机构的名称，对于第五条第三款所述的情况，申请人或各申请人的名称；

2. 用以识别受益各方，以及在适用时，用以识别第五条第二款第 2 目所述的自然人或法律实体的详细信息；

3. 申请国际注册的原产地名称或地理标志；

4. 原产地名称或地理标志所用于的产品或各种产品。

四、[国际注册的公布和通知] 国际局应立即公布每项国际注册并将国际注册通知每一缔约方的主管机构。

五、[国际注册生效日]（一）除第（二）项另有规定外，在未依据第十五条驳回保护的每一缔约方，或已依据第十八条向国际局发出给予保护的通知的每一缔约方，已注册原产地名称或地理标志应从国际注册日起受保护。

（二）缔约方可以用声明通知总干事，根据其本国或区域立法，已注册原产地名称或地理标志从声明中所述之日起受保护，但该日不得晚于依据第十五条第一款第（一）项在实施细则中规定的驳回时限届满之日。

第七条　费　用

一、[国际注册费] 每一原产地名称和每一地理标志的国际注册，均应缴纳实施细则中规定的费用。

二、[国际注册簿上其他登记事项的费用] 实施细则中应规定须为国际注册簿上其他登记事项以及为提供摘要、证明或与国际注册内容有关的其他信息缴纳的费用。

三、[减费] 大会应为某些、特别是原产缔约方为发展中国家或最不发达国家的原产地名称国际注册和地理标志国际注册设立减费。

四、［单独费］（一）任何缔约方均可用声明通知总干事，国际注册产生的保护，仅在缴纳费用以支付缔约方对国际注册进行实质审查的开支之后，才延伸至该缔约方。此种单独费的数额应在声明中指明，并可以在以后的声明中予以变更。前述数额不得高于缔约方本国或区域立法要求的数额扣除国际程序产生的节支之后的等值数额。此外，缔约方可以用声明通知总干事，要求收取与受益各方在该缔约方使用原产地名称或地理标志有关的行政费。

（二）未缴纳单独费的，在符合实施细则的情况下，后果是在要求缴纳该费用的缔约方放弃保护。

第八条　国际注册的有效期

一、［依附］国际注册无限期有效，但谅解是如果构成原产地名称的名称或构成地理标志的标志在原产缔约方不再受保护，则不应再要求对已注册原产地名称或地理标志的保护。

二、［注销］（一）原产缔约方的主管机构，对于第五条第三款所述的情况，受益各方或第五条第二款第2目所述的自然人或法律实体或者原产缔约方的主管机构，可以随时要求国际局注销有关国际注册。

（二）如果构成已注册原产地名称的名称或构成已注册地理标志的标志在原产缔约方不再受保护，原产缔约方的主管机构应要求注销国际注册。

第三章　保　护

第九条　承诺保护

每一缔约方均应在其自身法律制度和惯例的范围内但符合本文本各项条款的情况下，在其领土上保护已注册原产地名称和地理标志，但任何可能对其领土生效的驳回、放弃、无效宣告或注销除外，且谅解是，缔约方本国或区域立法中不区分原产地名称和地理标志的，不得被要求在其本国或区域立法中实行此种区分。

第十条　根据缔约方法律或根据其他文书给予保护

一、［法律保护的形式］每一缔约方均可自由选择依据何种立法建立本文本所规定的保护，但条件是此种立法符合本文本的实质要求。

二、［根据其他文书给予保护］本文本的规定不以任何方式影响缔约方可能根据其本国或区域立法，或根据其他国际文书，对已注册原产地名称或已注册地理标志给予的任何其他保护。

三、［与其他文书的关系］本文本的任何内容均不减损缔约各方相互之间依任何其他国际文书承担的任何义务，也不损害缔约方依任何其他国际文书享有的任何权利。

第十一条　对已注册原产地名称和地理标志的保护

一、［保护内容］在符合本文本规定的前提下，对于一个已注册原产地名称或已注册地理标志，每一缔约方均应提供法律手段，以制止下列行为：

（一）以下列方式使用原产地名称或地理标志：

1. 用于与原产地名称或地理标志所用于的产品属同一类的产品，但产品非来源于原产地理区域，或者不符合适用于原产地名称或地理标志使用的任何其他要求；

2. 用于与原产地名称或地理标志所用于的产品不属同一类的产品，或用于服务，如果此种使用将表示或暗示在这些产品或服务与原产地名称或地理标志的受益各方之间有联系，并且将可能损害受益各方的利益，或者在适用时，由于原产地名称或地理标志在有关缔约方的声誉，此种使用将可能以不公平的方式削弱或淡化这种声誉，或者不公平地利用这种声誉；

（二）任何可能在产品的真实原产地、产源或性质方面误导消费者的其他做法。

二、［某些使用方面的保护内容］即使注明了产品的真实原产地，或者即使使用的是原产地名称或地理标志的翻译形式，或附加了“型”、“类”、“式”、“款”、“仿”、“法”、“如某地所产”、“像”、“似”等类似字样，第一款第（一）项亦应适用于构成模仿的对原产地名称或地理标志的使用。

三、［商标中的使用］在不损害第十三条第一款的情况下，如果一个在后商标的使用将导致第一款所包括的情况之一，缔约方应在其立法允许时依职权，或者应利害关系人的请求，驳回该商标注册或宣告其注册无效。

第十二条　防止成为通用名称

在不违反本文本规定的情况下，已注册原产地名称和已注册地理标志不能被认为已在一个缔约方成为通用名称。

第十三条　对其他权利的保障

一、［在先商标权］本文本的规定不损害在缔约方善意申请或注册的在先商标，或者通过善意使用获得的在先商标。缔约方的法律对商标赋予的权利规定了有限例外，使此种在先商标在某些情况下不能使其所有人有权阻止已注册原产地名称或地理标志在该缔约方被给予保护或被使用的，已注册原产地名称或地理标志所受的保护不得以任何其他方式限制该商标所赋予的权利。

二、[商业中使用的人名] 本文本的规定不得损害任何人在贸易过程中使用其人名或者前业主人名的权利，但以误导公众的方式使用此种人名的除外。

三、[基于植物或动物品种名称的权利] 本文本的规定不得损害任何人在贸易过程中使用植物品种名称或动物品种名称的权利，但以误导公众的方式使用此种植物品种名称或动物品种名称的除外。

四、[通知撤回驳回或给予保护时的保障] 缔约方已经依第十五条、以依据本条所述的在先商标或其他权利进行的使用为由驳回一项国际注册效力，又依第十六条通知撤回该驳回，或者依第十八条通知给予保护，则原产地名称或地理标志由此受到的保护不得损害该权利或其使用，除非保护是在该权利被注销、未续展、被撤销或宣告无效后给予的。

第十四条 权利行使程序和救济

每一缔约方应为保护已注册原产地名称和已注册地理标志提供有效的法律救济，并应规定，旨在确保已注册原产地名称和已注册地理标志得到保护的法律程序，可以根据该缔约方的法律制度和惯例，由一个公共机构或任何利害关系人提起，不论其是自然人还是法律实体，公共还是私营。

第四章 驳回及有关国际注册的其他行动

第十五条 驳 回

一、[驳回国际注册的效力]（一）缔约方的主管机构可以在实施细则规定的时限内通知国际局驳回一项国际注册在其领土内的效力。驳回通知可以由主管机构在其立法允许时依职权作出，也可以应利害关系人的请求作出。

（二）驳回通知应列出驳回所依据的理由。

二、[根据其他文书给予保护] 驳回通知不得有损于有关名称或标志依据第十条第二款可能在驳回所涉的缔约方得到的任何其他保护。

三、[向利害关系人提供机会的义务] 每一缔约方应向可能被一项国际注册影响利益的任何人提供合理的机会，使其可以要求主管机构就国际注册发出驳回通知。

四、[驳回的登记、公布和函告] 国际局应将驳回和驳回理由在国际注册簿上登记。国际局应公布驳回和驳回理由，并将驳回通知函告原产缔约方的主管机构，申请系依据第五条第三款直接提交的，函告受益各方或第五条第二款第2目所述的自然人或法律实体以及原产缔约方的主管机构。

五、[国民待遇] 每一缔约方应使受驳回影响的利害关系人可以采用与其本国国民在原产地名称或地理标志被驳回保护方面可以采用的相同的司法和行政救济。

第十六条　撤回驳回

驳回可以按实施细则中规定的程序撤回。撤回应在国际注册簿上登记。

第十七条　过渡期

一、[可以给予过渡期] 在不损害第十三条的情况下，缔约方未以第三方的在先使用为由驳回国际注册的效力，或者已经撤回此种驳回，或者已经通知给予保护的，如果其立法允许，可以按《实施细则》的规定给予一定期限，以结束此种使用。

二、[过渡期的通知] 缔约方应依实施细则规定的程序，将任何此种期限通知国际局。

第十八条　给予保护的通知

缔约方的主管机构可以通知国际局，对已注册原产地名称或地理标志给予保护。国际局应将任何此种通知在国际注册簿上登记并予以公布。

第十九条　无效宣告

一、[维护权利的机会] 宣告一项国际注册在缔约方领土内部分或全部无效，只有在给予受益各方维护其权利的机会之后才能作出。此种机会亦应给予第五条第二款第2目所述的自然人或法律实体。

二、[通知、登记和公布] 缔约方应将对国际注册的无效宣告通知国际局，国际局应将无效宣告在国际注册簿上登记并予以公布。

三、[根据其他文书给予保护] 无效宣告不得有损于有关名称或标志依据第十条第二款可能在宣告国际注册无效的缔约方得到的任何其他保护。

第二十条　变更和国际注册簿上的其他登记事项

国际注册变更和国际注册簿上其他登记事项的办理程序，由实施细则规定。

第五章　行政条款

第二十一条　里斯本联盟的成员

缔约各方不论是否参加里斯本协定或1967年文本，均与参加里斯本协定或1967年文本的国家为同一特别联盟的成员。

第二十二条 特别联盟的大会

一、［组成］（一）缔约各方与参加1967年文本的国家为同一大会的成员。

（二）每一缔约方由一名代表出席，该代表可以由副代表、顾问和专家协助。

（三）每一代表团应承担自己的费用。

二、［任务］（一）大会应：

1. 处理有关维持和发展特别联盟及有关实施本文本的一切事项。

2. 适当考虑未批准或未加入本文本的特别联盟成员的任何意见，就第二十六条第一款所述修订会议的筹备工作向总干事作出指示；

3. 修正实施细则；

4. 审查和批准总干事有关特别联盟的报告和活动，并就特别联盟权限内的事项向总干事作出一切必要的指示；

5. 决定特别联盟的工作计划，通过特别联盟的两年期预算，并批准决算；

6. 通过特别联盟的财务条例；

7. 为实现特别联盟的目标，设立大会认为适当的委员会和工作组；

8. 决定接纳哪些国家、政府间组织和非政府组织作为观察员参加大会的会议；

9. 通过对第二十二条至第二十四条以及第二十七条的修正；

10. 为实现特别联盟的目标采取任何其他的适当行动，并履行与本文本有关的其他适当职能。

（二）对于与产权组织所辖其他联盟同样相关的事项，大会应在听取产权组织协调委员会的意见后作出决定。

三、［法定人数］（一）有权就某一事项表决的大会成员的半数构成就该事项表决的法定人数。

（二）尽管有第（一）项的规定，如果在任何一次会议上，系国家、有权就某一事项表决且出席会议的大会成员的数目不足系国家且有权就该事项表决的大会成员的半数，但达到或超过三分之一，大会可以作出决定，但除关于大会自身程序的决定以外，所有决定只有符合下列条件才能生效。国际局应将所述决定通知系国家、有权就所述事项表决且未出席会议的大会成员，请其于函告之日起三个月期限内以书面形式进行表决或表示弃权。该期限届满时，以这种方式进行表决或表示弃权的此种成员的数目达到构成会议本身法定人数所缺的成员数目，只要同时仍然达到所需的多数，此种决定即应生效。

四、[在大会上作决定]（一）大会应努力通过协商一致作出决定。

（二）无法通过协商一致作出决定的，应通过表决对争议事项作出决定。在此种情况下，

1. 凡属国家的每一缔约方应有一票，并只能以其自己的名义表决；并且

2. 凡属政府间组织的缔约方可以代替其成员国表决，其票数与其参加本文本的成员国数目相等。如果此种政府间组织的任何一个成员国行使表决权，则该组织不得参加表决，反之亦然。

（三）对于仅与受 1967 年文本约束的国家相关的事项，不受 1967 年文本约束的缔约方没有表决权，而对于仅与缔约方相关的事项，只有缔约方才有表决权。

五、[多数]（一）除第二十五条第二款和第二十七条第二款另有规定外，大会作出决定需要所投票数的三分之二。

（二）弃权不视为投票。

六、[开会]（一）大会由总干事召集举行会议，如无例外情况，应与产权组织大会同时同地举行。

（二）经四分之一的大会成员要求，或经总干事本人发起，大会由总干事召集举行特别会议。

（三）每次会议的议程由总干事制定。

七、[议事规则] 大会应通过自己的议事规则。

第二十三条　国际局

一、[行政任务]（一）国际注册和有关工作，以及与特别联盟相关的其他一切行政任务，由国际局执行。

（二）国际局尤其应为大会以及大会可能设立的委员会和工作组筹备会议并提供秘书处。

（三）总干事是特别联盟的最高行政官员，并代表特别联盟。

二、[国际局在大会及其他会议中的作用] 总干事及其指定的任何工作人员应参加大会以及大会设立的委员会和工作组的所有会议，但没有表决权。总干事或其指定的一名工作人员是此种机构的当然秘书。

三、[会议]（一）国际局应按照大会的指示，筹备任何修订会议。

（二）国际局可以就所述筹备工作与政府间组织及国际和国家非政府组织进行协商。

（三）总干事及其指定的人员应参加修订会议的讨论，但没有表决权。

四、[其他任务] 国际局应执行向其分派的与本文本有关的任何其他任务。

第二十四条 财　务

一、[预算] 特别联盟的收入和支出应以公正透明的方式列入产权组织的预算。

二、[预算资金来源] 特别联盟的收入来自以下来源：

1. 依第七条第一款和第二款收取的费用；

2. 国际局出版物的售款或版税；

3. 捐赠、遗赠和补助金；

4. 房租、投资收入和其他收入，包括杂项收入；

5. 缔约各方的特别会费或来自缔约各方或受益各方的任何其他来源，或者特别会费加上此种其他来源，条件是第 1 目至第 4 目中所指来源的收款不足以支付开支，在不足的范围内，经大会决定收取。

三、[费用的确定；预算的数额]（一）第二款所述费用的数额由大会根据总干事的提议确定，确定的数额应使特别联盟的收入加上依第二款从其他来源取得的收入，在正常情况下足以支付国际局维持国际注册服务的支出。

（二）如果产权组织的计划和预算在新的财政期间开始前未获通过，对总干事承担债务和支用款项的授权应与上一财政期间的水平相同。

四、[第二款第 5 目所述特别会费的确定] 为确定其会费，每一缔约方应属于与其在巴黎公约下所属等级相同的等级；缔约方不是巴黎公约缔约方的，属于与其如果是巴黎公约缔约方将属于的等级相同的等级。政府间组织视为属于会费第一级，除非大会一致作出其他决定。会费应按大会的决定，根据源自缔约方的注册数进行部分加权。

五、[周转基金] 特别联盟应设周转基金，在特别联盟作出决定时，由特别联盟每一成员垫付的缴款组成。基金不足时，大会可以决定增加基金。缴款的比例和方式由大会根据总干事的提议确定。如果特别联盟在任何财政期间的收支相抵后记有盈余，经总干事提议并由大会决定，可以按照成员初始缴款额的比例，将周转基金垫款返还每一成员。

六、[东道国的垫款]（一）应在与产权组织总部所在地国家达成的总部协定中规定，凡周转基金不足时，该国应提供垫款。此种垫款的数额与提供垫款的条件由该国和产权组织每次分别签署协议。

（二）第（一）项所述的国家及产权组织均有权以书面通知废止提供垫款的义务。废止应于通知当年年底起三年后生效。

七、[账目的审计] 账目的审计应按产权组织财务条例的规定，由特别联盟一个或多个成员国实行，或者由外部审计人员实行。此种国家或审计人员由大会征得该国或该人同意后指定。

第二十五条 实施细则

一、[内容] 实施本文本的细节应在实施细则中规定。

二、[实施细则某些规定的修正]（一）大会可以决定，实施细则的某些规定需要一致同意才能修正，或者需要四分之三多数才能修正。

（二）为使一致同意或四分之三多数的要求将来不再适用于实施细则某项规定的修正，需要获得一致同意。

（三）为使一致同意或四分之三多数的要求将来适用于实施细则某项规定的修正，需要四分之三多数。

三、[本文本与实施细则相抵触] 本文本的规定与实施细则的规定发生抵触时，以前者的规定为准。

第六章 修订和修正

第二十六条 修 订

一、[修订会议] 本文本可以由缔约各方的外交会议修订。召开任何外交会议，应由大会决定。

二、[若干条款的修订或修正] 第二十二条至第二十四条和第二十七条可以由修订会议修正，也可以由大会根据第二十七条的规定修正。

第二十七条 大会对若干条款的修正

一、[修正案]（一）修正第二十二条至第二十四条或修正本条的提案，可以由任何缔约方提出，也可以由总干事提出。

（二）此类提案至少应于大会审议六个月前由总干事函告缔约各方。

二、[多数] 通过第一款所述各条的任何修正，需要四分之三多数，但通过第二十二条或本款的任何修正，需要五分之四多数。

三、[生效]（一）除第（二）项适用的情况外，第一款所述各项的任何修正，应在总干事收到该修正通过时为大会成员且有权对该修正表决的四分之三的缔约方依各自宪法程序作出书面接受通知起一个月后生效。

（二）第二十二条第三款或第四款或本项的任何修正，在大会通过后六个月内有任何缔约方通知总干事不予接受的，不得生效。

（三）根据本款各项规定生效的任何修正，应对修正生效时为缔约方或在之后成为缔约方的所有国家和政府间组织具有约束力。

第七章　最后条款

第二十八条　成为本文本的缔约方

一、［资格］除第二十九条以及本条第二款和第三款另有规定外，

1. 参加巴黎公约的任何国家均可签署本文本，成为本文本的缔约方；

2. 产权组织的任何其他成员国，如果声明其立法符合巴黎公约有关原产地名称、地理标志和商标的规定，可以签署本文本，成为本文本的缔约方；

3. 任何政府间组织如果至少有一个成员国参加巴黎公约，并声明其根据其内部程序被正式授权要求成为本文本的缔约方，而且根据该政府间组织的组成条约，依适用的立法可以取得地理标志区域保护权利的，该政府间组织可以签署本文本，成为本文本的缔约方。

二、［批准或加入］第一款所述的任何国家或政府间组织

1. 已签署本文本的，可以交存批准书；

2. 未签署本文本的，可以交存加入书。

三、［交存的生效日期］（一）除第（二）项另有规定外，交存批准书或加入书的生效日期为交存该文书的日期。

（二）政府间组织的成员国交存批准书或加入书，如果在该国的原产地名称或地理标志保护只能依据政府间组织成员国之间适用的立法获得，而该政府间组织交存批准书或加入书的日期晚于该国交存文书的日期，则该国交存批准书或加入书的生效日期为该政府间组织交存文书的日期。然而，本项不适用于参加里斯本协定或1967年文本成员的国家，也不损害第三十一条对这些国家的适用。

第二十九条　批准和加入的生效日期

一、［应予考虑的文书］为本条之目的，只有第二十八条第一款所述的国家或政府间组织交存并依第二十八条第三款有生效日期的批准书或加入书才应予以考虑。

二、［本文本的生效］本文本应在五个第二十八条所述的有资格的有关方交存批准书或加入书三个月后生效。

三、［批准和加入的生效］（一）在本文本生效日三个月前或逾三个月前交存批准书或加入书的任何国家或政府间组织，于本文本生效之日起受本文本约束。

（二）任何其他国家或政府间组织，于其交存批准书或加入书之日起三个月后受本文本约束，文书中指明更晚日期的，于指明的日期生效。

四、［加入前进行的国际注册］在拟加入国家的领土内，缔约方是政府间组织的，则在该政府间组织的组成条约所适用的领土内，本文本的规定应适用于加入生效时已依据本文本注册的原产地名称和地理标志，但须符合第七条第四款以及第四章的规定，这些规定应比照适用。拟加入国家或拟加入的政府间组织还可以在批准书或加入书所附的声明中，依据实施细则中规定的有关程序，指明延长第十五条第一款所述的时限，并指明第十七条所述的各个期限。

第三十条　禁止保留

对本文本不得有保留。

第三十一条　里斯本协定和 1967 年文本的适用

一、［既参加本文本又参加里斯本协定或 1967 年文本的各国之间的关系］既参加本文本又参加里斯本协定或 1967 年文本的各国，在其相互关系中只适用本文本。但是，对于依里斯本协定或 1967 年文本有效的原产地名称国际注册，各国给予的保护不得低于里斯本协定或 1967 年文本的要求。

二、［既参加本文本又参加里斯本协定或 1967 年文本的国家与参加里斯本协定或 1967 年文本但未参加本文本的国家之间的关系］既参加本文本又参加里斯本协定或 1967 年文本的国家，在其与参加里斯本协定或 1967 年文本，但未参加本文本的国家的关系中，视具体情况，继续适用里斯本协定或 1967 年文本。

第三十二条　退　约

一、［通知］任何缔约方均可退出本文本，退约应通知总干事。

二、［生效日期］退约于总干事收到通知之日起一年后生效，通知中指明更晚日期的，于指明的日期生效。对于退约生效时与退约缔约方有关的任何未决申请和任何生效国际注册，退约不影响本文本的适用。

第三十三条　本文本的语言；签字

一、［原始文本；正式文本］（一）本文本的签字原件为一份，以中文、阿拉伯文、英文、法文、俄文和西班牙文签署，各该文种的文本同等作准。

（二）大会可能指定的其他语文的正式文本，由总干事在与有关政府协商后制定。

二、［签字的时限］本文本通过后即在产权组织总部开放供签署，期限一年。

第三十四条　保存人

总干事为本文本的保存人。

与贸易有关的知识产权协定（节选）*

（2017年1月23日修正）

第一部分　总则和基本原则

第1条　义务的性质和范围

1. 各成员应实施本协定的规定。各成员可以，但并无义务，在其法律中实施比本协定要求更广泛的保护，只要此种保护不违反本协定的规定。各成员有权在其各自的法律制度和实践中确定实施本协定规定的适当方法。

2. 就本协定而言，"知识产权"一词指作为第二部分第1节至第7节主题的所有类别的知识产权。

3. 各成员应对其他成员的国民给予本协定规定的待遇。❶ 就有关的知识产权而言，其他成员的国民应理解为符合《巴黎公约》（1967）、《伯尔尼公约》（1971）、《罗马公约》和《关于集成电路的知识产权条约》规定的保护资格标准的自然人或法人，假设所有WTO成员均为这些公约的成员。❷ 任何利用《罗马公约》第5条第3款或第6条第2款中规定的可能性的成员，都应按这些条款中所预想的那样，向与贸易有关的知识产权理事会（"TRIPS理事会"）作出通知。

---

* 文件来源：中华人民共和国商务部官方网站，http：//sms. mofcom. gov. cn/article/wto-file/201703/20170302538505. shtml，2022年6月16日访问。

❶ 本协定中所指的"国民"一词，对于WTO的单独关税区成员，指在该关税区内定居或拥有真实有效的工业或商业机构的自然人或法人。

❷ 在本协定中，《巴黎公约》指《保护工业产权巴黎公约》；《巴黎公约》（1967）指1967年7月14日该公约的斯德哥尔摩文本。《伯尔尼公约》指《保护文学艺术作品伯尔尼公约》；《伯尔尼公约》（1971）指1971年3月24日该公约的巴黎文本。《罗马公约》指1961年10月26日在罗马通过的《保护表演者、录音制品制作者和广播组织的国际公约》。《关于集成电路的知识产权公约》（《IPIC条约》）指1983年5月26日在华盛顿通过的该条约。《WTO协定》指《建立世界贸易组织协定》。

第2条　知识产权公约

1. 就本协定的第二、第三和第四部分而言，各成员应遵守《巴黎公约》（1967）第1条至第12条和第19条。

2. 本协定第一部分至第四部分的任何规定不得背离各成员可能在《巴黎公约》、《伯尔尼公约》、《罗马公约》和《关于集成电路的知识产权条约》项下相互承担的现有义务。

第3条　国民待遇

1. 在知识产权保护[1]方面，在遵守《巴黎公约》（1967）、《伯尔尼公约》（1971）、《罗马公约》或《关于集成电路的知识产权条约》中各自规定的例外的前提下，每一成员给予其他成员国民的待遇不得低于给予本国国民的待遇。就表演者、录音制品制作者和广播组织而言，这一义务仅适用于本协定规定的权利。任何利用《伯尔尼公约》第6条或《罗马公约》第16条第1款（b）项规定的可能性的成员，都应按这些条款中所预想的那样，向TRIPS理事会作出通知。

2. 各成员可利用第1款下允许的在司法和行政程序方面的例外，包括在一成员管辖范围指定送达地址或委派代理人，但是这些例外应为保证遵守与本协定规定发生不相抵触的法律和法规所必需，且这种做法的实施不会对贸易构成变相限制。

第4条　最惠国待遇

对于知识产权保护，一成员对任何其他国家国民给予的任何利益、优惠、特权或豁免，应立即无条件地给予所有其他成员的国民。一成员给予下列任何利益、优惠、特权或豁免的，可免除这一义务：

（a）自一般性的、并非专门限于知识产权保护的关于司法协助或法律实施的国际协定所派生；

（b）依照《伯尔尼公约》（1971）或《罗马公约》的规定所给予，此类规定允许所给予的待遇不属国民待遇性质而属在另一国中给予待遇的性质；

（c）关于本协定项下未作规定的有关表演者、录音制品制作者以及广播组织的权利；

（d）自《WTO协定》生效之前已生效的有关知识产权保护的国际协

[1] 在第3条和第4条中，“保护”一词应包括影响知识产权的效力、取得、范围、维持和实施的事项，以及本协定专门处理的影响知识产权使用的事项。

定所派生，只要此类协定向 TRIPS 理事会作出通知，并对其他成员的国民不构成任意的或不合理的歧视。

第 5 条　关于取得或维持保护的多边协定

第 3 条和第 4 条的义务不适用于在 WIPO 主持下订立的有关取得或维持知识产权的多边协定中规定的程序。

第 6 条　权利用尽

就本协定项下的争端解决而言，在遵守第 2 条和第 4 条规定的前提下，本协定的任何规定不得用于处理知识产权的权利用尽问题。

第 7 条　目标

知识产权的保护和实施应有助于促进技术革新及技术转让和传播，有助于技术知识的创造者和使用者的相互利益，并有助于社会和经济福利及权利与义务的平衡。

第 8 条　原则

1. 在制定或修改其法律和法规时，各成员可采用对保护公共健康和营养，促进对其社会经济和技术发展至关重要部门的公共利益所必需的措施，只要此类措施与本协定的规定相一致。

2. 只要与本协定的规定相一致，可能需要采取适当措施以防止知识产权权利持有人滥用知识产权或采取不合理地限制贸易或对国际技术转让造成不利影响的做法。

第二部分　关于知识产权效力、范围和使用的标准

第 3 节　地理标识

第 22 条　地理标识的保护

1. 就本协定而言，“地理标识”指识别一货物来源于一成员领土或该领土内一地区或地方的标识，该货物的特定质量、声誉或其他特性主要归因于其地理来源。

2. 就地理标识而言，各成员应向利害关系方提供法律手段以防止：

（a）在一货物的标志或说明中使用任何手段标明或暗示所涉货物来源于真实原产地之外的一地理区域，从而在该货物的地理来源方面使公众产生误解；

（b）构成属《巴黎公约》（1967）第 10 条之二范围内的不公平竞争行为的任何使用。

3. 如一商标包含的或构成该商标的地理标识中所标明的领土并非货物的来源地，且如果在该成员中在此类货物的商标中使用这一标识会使公众对其真实原产地产生误解，则该成员在其立法允许下可依职权或在一利害关系方请求下，拒绝该商标注册或宣布注册无效。

4. 根据第 1 款、第 2 款和第 3 款给予的保护可适用于虽在文字上表明货物来源的真实领土、地区或地方，却虚假地向公众表明该货物来源于另一领土的地理标识。

第 23 条 对葡萄酒和烈酒地理标识的附加保护

1. 每一成员应为利害关系方提供法律手段，以防止将识别葡萄酒的地理标识用于并非来源于所涉地理标识所标明地方的葡萄酒，或防止将识别烈酒的地理标识用于并非来源于所涉地理标识所标明地方的烈酒，即使对货物的真实原产地已标明，或该地理标识用于翻译中，或附有“种类”、“类型”、“特色”、“仿制”或类似表达方式。[1]

2. 对于一葡萄酒商标包含识别葡萄酒的地理标识或由此种标识构成，或如果一烈酒商标包含识别烈酒的地理标识或由此种标识构成，一成员应在其立法允许的情况下依职权或应一利害关系方请求，对不具备这一来源的此类葡萄酒或烈酒，拒绝该商标注册或宣布注册无效。

3. 在葡萄酒的地理标识同名的情况下，在遵守第 22 条第 4 款规定的前提下，应对每一种标识予以保护。每一成员应确定相互区分所涉同名标识的可行条件，同时考虑到保证公平对待有关生产者且使消费者不致产生误解的需要。

4. 为便利葡萄酒地理标识的保护，应在 TRIPS 理事会内谈判建立关于葡萄酒地理标识通知和注册的多边制度，使之能在参加该多边制度的成员中获得保护。

第 24 条 国际谈判：例外

1. 各成员同意进行谈判，以加强根据第 23 条对单个地理标识的保护。一成员不得使用以下第 4 款至第 8 款的规定，以拒绝进行谈判或订立双边或多边协定。在此类谈判中，各成员应自愿考虑这些规定继续适用于其使用曾为此类谈判主题的单个地理标识。

2. TRIPS 理事会应继续对本节规定的适用情况进行审议：第一次审议

---

[1] 尽管有第 42 条第 1 句的规定，但是就这些义务而言，各成员仍可通过行政行为对实施作出规定。

应在《WTO 协定》生效后 2 年之内进行。任何影响遵守这些规定下的义务的事项均可提请理事会注意，应一成员请求，理事会应就有关成员之间未能通过双边或诸边磋商找到满意解决办法的事项与任何一成员或多个成员进行磋商。理事会应采取各方同意的行动，以便利本节的运用，并促进本节目标的实现。

3. 在实施本节时，一成员不得降低《WTO 协定》生效之日前已在该成员中存在的对地理标识的保护。

4. 本节的任何规定均不得要求一成员阻止其任何国民或居民在货物或服务方面继续以类似方式使用另一成员识别葡萄酒或烈酒的一特定地理标识，如其国民或居民在相同或有关的货物或服务上在该成员领土内已连续使用该地理标识（a）在 1994 年 4 月 15 日前已至少有 10 年，或（b）在该日期之前的使用是善意的。

5. 如一商标的申请或注册是善意的，或如果一商标的权利是在以下日期之前通过善意的使用取得的：

（a）按第六部分确定的这些规定在该成员中适用之日前；或

（b）该地理标识在其起源国获得保护之前；

为实施本节规定而采取的措施不得因一商标与一地理标识相同或类似而损害该商标注册的资格或注册的有效性或商标的使用权。

6. 如任何其他成员关于货物或服务的地理标识与一成员以通用语文的惯用术语作为其领土内此类货物或服务的普通名称相同，则本节的任何规定不得要求该成员对其他成员的相关标识适用本节的规定。如任何其他成员用于葡萄酒产品的地理标识与在《WTO 协定》生效之日一成员领土内已存在的葡萄品种的惯用名称相同，则本节的任何规定不得要求该成员对其他成员的相关标识适用本节的规定。

7. 一成员可规定，根据本节提出的关于一商标的使用或注册的任何请求必须在对该受保护标识的非法使用已在该成员中广为人知后 5 年内提出，或如果商标在一成员中的注册日期早于上述非法使用在该成员中广为人知的日期，只要该商标在其注册之日前已公布，则该请求必须在该商标在该成员中注册之日起 5 年内提出，只要该地理标识未被恶意使用或注册。

8. 本节的规定决不能损害任何人在贸易过程中使用其姓名或其业务前任的姓名的权利，除非该姓名使用的方式会使公众产生误解。

9. 各成员在本协定项下无义务保护在起源国不受保护或已停止保护，或在该国中已废止的地理标识。

中华人民共和国政府与欧洲联盟地理标志保护与合作协定*

协定双方（以下简称为“双方”）：中华人民共和国政府，以及欧洲联盟，鉴于双方同意就《与贸易有关的知识产权协定（TRIPS）》第二十二条第一款定义的地理标志促进双方之间的协调合作和发展，同意促进原产自双方领土并带有此类地理标志的产品的贸易；

特缔结本协定：

第一条 协定范围

一、本协定适用于原产自双方领土范围内的地理标志产品相关合作，以及对此种地理标志的保护事宜。

二、双方同意在考虑双方立法发展的情况下，在本协定生效后，考虑将本协定覆盖的地理标志范围延伸至第二条所列各项法律规定的范围并未覆盖的地理标志类别，特别是手工艺品。

为第一条第二款第一项所指之目的，双方在附录七中确认的原产自其领土范围内并受到保护的产品，在本协定保护范围扩大后，应根据本协定第三条所列程序给予优先保护。

双方应在本协定生效后两年内审查扩大本协定保护范围的进展，并于此后每两年审查一次。

第二条 地理标志的确立

一、双方认定附录一中列出的双方各自的法律确立了与《与贸易有关的知识产权协定》第二十二条第一款所定义的地理标志有关的注册和保护程序的基本要素。

双方同意第二条第一款第一项所指基本要素为如下所述：

（一）列明相关领土内受保护之地理标志的一个或多个登记簿；

（二）证实地理标志证明了某产品原产自一方领土范围内或是该领土

* 文件来源：中华人民共和国商务部官方网站，http：//images. mofcom. gov. cn/tfs/202009/20200918163315653. pdf，2022 年 6 月 16 日访问。

的一个地区或地点且该产品的某种质量、声誉或者其他特性在本质上取决于其产地的一套行政程序；

（三）规定注册名称应与出台了产品规范的某一具体产品或某些产品相对应的要求，且规范只能通过正当行政程序进行修订；

（四）适用于生产的控制条款；

（五）政府部门为落实注册名称保护所采取的妥善的行政行动；

（六）任何生产商在这一领域所拥有的向管理体系提出申请以将带有受保护名称标识的产品投放市场的权利，前提是该生产商须遵循相应产品规范；

（七）无论产品名称是否作为知识产权的一种形式受到保护，都应考虑该名称在先使用者合法利益的一套异议程序。

二、在审查了以附录二所列形式提交的附录三中国地理标志的技术规范后（这些中国地理标志根据附录一所提到的中国相关法律规定注册），欧洲联盟承诺按照不低于本协定规定的保护水准对这些地理标志提供保护。

三、在审查了以附录二所列形式提交的附录四欧盟地理标志的技术规范后（这些欧盟地理标志根据附录一所提到的欧盟相关立法规定注册），中华人民共和国承诺按照不低于本协定规定的保护水准对这些地理标志提供保护。

四、本条款的各项规定不应有损双方此前根据有关国民待遇的《与贸易有关的知识产权协定》第三条所做出的承诺。

第三条　地理标志的新增

一、双方理解，对于附录五和附录六所列的地理标志，将根据本协定条款在本协定生效后的第一个四年期内进行处理❶。

二、附录三和附录四列出的地理标志列表中新增的地理标志，应在审查了按附录二所列形式提交的技术规范后，再根据第十条第三款所述的相关流程进行办理❷。

---

❶　双方理解，除极端或特别复杂的情况以外，当已经完成地理标志的审查、公开、异议、上诉或为达到保护地理标志的目的而设立的其他任何程序，且已做出驳回或保护地理标志的行政决定时，应被视为已对地理标志进行了处理。

❷　双方同意列入附录五和附录六中的地理标志将于本协定生效之日根据第十条第三款所述的程序处理。

第四条　地理标志的保护范围[1]

一、对于附录三和附录四提到的地理标志，包括其后根据本协定第三条新增的地理标志，双方应给予保护，打击以下行为[2]：

（一）在产品名称或描述中使用任何方式指示或暗示所涉产品源自非其真正产地的某一地理区域，以此误导公众对该产品地理来源的认识；

（二）任何使用地理标志指示并非来自该地理标志所指示产地的某一相同或近似产品的行为，即便已指示了该产品的真实原产地或在使用上述地理标志时运用了意译、音译[3]或字译，或同时使用了“种类”、“品种”、“风格”、“仿制”等字样；

（三）任何使用地理标志指示不符合受保护名称的产品规范的某一相同或相似产品的行为；

二、对于全部或部分同名的地理标志，应对每个地理标志都给予保护，但字面上真实显示产品原产地所在的领地、地区或位置却仍误导公众认为产品来自另一领地的标志不应受到保护。

在对区分相关同名标志所采用的实际条件做出决定前，一方应尽可能征询另一方的意见，并将确保公平对待相关生产商、保证消费者不被误导的必要性纳入考虑范围。

三、根据第三条新增的地理标志名称，一方不应被要求保护与某一植物品种或动物育种名称相冲突并可能因此对消费者认识产品的真正原产地产生误导的地理标志名称。

四、一方在与第三方国家进行谈判时，如提议对该第三方国家的地理

---

[1] 双方确认将通过执行附录一中所列的法律来满足其在本协定项下的义务。双方注意到在实施本协定所列对方地理标志的保护时，当事方可以使用其全部或任意国内体系。双方注意到任意一方都将不使用其相关的商标法律法规公示对方地理标志或给予本协定附录所列名称以地理标志地位。当事方如何使用其商标法律法规执行本条款规定列于第六条。

[2] 就本条而言，且在不违反《与贸易有关的知识产权协定》第二部分第3节条款的情况下，双方同意“任何使用”或“使用任何方式”可以包括对受保护名称的任何直接或间接商业使用（包括仿冒），或将暗示或显示某产品与受保护名称之间存在联系或关联的使用。“产品名称或描述”可以包括在内部或外部包装、广告材料或与产品相关的文件中对产品起源、原产地、性质或主要品质做出的任何其他虚假或误导性标注，以及容器内产品的包装容易传达一种对原产地的错误印象。

[3] “音译”一词一方面包括将受本协定保护的以拉丁或非拉丁字母写就的地理标志音译成中华人民共和国汉字，另一方面也包括将受本协定保护的以中华人民共和国汉字写就的地理标志音译成欧盟所使用的拉丁或非拉丁字母。附录三、四、五和六明确列出了受本协定保护的原产地名称及其音译及供参考的意译形式。

标志给予保护，且该名称与受本协定保护的另一方的地理标志同名，则另一方应被告知并应有机会在该第三方标志被保护前发表评论意见。

五、本协定任何内容都不应强迫一方保护另一方的在原产国或原产地不受保护或已停止保护，或在另一方已不再使用的地理标志。双方应将地理标志在原产国停止保护或在原产国不再使用的信息告知对方。

六、本协定在任何方面都不应有损任何人在贸易中使用自身姓名或该人在业务中的前任者的姓名的权利，除非使用此类姓名可产生误导公众的效果。

第五条　地理标志的使用权

一、本协定项下受保护的地理标志可被用在任何符合该地理标志技术规范以及遵守附录一所列地理标志原产国相关法律要求的合法产品上。

二、如果某一地理标志得到本协定的保护，在遵循附录一所列的另一方相关法律的前提下，该地理标志所覆盖的产品在另一方领土范围内可使用另一方的官方标志。

附录三所列地理标志应于本协定生效之日纳入欧盟相关登记簿。[1] 受本协定保护并列入附录三（包括根据本协定第三条增补至附录三的地理标志）中的地理标志所覆盖的产品可以在欧盟领土内享有相应的受保护的原产地名称（PDO）或受保护的地理标志（PGI）欧盟官方标志。欧盟在个案评估后，应就附录三（包括根据本协定第三条增补至附录三的地理标志）中所列地理标志是以受保护的原产地名称（PDO）还是以受保护的地理标志（PGI）纳入相关欧盟登记簿做出决定。这些地理标志应于此等决定的适用之日纳入登记簿并生效。

对于附录四所列的地理标志，可使用中华人民共和国法律规定的地理标志产品的专用标志。

如果某一地理标志在本协定项下受到保护，在符合另一方对标签的一般要求的前提下，该地理标志所覆盖的产品可在另一方领土范围内使用符合附录一所列原产方法律规定的官方标志。

这不应有损任何一方采用或维持一套授权他人使用该国地理标志官方标志的体系的权利。

---

[1] 附录五中第 55 – 68 项地理标志享有与本协定为其项下所有其它地理标志所提供的保护同样的保护，包括根据本协定第五条在欧盟领土内享有相应的受保护的原产地名称（PDO）或受保护的地理标志（PGI）欧盟官方标志。如果欧盟法律扩大范围覆盖此等地理标志时，附录五第 55 – 68 项地理标志应进入登记簿。

三、如果某一地理标志在本协定项下受到保护，那么任何使用者在另一方领土范围内对该受保护地理标志的使用都不得被要求进行任何使用者行政审批，也不得被进一步收取行政费用。鼓励地理标志的权利人或者管理机构向另一方的主管机关提供使用人名录，以便执行本协定。

第六条 与商标的关系

一、如果某商标包括❶某一地理标志或其意译或音译，而此等相同或相似产品并不源自该产地，并且该商标注册申请于附录三或附录四中所列地理标志受保护之日之后提交，或于本协定第三条所指地理标志申请保护之日之后提交，双方应根据其相关规则，依职权或依某一利益相关方的申请，在相应领土范围内拒绝注册该商标或使该商标的注册无效。

二、如果某一商标表明，所涉产品来源于相同或相似产品真正产地之外的某个地理区域，且该商标注册申请于附录三或附录四所指地理标志受保护之日之后提交，或于第三条所指地理标志申请保护之日之后提交，双方应在某一利益相关方的要求下在相应领土范围内拒绝注册该商标或使该商标的注册无效。❷

三、如果因为某一知名或驰名商标的存在而使得对某一地理标志的保护会在产品真实产地方面误导消费者，那么本协定任何内容都不得迫使一方根据本协定保护另一方的地理标志。

四、本协定对附录三和附录四所列地理标志的保护，不损害在本协定附录三或附录四所列地理标志受保护之日之前，或在本协定第三条所提及的地理标志申请保护之日之前已被善意申请、注册或通过使用确立的商标（如果相关一方在其法律中规定了此种可能性）的继续使用和续展。

如果双方的商标法中不存在使此类商标失效或撤销此类商标的依据，那么第六条第四款第一项中所指的商标仍可继续使用或续展。双方理解，可在商标法律法规之外的法律项下规定地理标志的保护，如专门的地理标志保护法律。

受保护之日和申请保护之日将根据本条第五款的内容确定。

五、本条第一款、第二款和第四款中的“受保护之日”和“申请保护之日”应为：

---

❶ 就本条而言，关于地理标志的保护，“包括”应视为“相同或几乎相同”的同义词。

❷ 当某一申请人为相同产品申请与其所有的注册商标相同的商标时，第六条第一款不适用。

– 附录三或附录四中所列地理标志的受保护之日不得晚于本协定的生效之日。

– 附录五和附录六中所列地理标志的申请保护之日应为本协定的生效之日，并且其受保护之日不得晚于双方对附录三或附录四的修改生效之日。

– 有关第三条第二款所指的地理标志，就地理标志保护进行公示的日期应作为该地理标志申请保护之日，并且其受保护之日不得晚于双方对附录三或附录四的修改生效之日。

六、在本协定生效后申请，且符合第一款提及情形之一的有关本协定生效之时附录五和附录六中所列地理标志的商标应被拒绝注册。

在异议公告之日与本协定生效之日之间在欧盟申请或注册，并且符合第一款提及的情形之一的有关本协定生效之时附录三中所列地理标志的商标应被认定为恶意申请或注册的商标。

2017 年 6 月 3 日后在中华人民共和国申请注册并且符合第一款中提及的情形之一的有关本协定生效之时附录四中所列地理标志的商标应被拒绝注册。

第七条　实施保护

双方的主管部门应采取适当行动以实施本协定规定的保护。双方还应根据利益相关方的要求实施此类保护。这并不损害利益相关方寻求司法保护的权利。

第八条　总则

一、本协定各条款的适用不应损害双方在之前国际协议中对地理标志保护和执法的承诺。

二、带有附录三或附录四所述地理标志的产品的进口、出口和销售应符合该产品销售地所属一方的法律法规。

三、任何源自注册产品的技术规范问题应交由第十条所规定的联合委员会处理。

四、包括未来任何修订在内的地理标志信息，尤其是附录二所列地理标志注册所需的技术规范，应为经该地理标志原产国一方的主管部门审查和批准的信息。

第九条　透明度和信息交换

一、双方应通过根据第十条所建立的联合委员会，或在联合委员会闭会期间直接通过已成立的联络点，就涉及本协定的任何实施与运行问题保持联络。特别是，一方可要求从另一方获知相关法律法规信息、有关地理标志的信息、地理标志的修订及控制条款联络点的信息。联络点还应负责接收与各附录所列举的名称有关的必要文件。

双方应就处理第一项所述事宜的联络点进行确认与沟通。

对中华人民共和国政府而言，联络点是中国商务部条约法律司。

对欧盟而言，联络点是欧盟委员会农业与农村发展总司。

二、双方可公开第八条第四款所指地理标志信息，包括受本协定保护的另一方的地理标志的规范或概要以及控制条款的联络点信息。

第十条 联合委员会

一、双方同意成立由双方代表组成的联合委员会，其目的是监督本协定的实施以及加强双方就地理标志的合作与对话。

二、联合委员会经协商一致采纳决定。委员会应规定自己的议事规则。委员会应至少每年一次或于双方同意的任何时间召开会议，会议轮流在中华人民共和国和欧洲联盟举行，时间和地点及方式（可包含视频会议）由双方决定，但不得晚于请求之日后90天。

三、联合委员会还应负责本协定的正常运行，应考虑任何有关本协定实施和运作的事宜。具体而言，委员会应负责：

（一）修订关于双方适用法律的附录一以及本协定的其它附录；

（二）交换地理标志立法和政策发展相关信息，以及地理标志领域任何其他的关乎双方利益的信息；

（三）交换地理标志相关信息，目的是考虑依据本协定对该标志进行保护。

第十一条 合作

双方同意为支持本协定规定的承诺与义务的实施而开展合作。合作领域包括但不限于以下活动：

（一）为了支持联合委员会的运作而交换信息；

（二）应另一方请求，交换执法经验；

（三）在执法保护和商标与地理标志关系方面的能力建设

（四）为优化本协定的运作而交换信息；以及

（五）尤其在企业界和民间社会团体宣传和传播地理标志信息，提高消费者和权利人的公众意识。

第十二条 领土范围

一方面，本协定应适用于《欧洲联盟条约》和《欧洲联盟运行条约》

所适用的领土以及该等条约所规定的条件；另一方面，关于中华人民共和国，本协定应适用于中国的全部关税领土。

第十三条　作准文本

本协定以中文和英文拟定，一式两份。本协定还将被翻译成保加利亚语、克罗地亚语、捷克语、丹麦语、荷兰语、爱沙尼亚语、芬兰语、法语、德语、希腊语、匈牙利语、意大利语、拉脱维亚语、立陶宛语、马耳他语、波兰语、葡萄牙语、罗马尼亚语、斯洛伐克语、斯洛文尼亚语、西班牙语和瑞典语。以上所有文本应同等作准。如遇解释上的分歧，以中文和英文文本为准。

第十四条　生效、修改和终止

一、双方应通过外交途径以书面形式互相通知已完成本协定生效所需的法律程序，本协定自收到后一份通知之日的第二个月的第一天起生效。

二、双方可以通过相互书面同意的形式修改本协定。协定的修改自双方以书面形式表达同意后的第二个月的第一天起生效。附录的修改应当由根据第十条成立的联合委员会作出决定生效。

三、任何一方可通过外交途径提前一年书面通知另一方终止该协定。

特此作证，下列签字全权代表经相关正式授权后，在本协定上签字。

附录一

双方法律

第一部分　中华人民共和国法律

《中华人民共和国民法典》

《中华人民共和国商标法》

《中华人民共和国产品质量法》

《中华人民共和国标准化法》

《中华人民共和国农业法》

《中华人民共和国农产品质量安全法》

《中华人民共和国商标法实施条例》

《集体商标、证明商标注册和管理办法》（原国家工商行政管理总局令第 6 号）

《驰名商标认定和保护规定》（原国家工商行政管理总局令第 66 号）

《地理标志产品保护规定》（原国家质量监督检验检疫总局令第 78 号）

《国外地理标志产品保护办法》

《农产品地理标志管理办法》

《国外农产品地理标志登记审查规定》

第二部分　欧盟法律

欧洲议会和欧洲理事会 2012 年 11 月 21 日关于农产品和食品质量体系的（EU）第 1151/2012 号法规。

欧洲议会和欧洲理事会 2013 年 12 月 17 日成立农产品市场共同组织并废除（EEC）第 922/72 号、（EEC）第 234/79 号以及（EC）第 1037/2001 号和（EC）第 1234/2007 号法规及其实施细则的（EU）第 1308/2013 号法规。

欧洲议会和欧洲理事会 2014 年 2 月 26 日有关加味葡萄酒产品地理标志的定义、描述、展示、标签及保护并废除（EEC）第 1601/91 号法规的（EU）第 251/2014 号法规。

欧洲议会和欧洲理事会 2019 年 4 月 17 日有关烈酒的定义、描述、展示、标签，其他食品展示和标签中对烈酒名称的使用，烈酒的地理标志保护，酒类饮料中乙醇和农产品馏出物的使用，并废除（EC）第 110/2008 号法规的（EU）第 2019/787 号法规。

附录二

地理标志注册的技术规范

1. 地理标志名称

【插入在原产国注册的名称以及其音译，及出于信息目的提供的意译。】

2. 受保护地理标志产品的类别

【原产国一方根据本国法律列出受保护的地理标志产品类别。】

3. 申请者

【插入申请者/生产团体或协会的名称和地址。】

4. 中国/欧盟成员国原产地的保护

【插入受有关主管部门保护的最初日期并提供受保护的证据。】

5. 产品描述

【插入使用地理标志名称的制成品的简明技术描述（型号、形状、重量、尺寸、颜色、味道、物理和/或化学性质等）。如果是加工产品，还需提供原材料的信息。

如果是葡萄酒或者烈酒，需提供原材料、酒精含量以及物理外观信息。对于葡萄酒而言，需要指出用来酿酒的葡萄品种，是红葡萄酒还是白葡萄酒以及是不起泡葡萄酒还是起泡葡萄酒。】

【如果注册受保护的原产地名称，插入所依据的欧盟相关法律中与饲料（如涉及动物源性产品）和原材料相关的条件。】

6. 地理区域的简要界定

【插入地理区域界限的描述，并描述必须发生在上述确定地理区域的具体生产步骤。】

【如果注册受保护的原产地名称，插入表明所有生产活动将在该地理区域内进行的依据。】

附录三

第二条　第二款所指原产于中华人民共和国的地理标志产品

	在中华人民共和国注册的名称	拉丁字母音译	产品类别	拉丁字母意译（供参考）
1	安吉白茶	Anji Bai Cha	《欧洲联盟运行条约》（以下简称为“《条约》”）附录1的其他产品（香料等）—茶	Anji White Tea
2	安溪铁观音	Anxi Tie Guan Yin	《条约》附录1的其他产品（香料等）—茶	Anxi Tie Guan Yin
3	保山小粒咖啡	Baoshan Xiao Li Ka Fei	《条约》附录1的其他产品（香料等）—咖啡	Baoshan Arabica Coffee
4	赣南脐橙	Gannan Qi Cheng	新鲜或加工水果、蔬菜和谷物—水果	Gannan Navel Orange
5	霍山黄芽	Huoshan Huang Ya	《条约》附录1的其他产品（香料等）—茶	Huoshan Yellow Bud Tea
6	郫县豆瓣	Pixian Dou Ban	新鲜或加工水果、蔬菜和谷物—豆酱	Pixian Bean Paste
7	普洱茶	Pu'er Cha	《条约》附录1的其他产品（香料等）—茶	Pu'er Tea
8	山西老陈醋	Shanxi Lao Chen Cu	《条约》附录1的其他产品（香料等）—醋	Shanxi Aged Vinegar
9	烟台苹果	Yantai Ping Guo	新鲜或加工水果、蔬菜和谷物—水果	Yantai Apple
10	坦洋工夫	Tanyang Gong Fu	《条约》附录1的其他产品（香料等）—茶	Tanyang Gongfu Black Tea
11	白城绿豆	Baicheng Lü Dou	新鲜或加工水果、蔬菜和谷物—豆	Baicheng Mung Bean
12	肇源大米	Zhaoyuan Da Mi	新鲜或加工水果、蔬菜和谷物—大米	Zhaoyuan Rice

续表

	在中华人民共和国注册的名称	拉丁字母音译	产品类别	拉丁字母意译（供参考）
13	婺源绿茶	Wuyuan Lü Cha	《条约》附录 1 的其他产品（香料等）—茶	Wuyuan Green Tea
14	福州茉莉花茶	Fuzhou Mo Li Hua Cha	《条约》附录 1 的其他产品（香料等）—茶	Fuzhou Jasmine Tea
15	房县香菇	Fangxian Xiang Gu	新鲜或加工水果、蔬菜和谷物—蘑菇	Fangxian Mushroom
16	南丰蜜桔	Nanfeng Mi Ju	新鲜或加工水果、蔬菜和谷物—水果	Nanfeng Sweet Orange
17	苍山大蒜	Cangshan Da Suan	新鲜或加工水果、蔬菜和谷物—大蒜	Cangshan Garlic
18	房县黑木耳	Fangxian Hei Mu Er	新鲜或加工水果、蔬菜和谷物—蘑菇	Fangxian Black Fungus
19	凤冈锌硒茶	Fenggang Xin Xi Cha	《条约》附录 1 的其他产品（香料等）—茶	Fenggang Zinc Selenium Tea
20	库尔勒香梨	Ku' erle Xiang Li	新鲜或加工水果、蔬菜和谷物—水果	Korla Pear
21	邳州大蒜	Pizhou Da Suan	新鲜或加工水果、蔬菜和谷物—大蒜	Pizhou Garlic
22	安岳柠檬	Anyue Ning Meng	新鲜或加工水果、蔬菜和谷物—水果	Anyue Lemon
23	正山小种❶	Zhengshan Xiao Zhong	《条约》附录 1 的其他产品（香料等）—茶	Lapsang Souchong
24	兴化香葱	Xinghua Xiang Cong	新鲜或加工水果、蔬菜和谷物—脱水香葱	Xinghua Chive
25	六安瓜片	Lu'an Guapian	《条约》附录 1 的其他产品（香料等）—茶	Lu'an Melon - seed - shaped Tea

❶ 在本协定生效之后的五年过渡期内，对于“正山小种”地理标志的保护不能阻止“Lapsang Souchong”名称在欧盟领土内满足下述条件时作为茶类名称使用，条件是：

——能够证明该产品在 2017 年 6 月 3 日之前已在欧盟上市；并且

——该产品不会误导欧盟消费者；该产品真实的地理原产地必须以清晰可见的方式标明。

续表

	在中华人民共和国注册的名称	拉丁字母音译	产品类别	拉丁字母意译（供参考）
26	宜宾芽菜	Yibin Ya Cai	新鲜或加工水果、蔬菜和谷物—芥菜（腌制蔬菜）	Yibin Bean Sprout
27	静宁苹果	Jingning Ping Guo	新鲜或加工水果、蔬菜和谷物—水果	Jingning Apple
28	安丘大姜	Anqiu Da Jiang	《条约》附录1的其他产品（香料等）—姜	Anqiu Ginger
29	建宁通心白莲	Jianning Tong Xin Bai Lian	《条约》附录1的其他产品（香料等）—莲子	Jianning White Lotus Nut
30	松溪绿茶	Songxi Lü Cha	《条约》附录1的其他产品（香料等）—茶	Songxi Green Tea
31	罗平小黄姜	Luoping Xiao Huang Jiang	《条约》附录1的其他产品（香料等）—姜	Luoping Yellow Ginger
32	苍溪红心猕猴桃	Cangxi Hong Xin Mi Hou Tao	新鲜或加工水果、蔬菜和谷物—水果	Cangxi Red Kiwi Fruit
33	庆元香菇	Qingyuan Xiang Gu	新鲜或加工水果、蔬菜和谷物—蘑菇	Qingyuan Mushroom
34	长寿沙田柚	Changshou Sha Tian You	新鲜或加工水果、蔬菜和谷物—水果	Changshou Shantian Pomelo
35	凤凰单丛	Fenghuang Dan Cong	《条约》附录1的其他产品（香料等）—茶	Fenghuang Single Cluster
36	涪城麦冬	Fucheng Mai Dong	新鲜或加工水果、蔬菜和谷物—块茎	Fucheng Ophiopogon *japonicus*
37	狗牯脑	Gou Gu Nao	《条约》附录1的其他产品（香料等）—茶	Gougunao Tea
38	武夷山大红袍	Wuyishan Da Hong Pao	《条约》附录1的其他产品（香料等）—茶	Mount Wuyi Da Hong Pao
39	晋州鸭梨	Jinzhou Ya Li	新鲜或加工水果、蔬菜和谷物—水果	Jinzhou Pear
40	吐鲁番葡萄干	Turpan Pu Tao Gan	新鲜或加工水果、蔬菜和谷物—葡萄干	Turpan Raisin

续表

	在中华人民共和国注册的名称	拉丁字母音译	产品类别	拉丁字母意译（供参考）
41	安化黑茶	Anhua Hei Cha	《条约》附录1的其他产品（香料等）—茶	Anhua Dark Tea
42	嵊泗贻贝	Shengsi Yi Bei	新鲜鱼类、软体动物、甲壳类动物及其衍生产品— 贻贝	Shengsi Mussel
43	辽中玫瑰	Liaozhong Mei Gui	花和其他观赏植物—花	Liaozhong Rose
44	横县茉莉花茶	Hengxian Mo Li Hua Cha	《条约》附录1的其他产品（香料等）—茶	Hengxian Jasmine Tea
45	蒲江雀舌	Pujiang Que She	《条约》附录1的其他产品（香料等）—茶	Pujiang Que She Tea
46	峨眉山茶	Emeishan Cha	《条约》附录1的其他产品（香料等）—茶	Mount Emei Tea
47	朵贝茶	Duobei Cha	《条约》附录1的其他产品（香料等）—茶	Duobei Tea
48	五常大米	Wuchang Da Mi	新鲜或加工水果、蔬菜和谷物—大米	Wuchang Rice
49	福鼎白茶	Fuding Bai Cha	《条约》附录1的其他产品（香料等）—茶	Fuding White Tea
50	吴川月饼	Wuchuan Yue Bing	面包、糕点、蛋糕、甜食、饼干及其他烘焙品—糕点	Wuchuan Mooncake
51	兴隆咖啡	Xinglong Ka Fei	《条约》附录1的其他产品（香料等）—咖啡	Xinglong Coffee
52	绍兴酒	Shaoxing Jiu	米酒类	Shaoxing Rice Wine
53	贺兰山东麓葡萄酒	Helanshan Dong Lu Pu Tao Jiu	红酒	Wine in Helan Mountain East Region
54	桓仁冰酒	Huanren Bing Jiu	红酒	Huanren Icewine
55	烟台葡萄酒	Yantai Pu Tao Jiu	红酒	Yantai Wine
56	惠水黑糯米酒	Huishui Hei Nuo Mi Jiu	米酒类	Huishui Black Glutinous Rice Wine

续表

	在中华人民共和国注册的名称	拉丁字母音译	产品类别	拉丁字母意译（供参考）
57	西峡香菇	Xixia Xiang Gu	新鲜或加工水果、蔬菜和谷物—蘑菇	Xixia Mushroom
58	红崖子花生	Hongyazi Hua Sheng	新鲜或加工水果、蔬菜和谷物—花生	Hongyazi Peanut
59	武夷岩茶	Wuyi Yan Cha	《条约》附录1的其他产品（香料等）—茶	Wuyi Rock Tea
60	英德红茶	Yingde Hong Cha	《条约》附录1的其他产品（香料等）—茶	Yingde Black Tea
61	剑南春酒	Jian Nan Chun Jiu/Jian Nan Chun Chiew	烈酒	Jian Nan Chun Liquor
62	高炉家酒（高炉酒）	Gao Lu Jia Jiu/Gao Lu Jiu	烈酒	Gao Lu Jia Liquor/Gao Lu Liquor
63	扳倒井酒	Ban Dao Jing Jiu	烈酒	Ban Dao Jing Liquor
64	沙城葡萄酒	Shacheng Pu Tao Jiu	红酒	Shacheng Wine
65	茅台酒（贵州茅台酒）	Moutai Jiu（Kweichow Moutai Jiu）/Moutai Chiew（Kweichow Moutai Chiew)	烈酒	Moutai Liquor/Kweichow Moutai Liquor
66	五粮液	Wu Liang Ye	烈酒	Wuliangye Liquor
67	盘锦大米	Panjin Da Mi	新鲜或加工水果、蔬菜和谷物—大米	Panjin Rice
68	吉县苹果	Jixian Ping Guo	新鲜或加工水果、蔬菜和谷物—水果	Jixian Apple
69	鄂托克阿尔巴斯山羊肉	Etuoke Aerbasi Shan Yang Rou	鲜肉（及动物内脏）—羊肉	Otog Arbas Goat Meat
70	扎兰屯黑木耳	Zhalantun Hei Mu Er	新鲜或加工水果、蔬菜和谷物—蘑菇	Zhalantun Black Fungus
71	岫岩滑子蘑	Xiuyan Hua Zi Mo	新鲜或加工水果、蔬菜和谷物—蘑菇	Xiuyan Pholiota Nameko
72	东港大黄蚬	Donggang Da Huang Xian	新鲜鱼类、软体动物、甲壳类动物及其衍生产品— 贻贝	Donggang Surf Clam

续表

	在中华人民共和国注册的名称	拉丁字母音译	产品类别	拉丁字母意译（供参考）
73	东宁黑木耳	Dongning Hei Mu Er	新鲜或加工水果、蔬菜和谷物—蘑菇	Dongning Black Fungus
74	南京盐水鸭	Nanjing Yan Shui Ya	肉制品（烹制、腌制、熏制等）—鸭肉	Nanjing Salted Duck
75	千岛银珍	Qiandao Yin Zhen	《条约》附录1的其他产品（香料等）—茶	Qiandao Rare Tea
76	泰顺三杯香茶	Taishun San Bei Xiang Cha	《条约》附录1的其他产品（香料等）—茶	Taishun Three Cups of Incense Tea
77	金华两头乌猪	Jinhua Liang Tou Wu Zhu	鲜肉（及动物内脏）—猪肉	Jinhua Pig
78	罗源秀珍菇	Luoyuan Xiu Zhen Gu	新鲜或加工水果、蔬菜和谷物—蘑菇	Luoyuan Pleurotus Geesteranus
79	桐江鲈鱼	Tongjiang Lu Yu	新鲜鱼类、软体动物、甲壳类动物及其衍生产品—鱼	Tongjiang Bass
80	乐安竹笋	Le' an Zhu Sun	新鲜或加工水果、蔬菜和谷物—蔬菜	Le' an Bamboo Shoots
81	莒南花生	Junan Hua Sheng	新鲜或加工水果、蔬菜和谷物—花生	Junan Peanut
82	文登苹果	Wendeng Ping Guo	新鲜或加工水果、蔬菜和谷物—水果	Wendeng Apple
83	安丘大葱	Anqiu Da Cong	新鲜或加工水果、蔬菜和谷物—蔬菜	Anqiu Chinese Onion
84	香花辣椒	Xianghua La Jiao	新鲜或加工水果、蔬菜和谷物—蔬菜	Xianghua Chilli
85	麻城福白菊	Macheng Fu Bai Ju	《条约》附录1的其他产品（香料等）—茶	Macheng Chrysanthemum Tea
86	潜江龙虾	Qianjiang Long Xia	新鲜鱼类、软体动物、甲壳类动物及其衍生产品—淡水龙虾	Qianjiang Crayfish

续表

	在中华人民共和国注册的名称	拉丁字母音译	产品类别	拉丁字母意译（供参考）
87	宜都宜红茶	Yidu Yi Hong Cha	《条约》附录1的其他产品（香料等）—茶	Yidu Black Tea
88	大埔蜜柚	Dapu Mi You	新鲜或加工水果、蔬菜和谷物—水果	Tai Po Honey Pomelo
89	桂平西山茶	Guiping Xi Shan Cha	《条约》附录1的其他产品（香料等）—茶	Guiping Xishan Tea
90	百色芒果	Baise Mang Guo	新鲜或加工水果、蔬菜和谷物—水果	Baise Mango
91	巫溪洋芋	Wuxi Yang Yu	新鲜或加工水果、蔬菜和谷物—蔬菜	Wuxi Potato
92	四川泡菜	Sichuan Pao Cai	新鲜或加工水果、蔬菜和谷物—泡菜	Sichuan Style Pickles
93	纳溪特早茶	Naxi Te Zao Cha	《条约》附录1的其他产品（香料等）—茶	Naxi Early - Spring Tea
94	普洱咖啡	Pu' er Ka Fei	《条约》附录1的其他产品（香料等）—咖啡	Pu'er Coffee
95	横山大明绿豆	Hengshan Da Ming Lü Dou	新鲜或加工水果、蔬菜和谷物—豆	Hengshan Daming Mung Bean
96	眉县猕猴桃	Meixian Mi Hou Tao	新鲜或加工水果、蔬菜和谷物—水果	Meixian Kiwifruit
97	天祝白牦牛	Tianzhu Bai Mao Niu	鲜肉（及动物内脏）—牦牛肉	Tianzhu White Yak
98	柴达木枸杞	Chaidamu Gou Qi	新鲜或加工水果、蔬菜和谷物—枸杞	Chaidamu Goji Berry
99	宁夏大米	Ningxia Da Mi	新鲜或加工水果、蔬菜和谷物—大米	Ningxia Rice
100	精河枸杞	Jinghe Gou Qi	新鲜或加工水果、蔬菜和谷物—枸杞	Jinghe Goji Berry

附录四

第二条 第三款所指原产于欧盟的地理标志产品

	在欧盟注册的名称	中文音译	产品类别
	塞浦路斯		
1	Ζηβαλία/Σδηβαλία/Ζηβάλα/Zivania	塞浦路斯鱼尾菊酒	烈酒
	捷克		
2	eskobud ě jovické pivo	捷克布杰约维采啤酒	啤酒
3	atecký chmel	萨兹啤酒花	《欧洲联盟运行条约》（以下简称为“《条约》”）附录 1 的其他产品（香料等）—啤酒花
	德国		
4	Rheinhessen	莱茵黑森葡萄酒	葡萄酒
5	Mosel	摩泽尔葡萄酒	葡萄酒
	在欧盟注册的名称	中文音译	产品类别
6	Franken	弗兰肯葡萄酒	葡萄酒
7	Münchener Bier	慕尼黑	啤酒
8	Bayerisches Bier	巴伐利亚啤酒	啤酒
	丹麦		
9	Danablu	丹麦蓝乳酪	奶酪
	爱尔兰		
10	Irish cream	爱尔兰奶油利口酒	烈酒
11	Irish whiskey/Irish whisky/Uisce Beatha Eireannach	爱尔兰威士忌	烈酒
	希腊		
12	άκος/Samos	萨摩斯甜酒	葡萄酒
13	εηειά Λαζηζίοσ Κρήηες/Sitia Lasithiou Kritis	西提亚橄榄油	油脂和脂肪（黄油、人造奶油、油等）—橄榄油
14	Ειηά Καιακάηας/Elia Kalamatas	卡拉马塔黑橄榄	新鲜或加工水果、蔬菜和谷物—食用橄榄

续表

	在欧盟注册的名称	中文音译	产品类别
15	Μαζηίτα Χίοσ/Masticha Chiou	希俄斯乳香	天然树胶和树脂—咀嚼树胶
16	Φέηα/Feta❶	菲达奶酪	奶酪
	西班牙		
17	Rioja	里奥哈	葡萄酒
18	Cava	卡瓦	葡萄酒
19	Cataluña	加泰罗尼亚	葡萄酒
20	La Mancha	拉曼恰	葡萄酒
21	Valdepeñas	瓦尔德佩涅斯	葡萄酒
22	Brandy de Jerez	雪莉白兰地	烈酒
23	Queso Manchego❷	蒙切哥乳酪	奶酪
24	Jerez/Xérès/Sherry	赫雷斯 - 雪莉	/
25	Navarra	纳瓦拉	葡萄酒
26	Valencia	瓦伦西亚	葡萄酒
27	Sierra Mágina	马吉那山脉	油脂和脂肪（黄油、人造奶油、油等）—橄榄油
28	Priego de Córdoba	布列高科尔多瓦	油脂和脂肪（黄油、人造奶油、油等）—橄榄油
	法国		
29	Alsace	阿尔萨斯	葡萄酒
30	Armagnac	雅文邑	烈酒
31	Beaujolais	博若莱	葡萄酒
32	Bordeaux	波尔多	葡萄酒
33	Bourgogne	勃艮第	葡萄酒
34	Calvados	卡尔瓦多斯	烈酒
35	Chablis	夏布利	葡萄酒
36	Champagne	香槟	葡萄酒

❶ 在本协定生效之后的八年过渡期内，对于“Feta”（菲达奶酪）地理标志的保护不能阻止“Feta”（菲达奶酪）名称在中华人民共和国领土内满足下述条件时在奶酪上的使用，条件是：

——能够证明相关产品在2017年6月3日之前已在中国上市；并且

——相关产品不会误导中国消费者；相关产品真实的地理产地必须以清晰可见的方式标明。

❷ 不寻求对“queso”（乳酪）名称的保护。

续表

	在欧盟注册的名称	中文音译	产品类别
37	Châteauneuf – du – Pape	教皇新堡	葡萄酒
38	Cognac/eau – de – vie de cognac/eau – de – vie des charentes	干邑/干邑葡萄蒸馏酒/夏朗德葡萄蒸馏酒	烈酒
39	Comté	孔泰（奶酪）	奶酪
40	Côtes de Provence	普罗旺斯丘	葡萄酒
41	Côtes du Rhône	罗讷河谷	葡萄酒
42	Côtes du Roussillon	露喜龙丘	葡萄酒
43	Graves	格拉夫	葡萄酒
44	Languedoc	朗格多克	葡萄酒
45	Margaux	玛歌	葡萄酒
46	Médoc	梅多克	葡萄酒
47	Pauillac	波亚克	葡萄酒
48	Pays d'Oc	奥克地区	葡萄酒
49	Pessac – Léognan	佩萨克 – 雷奥良	葡萄酒
50	Pomerol	波美侯	葡萄酒
51	Pruneaux d'Agen/ Pruneaux d'Agen mi – cuits	阿让李子干	新鲜或加工水果、蔬菜和谷物—李子干
52	Roquefort	洛克福（奶酪）	奶酪
53	Saint – Emilion	圣埃米利永/圣埃米利隆	葡萄酒
匈牙利			
54	Tokaj	托卡伊葡萄酒	葡萄酒
意大利			
55	Aceto balsamico di Modena	摩德纳香醋	《条约》附录 1 的其他产品（香料等）—调味品
56	Asiago❶	艾斯阿格	奶酪

❶ 在本协定生效之后的六年过渡期内，对“Asiago”（艾斯阿格）地理标志的保护不能阻止“Asiago”（艾斯阿格）名称在中华人民共和国领土内满足下述条件时在奶酪上的使用，条件是：

——能够证明相关产品在 2017 年 6 月 3 日之前已在中国上市；并且

——相关产品不会误导中国消费者；相关产品真实的地理产地必须以清晰可见的方式标明。

续表

	在欧盟注册的名称	中文音译	产品类别
57	Asti	阿斯蒂	葡萄酒
58	Barbaresco	巴巴列斯科	葡萄酒
59	Bardolino Superiore	超级巴多利诺	葡萄酒
60	Barolo	巴罗洛	葡萄酒
61	Brachetto d'Acqui	布拉凯多	葡萄酒
62	Bresaola della Valtellina	瓦特里纳风干牛肉火腿	肉制品（烹制、腌制、熏制等）
63	Brunello di Montalcino	布鲁内洛蒙塔奇诺	葡萄酒
64	Chianti	圣康帝	葡萄酒
65	Conegliano – Valdobbiadene – Prosecco	科内利亚诺瓦尔多比亚德尼 – 普罗塞克	葡萄酒
66	Dolcetto d'Alba	阿尔巴杜塞托	葡萄酒
67	Franciacorta	弗朗齐亚科达	葡萄酒
68	Gorgonzola	戈贡佐拉	奶酪
69	Grana Padano	哥瑞纳 – 帕达诺奶酪	奶酪
70	Grappa	格拉帕酒	烈酒
71	Montepulciano d'Abruzzo	蒙帕塞诺阿布鲁佐	葡萄酒
72	Mozzarella di Bufala Campana❶	坎帕尼亚水牛马苏里拉奶酪	奶酪
73	Parmigiano Reggiano❷	帕马森雷加诺	奶酪
74	Pecorino Romano❸	佩克利诺罗马羊奶酪	奶酪
75	Prosciutto di Parma	帕尔玛火腿	肉制品（烹制、腌制、熏制等）—火腿

❶ 不寻求对“Mozarrella”（马苏里拉）名称的保护。

❷ 本协定提供的保护不延展至“Parmesan”名称。

❸ 不寻求对“Pecorino”（佩克利诺）名称的保护。

对“Pecorino Romano”（佩克利诺罗马羊奶酪）地理标志的保护不能阻止“Romano”（罗马）名称在中华人民共和国领土内非奶酪产品上使用。在本协定生效后的三年过渡期内，对“Pecorino Romano”（佩克利诺罗马羊奶酪）地理标志的保护不能阻止“Romano”（罗马）名称在中华人民共和国领土内满足下述条件时在奶酪上使用，条件是：

——能够证明相关产品在2017年6月3日之前已在中国上市；并且

——相关产品真实的地理产地必须以清晰可见的方式标明。

续表

	在欧盟注册的名称	中文音译	产品类别
76	Prosciutto di San Daniele❶	圣达涅莱火腿	肉制品（烹制、腌制、熏制等）—火腿
77	Soave	苏瓦韦	葡萄酒
78	Taleggio	塔雷吉欧乳酪	奶酪
79	Toscano/Toscana	托斯卡诺/托斯卡纳	葡萄酒
80	Vino nobile di Montepulciano❷	蒙特普齐亚诺贵族葡萄酒	葡萄酒
	立陶宛		
81	Originali lietuviška degtin/ Original Lithuanian vodka	立陶宛原味伏特加	烈酒
	奥地利		
82	Steirisches Kürbiskemöl	施泰尔南瓜籽油	油脂和脂肪（黄油、人造奶油、油等）—南瓜籽油
	波兰		
83	Polska Wódka/Polish Vodka	波兰伏特加	烈酒
	葡萄牙		
84	Alentejo	阿兰特茹	葡萄酒
85	Dão	杜奥	葡萄酒
86	Douro	杜罗	葡萄酒
87	Pêra Rocha do Oeste（fruit）	西罗沙梨	新鲜或加工水果、蔬菜和谷物
88	Porto/Port/Oporto	波特酒	葡萄酒
89	Vinho Verde	葡萄牙绿酒	葡萄酒
	罗马尼亚		
90	Cotnari	科特纳里葡萄酒	葡萄酒
	斯洛伐克		
91	Vinohradnícka oblas Tokaj	托卡伊葡萄酒产区	葡萄酒
	斯洛文尼亚		
92	Vipavska dolina	多丽娜葡萄酒	葡萄酒

❶ 不寻求对“Prosciutto”（火腿）名称的保护。

❷ 不寻求对“Vino nobile di”（贵族）名称的保护。

续表

	在欧盟注册的名称	中文音译	产品类别
	芬兰		
93	Suomalainen Vodka/Finsk Vodka/Vodka of Finland	芬兰伏特加	烈酒
	瑞典		
94	Svensk Vodka/Swedish Vodka	瑞典伏特加	烈酒
	英国		
95	Scotch Whisky	苏格兰威士忌	烈酒
96	Scottish farmed salmon	苏格兰养殖三文鱼	鱼
97	West Country Farmhouse Cheddar	西乡农场切德（奶酪）	奶酪
98	White Stilton cheese/Blue Stilton cheese	斯提尔顿白奶酪/斯提尔顿蓝奶酪	奶酪
	比利时、德国、法国、荷兰		
99	Genièvre/Jenever/Genever	仁内华	烈酒
	塞浦路斯、希腊		
100	Ούζο/ Ouzo	乌佐茴香酒	烈酒

附录五

第三条　第一款所指原产于中华人民共和国的地理标志产品

	在中华人民共和国注册的名称	拉丁字母音译	产品类别	拉丁字母意译（供参考）
1	临沧坚果	Lincang Jian Guo	新鲜或加工水果、蔬菜和谷物—坚果	Lincang Macadamia
2	曹县芦笋	Caoxian Lu Sun	新鲜或加工水果、蔬菜和谷物—芦笋	Caoxian Asparagus
3	莱芜生姜	Laiwu Sheng Jiang	新鲜或加工水果、蔬菜和谷物—生姜	Laiwu Ginger
4	桂林罗汉果	Guilin Luo Han Guo	新鲜或加工水果、蔬菜和谷物—水果	Guilin Monk Fruit
5	杞县大蒜	Qixian Da Suan	新鲜或加工水果、蔬菜和谷物—大蒜	Qixian Garlic
6	伍家台贡茶	Wujiatai Gong Cha	《欧洲联盟运行条约》（以下简称为“《条约》”）附录 1 的其他产品（香料等）—茶	Wujiatai Tribute Tea
7	贵州绿茶	Guizhou Lü Cha	《条约》附录 1 的其他产品（香料等）—茶	Guizhou Green Tea
8	金塔番茄	Jinta Fan Qie	新鲜或加工水果、蔬菜和谷物—番茄	Jinta Tomato
9	阿拉善白绒山羊	Alashan Bai Rong Shan Yang	鲜肉（及动物内脏）—绒山羊	Alxa Cashmere Goat
10	径山茶	Jingshan Cha	《条约》附录 1 的其他产品（香料等）—茶	Jingshan Tea
11	霍城薰衣草	Huocheng Xun Yi Cao	花和其他观赏植物—薰衣草	Huocheng Lavender
12	勃利红松籽	Boli Hong Song Zi	新鲜或加工水果、蔬菜和谷物—坚果	BoLi Pinenut

续表

	在中华人民共和国注册的名称	拉丁字母音译	产品类别	拉丁字母意译（供参考）
13	周至猕猴桃	Zhouzhi Mi Hou Tao	新鲜或加工水果、蔬菜和谷物—猕猴桃	Zhouzhi Kiwifruit
14	内黄花生	Neihuang Hua Sheng	新鲜或加工水果、蔬菜和谷物—坚果	Neihuang Peanut
15	北票荆条蜜	Beipiao Jing Tiao Mi	其他动物源性产品（鸡蛋、蜂蜜、除黄油外的各种乳制品等）—蜂蜜	Beipiao Vitex Honey
16	彭州莴笋	Pengzhou Wo Sun	新鲜或加工水果、蔬菜和谷物—莴笋	Pengzhou Asparagus Lettuce
17	阿拉善双峰驼	Alashan Shuang Feng Tuo	鲜肉（及动物内脏）—双峰驼	Alxa Bactrian Camel
18	穆棱大豆	Muling Da Dou	新鲜或加工水果、蔬菜和谷物—大豆	Muling Soybean
19	鄂托克螺旋藻	Etuoke Luo Xuan Zao	水生植物—螺旋藻	Otog Spirulina
20	广昌白莲	Guangchang Bai Lian	新鲜或加工水果、蔬菜和谷物—莲子	Guangchang White Lotus
21	小金苹果	Xiaojin Ping Guo	新鲜或加工水果、蔬菜和谷物—苹果	Xiaojin Apple
22	九寨沟蜂蜜	Jiuzhaigou Feng Mi	其他动物源性产品（鸡蛋、蜂蜜、除黄油外的各种乳制品等）—蜂蜜	Jiuzhaigou Honey
23	三亚芒果	Sanya Mang Guo	新鲜或加工水果、蔬菜和谷物—芒果	Sanya Mango
24	黑水中蜂蜜	Heishui Zhong Feng Mi	其他动物源性产品（鸡蛋、蜂蜜、除黄油外的各种乳制品等）—蜂蜜	Heishui Chinese Honey
25	覃塘毛尖	Qintang Mao Jian	《条约》附录1的其他产品（香料等）—茶	Qintang Mao Jian Tea
26	宜州桑蚕茧	Yizhou Sang Can Jian	其他动物源性产品—蚕茧	Yizhou Silkworm Cocoon

续表

	在中华人民共和国注册的名称	拉丁字母音译	产品类别	拉丁字母意译（供参考）
27	滕州马铃薯	Tengzhou Ma Ling Shu	新鲜或加工水果、蔬菜和谷物—马铃薯	Tengzhou Potato
28	普陀佛茶	Putuo Fo Cha	《条约》附录1的其他产品（香料等）—茶	Putuo Buddha Tea
29	江津花椒	Jiangjin Hua Jiao	新鲜或加工水果、蔬菜和谷物—花椒	Jiangjin Pepper
30	中宁枸杞	Zhongning Gou Qi	新鲜或加工水果、蔬菜和谷物—枸杞	Zhongning Goji Berry
31	三亚甜瓜	Sanya Tian Gua	新鲜或加工水果、蔬菜和谷物—甜瓜	Sanya Melon
32	临海西兰花	Linhai Xi Lan Hua	新鲜或加工水果、蔬菜和谷物—西兰花	Linhai Broccoli
33	大连苹果	Dalian Ping Guo	新鲜或加工水果、蔬菜和谷物—苹果	Dalian Apple
34	榆林马铃薯	Yulin Ma Ling Shu	新鲜或加工水果、蔬菜和谷物—马铃薯	Yulin Potato
35	攀枝花芒果	Panzhihua Mang Guo	新鲜或加工水果、蔬菜和谷物—芒果	Panzhihua Mango
36	水城猕猴桃	Shuicheng Mi Hou Tao	新鲜或加工水果、蔬菜和谷物—猕猴桃	Shuicheng Kiwifruit
37	宜昌蜜桔	Yichang Mi Ju	新鲜或加工水果、蔬菜和谷物—蜜桔	Yichang Sweet Orange
38	湟中燕麦	Huangzhong Yan Mai	新鲜或加工水果、蔬菜和谷物—燕麦	Huangzhong Oats
39	博湖辣椒	Bohu La Jiao	新鲜或加工水果、蔬菜和谷物—辣椒	Bohu Chilli
40	平和白芽奇兰	Pinghe Bai Ya Qi Lan	《条约》附录1的其他产品（香料等）—茶	Pinghe Bai Ya Qi Lan Tea
41	白莲鹅	Bailian E	鲜肉（及动物内脏）—鹅	Bailian Goose
42	广汉缠丝兔	Guanghan Chan Si Tu	肉制品（烹制、腌制、熏制等）—兔肉	Guanghan Rabbit

续表

	在中华人民共和国注册的名称	拉丁字母音译	产品类别	拉丁字母意译（供参考）
43	茶淀玫瑰香葡萄	Chadian Mei Gui Xiang Pu Tao	新鲜或加工水果、蔬菜和谷物—葡萄	Chadian Muscat Grape
44	策勒红枣	Cele Hong Zao	新鲜或加工水果、蔬菜和谷物—红枣	Cele Red Jujube
45	隆化小米	Longhua Xiao Mi	新鲜或加工水果、蔬菜和谷物—小米	Longhua Millet
46	保靖黄金茶	Baojing Huang Jin Cha	《条约》附录1的其他产品（香料等）—茶	Baojing Golden Tea
47	五指山红茶	Wuzhishan Hong Cha	《条约》附录1的其他产品（香料等）—茶	Wuzhishan Black Tea
48	张北马铃薯	Zhangbei Ma Ling Shu	新鲜或加工水果、蔬菜和谷物—马铃薯	Zhangbei Potato
49	都江堰方竹笋	Dujiangyan Fang Zhu Sun	新鲜或加工水果、蔬菜和谷物—竹笋	Dujiangyan Square Bamboo Shoots
50	安顺山药	Anshun ShanYao	新鲜或加工水果、蔬菜和谷物—山药	Anshun Chinese Yam
51	嘉峪关洋葱	Jiayuguan Yang Cong	新鲜或加工水果、蔬菜和谷物—洋葱	Jiayuguan Onion
52	北京鸭	Beijing Ya	鲜肉（及动物内脏）—鸭肉	Peking Duck
53	从江香禾糯	Congjiang Xiang He Nuo	新鲜或加工水果、蔬菜和谷物—糯米	Congjiang Fragrant Glutinous Rice
54	北苑贡茶	Beiyuan Gong Cha	《条约》附录1的其他产品（香料等）—茶	Beiyuan Tribute Tea
55	肃宁裘皮	Suning Qiu Pi	《条约》附录1的其他产品（香料等）—裘皮	Suning Fur
56	镇湖刺绣	Zhenhu Ci Xiu	其他动物源性产品（鸡蛋、蜂蜜、除黄油外的各种乳制品等）—丝	Zhenhu Embroidery
57	舒席	Shu Xi	柳编	Shu Mat

续表

	在中华人民共和国注册的名称	拉丁字母音译	产品类别	拉丁字母意译（供参考）
58	霍邱柳编	Huoqiu Liu Bian	柳编	Huoqiu Wickerwork
59	宣纸	Xuan Zhi	草	Xuan Paper
60	连史纸	Lian – shi Zhi	竹	Lian – shi Paper
61	黄梅挑花	Huangmei Tiao Hua	棉布	Huangmei Cross-stitch
62	香云纱	Xiangyun Sha	其他动物源性产品（鸡蛋、蜂蜜、除黄油外的各种乳制品等）—丝	Xiangyun Gambiered Gauze
63	蜀锦	Shu Jin	其他动物源性产品（鸡蛋、蜂蜜、除黄油外的各种乳制品等）—丝	Shu Brocade
64	蜀绣	Shu Xiu	其他动物源性产品（鸡蛋、蜂蜜、除黄油外的各种乳制品等）—丝	Shu Embroider
65	青神竹编	Qingshen Zhu Bian	竹编	Qingshen Bamboo Weaving
66	石泉蚕丝	Shiquan Can Si	其他动物源性产品（鸡蛋、蜂蜜、除黄油外的各种乳制品等）—丝	Shiquan Silk
67	黄岗柳编	Huanggang Liu Bian	柳编	Huanggang Wicker
68	遂昌竹炭	Suichang Zhu Tan	竹	Suichang Bamboo Charcoal
69	牛栏山二锅头	Niulanshan Er Guo Tou	烈酒	Niulanshan Erguotou Liquor
70	涉县柴胡	Shexian Chai Hu	新鲜或加工水果、蔬菜和谷物—根	Shexian Bupleurum
71	泊头鸭梨	Botou Ya Li	新鲜或加工水果、蔬菜和谷物—鸭梨	Botou Ya Pear
72	戎子酒庄葡萄酒	Rongzi Wine Pu Tao Jiu	葡萄酒	Chateau Rongzi Wine

续表

	在中华人民共和国注册的名称	拉丁字母音译	产品类别	拉丁字母意译（供参考）
73	老龙口白酒	Laolongkou Bai Jiu	烈酒	Laolongkou Liquor
74	新农寒富苹果	Xinnong Han Fu Ping Guo	新鲜或加工水果、蔬菜和谷物—苹果	Xinnong Hanfu Apple
75	吉林长白山人参	Jilin Changbaishan Ren Shen	新鲜或加工水果、蔬菜和谷物—块茎	Jilin Changbai Mountain Ginseng
76	露水河红松母林籽仁	Lushuihe Hong Song Mu Lin Zi Ren	新鲜或加工水果、蔬菜和谷物—种子	Lushuihe Pine Seeds and Kernel
77	太保胡萝卜	Taibao Hu Luo Bo	新鲜或加工水果、蔬菜和谷物—胡萝卜	Taibao Carrot
78	佳木斯大米	Jiamusi Da Mi	新鲜或加工水果、蔬菜和谷物—大米	Kiamusze Rice
79	饶河东北黑蜂蜂蜜	Raohe Dong Bei Hei Feng Feng Mi	其他动物源性产品（鸡蛋、蜂蜜、黄油之外的各类奶制品等）—蜂蜜	Honey of Raohe Northeast Black Bees
80	雨花茶	Yu Hua Cha	《条约》附录1的其他产品（香料等）—茶	Yuhua Tea
81	洞庭（山）碧螺春茶	Dongtingshan Bi Luo Chun Cha	《条约》附录1的其他产品（香料等）—茶	Dongting Mountain Biluochun Tea
82	阳澄湖大闸蟹	Yangchenghu Da Zha Xie	新鲜鱼类、软体动物、甲壳类动物及其衍生产品—螃蟹	Yangcheng Lake Crab
83	盱眙龙虾	Xuyi Long Xia	新鲜鱼类、软体动物、甲壳类动物及其衍生产品—小龙虾	Xuyi Crayfish
84	洋河大曲	Yanghe Da Qu	烈酒	Yanghe Daqu Liquor
85	舟山三疣梭子蟹	Zhoushan San You Suo Zi Xie	新鲜鱼类、软体动物、甲壳类动物及其衍生产品—梭子蟹	Zhoushan Portunus Trituberculatus
86	舟山带鱼	Zhou Shan Dai Yu	新鲜鱼类、软体动物、甲壳类动物及其衍生产品—带鱼	Zhoushan Hairtail

续表

	在中华人民共和国注册的名称	拉丁字母音译	产品类别	拉丁字母意译（供参考）
87	金华火腿	Jinhua Huo Tui	肉制品（烹制、腌制、熏制等）—火腿	Jinhua Ham
88	文成粉丝	Wencheng Fen Si	新鲜或加工水果、蔬菜和谷物—粉丝	Wencheng Vermicelli
89	常山胡柚	Changshan Hu You	新鲜或加工水果、蔬菜和谷物—柚子	Changshan Pomelo
90	文成杨梅	Wencheng Yang Mei	新鲜或加工水果、蔬菜和谷物—杨梅	Wencheng Waxberry
91	太平猴魁茶	Taiping Hou Kui Cha	附录1其他产品（香料等）—茶	Taiping Hou Kui Tea
92	黄山毛峰茶	Huangshan Mao Feng Cha	附录1其他产品（香料等）—茶	Huangshan Maofeng Tea
93	霍山石斛	Huoshan Shi Hu	新鲜或加工水果、蔬菜和谷物—茎	Huoshan dendrobe
94	岳西翠兰	Yuexi Cui Lan	附录1其他产品（香料等）—茶	Yuexi Cuilan Tea
95	古井贡酒	Gujing Gong Jiu	烈酒	Gujing Gongjiu liquor
96	涡阳苔干	Guoyang Tai Gan	新鲜或加工水果、蔬菜和谷物—苔干	GuoYang TaiGan
97	政和白茶	Zhenghe Bai Cha	附录1其他产品（香料等）—茶	Zhenghe White Tea
98	松溪红茶	Songxi Hong Cha	附录1其他产品（香料等）—茶	Songxi Black Tea
99	南日鲍	Nanri Bao	新鲜鱼类、软体动物、甲壳类动物及其衍生产品—鲍鱼	Nanri Abalone
100	云霄枇杷	Yunxiao Pi Pa	新鲜或加工水果、蔬菜和谷物—枇杷	Yunxiao Loquat
101	宁德大黄鱼	Ningde Da Huang Yu	新鲜鱼类、软体动物、甲壳类动物及其衍生产品—大黄鱼	Ningde Large yellow Croaker

续表

	在中华人民共和国注册的名称	拉丁字母音译	产品类别	拉丁字母意译（供参考）
102	河龙贡米	Helong Gong Mi	新鲜或加工水果、蔬菜和谷物—大米	Helong Rice
103	会昌米粉	Huichang Mi Fen	新鲜或加工水果、蔬菜和谷物—米粉	Huichang Rice Noodle
104	赣南茶油	Gannan Cha You	油脂和脂肪（黄油、人造奶油、油等）—油脂	Gannan Camellia Oil
105	泰和乌鸡	Taihe Wu Ji	鲜肉（及动物内脏）—鸡肉	Taihe silk chicken
106	浮梁茶	Fuliang Cha	附录1其他产品（香料等）—茶	Fuliang Tea
107	信丰红瓜子	Xinfeng Hong Gua Zi	新鲜或加工水果、蔬菜和谷物—西瓜子	Xinfeng red Melonseed
108	寻乌蜜桔	Xunwu Mi Ju	新鲜或加工水果、蔬菜和谷物—蜜桔	Xunwu Orange
109	日照绿茶	Rizhao Lv Cha	附录1其他产品（香料等）—茶	Rizhao Green Tea
110	沾化冬枣	Zhanhua Dong Zao	新鲜或加工水果、蔬菜和谷物—冬枣	Zhanhua Winter Jujube
111	沂水苹果	Yishui Ping Guo	新鲜或加工水果、蔬菜和谷物—苹果	Yishui Apple
112	平阴玫瑰	Pingyin Mei Gui	花和其他观赏植物—花	Pingyin Rose
113	菏泽牡丹籽油	Heze Mu Dan Zi You	油脂和脂肪（黄油、人造奶油、油等）—油脂	Heze Peony Seed Oil
114	陈集山药	Chenji Shan Yao	新鲜或加工水果、蔬菜和谷物—山药	Chenji Yam
115	水沟庙大蒜	Shuigoumiao Da Suan	新鲜或加工水果、蔬菜和谷物—大蒜	Shuigoumiao Garlic
116	灵宝苹果	Lingbao Ping Guo	新鲜或加工水果、蔬菜和谷物—苹果	Lingbao Apple
117	正阳花生	Zhengyang Hua Sheng	新鲜或加工水果、蔬菜和谷物—花生	Zhengyang Peanut

续表

	在中华人民共和国注册的名称	拉丁字母音译	产品类别	拉丁字母意译（供参考）
118	柘城辣椒	Zhecheng La Jiao	新鲜或加工水果、蔬菜和谷物—辣椒	Zhecheng Chili
119	泸州老窖酒	Luzhou Laojiao Jiu	烈酒	Luzhou Laojiao Liquor
120	赤壁青砖茶	Chibi Qing Zhuan Cha	附录1其他产品（香料等）—茶	Chibi Qing Brick Tea
121	英山云雾茶	Yingshang Yun Wu Cha	附录1其他产品（香料等）—茶	Yingshan cloud and mist Tea
122	襄阳高香茶	Xiangyang Gao Xiang Cha	附录1其他产品（香料等）—茶	Xiangyang high - aroma Tea
123	五峰五倍子	Wufeng Wu Bei Zi	新鲜或加工水果、蔬菜和谷物—果实	Wufeng Gallnuts
124	孝感米酒	Xiaogan Mi Jiu	米酒类	Xiaogan Rice Wine
125	酒鬼酒	Jiu Gui Jiu	烈酒	Jiu Gui Liquor
126	古丈毛尖	Guzhang Mao Jian	附录1其他产品（香料等）—茶	Guzhang Maojian Tea
127	永丰辣酱	Yongfeng La Jiang	新鲜或加工水果、蔬菜和谷物—酱	Yongfeng Chili Sauce
128	新会陈皮	Xinhui Chen Pi	新鲜或加工水果、蔬菜和谷物—柑	Xinhui Orange Peel
129	化橘红	Hua Ju Hong	新鲜或加工水果、蔬菜和谷物—柑	Hua Reddish Orange
130	高州桂圆肉	Gaozhou Gui Yuan Rou	新鲜或加工水果、蔬菜和谷物—桂圆	Gao Zhou longan Pulp
131	增城荔枝	Zengcheng Li Zhi	新鲜或加工水果、蔬菜和谷物—荔枝	Zengcheng Litchi
132	梅州金柚	Meizhou Jin You	新鲜或加工水果、蔬菜和谷物—柚子	Meizhou Golden Pomelo
133	六堡茶	Liu Pao Cha	附录1其他产品（香料等）—茶	Liu Pao Tea

续表

	在中华人民共和国注册的名称	拉丁字母音译	产品类别	拉丁字母意译（供参考）
134	凌云白毫	Lingyun Bai Hao	附录1其他产品（香料等）—茶	Lingyun pekoe Tea
135	姑辽茶	Guliao Cha	附录1其他产品（香料等）—茶	Guliao Tea
136	融安金桔	Rong'an Jin Ju	新鲜或加工水果、蔬菜和谷物—金桔	Rong'an Kumquat
137	北海生蚝	Beihai Sheng Hao	新鲜鱼类、软体动物、甲壳类动物及其衍生产品—蚝	Beihai Oyster
138	博白桂圆	Bobai Gui Yuan	新鲜或加工水果、蔬菜和谷物—桂圆	Bobai Longan
139	澄迈桥头地瓜	Chengmai Qiao Tou Di Gua	新鲜或加工水果、蔬菜和谷物—根	Chengmai bridge head sweet Potato
140	涪陵榨菜	Fuling Zha Cai	新鲜或加工水果、蔬菜和谷物—块茎	Fuling Hot Pickled Mustard Tuber
141	丰都牛肉	Fengdu Niu Rou	鲜肉（及动物内脏）—牛肉	Fengdu Beef
142	奉节脐橙	Feng Jie Qi Cheng	新鲜或加工水果、蔬菜和谷物—橙子	Fengjie Navel Orange
143	合川桃片	Hechuan Tao Pian	面包、糕点、蛋糕、甜食、饼干等烘烤制品—糕点	Hechuan Peach Slices
144	忠州豆腐乳	Zhongzhou Dou Fu Ru	新鲜或加工水果、蔬菜和谷物—豆腐	Zhongzhou Fermented Bean Curd
145	石柱黄连	Shizhu Huang Lian	新鲜或加工水果、蔬菜和谷物—根	Shizhu Coptis Root
146	汉源花椒	Hanyuan Hua Jiao	新鲜或加工水果、蔬菜和谷物—花椒	Hanyuan Red Pepper
147	攀枝花块菌	Panzhihua Kuai Jun	新鲜或加工水果、蔬菜和谷物—块菌	Panzhihua Truffle

续表

	在中华人民共和国注册的名称	拉丁字母音译	产品类别	拉丁字母意译（供参考）
148	蒙顶山茶	Mingdingshan Cha	附录 1 其他产品（香料等）—茶	Mingding Mountain Tea
149	遂宁矮晚柚	Suining Ai Wan You	新鲜或加工水果、蔬菜和谷物—柚子	Suining Dwarf – Late Pomelo
150	峨眉山藤椒油	Emeishan Teng Jiao You	油脂和脂肪（黄油、人造奶油、油等）—油脂	Mount Emei Pepper oil
151	米易枇杷	Miyi Pi Pa	新鲜或加工水果、蔬菜和谷物—枇杷	Miyi loquat
152	修文猕猴桃	Xiuwen Mi Hou Tao	新鲜或加工水果、蔬菜和谷物—猕猴桃	Xiuwen Kiwi
153	织金竹荪	Zhijin Zhu Sun	新鲜或加工水果、蔬菜和谷物—竹荪	Zhijin Dictyophora indusiata
154	兴仁薏仁米	Xingren Yi Ren Mi	新鲜或加工水果、蔬菜和谷物—薏米	Xinren Coix Seed
155	盘县火腿	Panxian Huo Tui	肉制品（烹制、腌制、熏制等）—火腿	Panxian Ham
156	都匀毛尖茶	Duyun Mao Jian Cha	附录 1 其他产品（香料等）—茶	Duyun Maojian Tea
157	麻江蓝莓	Majiang Lan Mei	新鲜或加工水果、蔬菜和谷物—蓝莓	Majiang Blueberry
158	宣威火腿	Xuanwei Huo Tui	肉制品（烹制、腌制、熏制等）—火腿	Xuanwei Ham
159	文山三七	Wenshan San Qi	新鲜或加工水果、蔬菜和谷物—三七	Wenshan notoginseng
160	勐海茶	Menghai Cha	附录 1 其他产品（香料等）—茶	Menghai Tea
161	朱苦拉咖啡	Chucola Ka Fei	附录 1 其他产品（香料等）—咖啡	Chucola Coffee
162	撒坝火腿	Saba Huo Tui	肉制品（烹制、腌制、熏制等）—火腿	Saba Ham

续表

	在中华人民共和国注册的名称	拉丁字母音译	产品类别	拉丁字母意译（供参考）
163	紫阳富硒茶	Ziyang Fu Xi Cha	附录 1 其他产品（香料等）—茶	Ziyang Se-enriched Tea
164	泾阳茯砖茶	Jingyang Fu Zhuan Cha	附录 1 其他产品（香料等）—茶	Jingyang Brick Tea
165	汉中仙毫	Hanzhong Xian Hao	附录 1 其他产品（香料等）—茶	Hanzhong Xianhao Tea
166	铜川苹果	Tongchuan Ping Guo	新鲜或加工水果、蔬菜和谷物—苹果	Tongchuan Apple
167	韩城大红袍花椒	Hancheng Da Hong Pao Hua Jiao	新鲜或加工水果、蔬菜和谷物—花椒	Hancheng Da Hong Pao Red Pepper
168	富平柿饼	Fuping Shi Bing	新鲜或加工水果、蔬菜和谷物—柿子	Fuping Dried Persimmon
169	兰州百合	Lanzhou Bai He	新鲜或加工水果、蔬菜和谷物—百合	Lanzhou Lily
170	武都油橄榄	Wudu You Gan Lan	新鲜或加工水果、蔬菜和谷物—油橄榄	Wudu Olive
171	甘南羊肚菌	Gannan Yang Du Jun	新鲜或加工水果、蔬菜和谷物—羊肚菌	Gannan Morchella fungi
172	定西马铃薯	Dingxi Ma Ling Shu	新鲜或加工水果、蔬菜和谷物—马铃薯	Dingxi Patato
173	岷县当归	Minxian Dang Gui	新鲜或加工水果、蔬菜和谷物—根	Minxian Angelica
174	宁夏枸杞	Ningxia Gou Qi	新鲜或加工水果、蔬菜和谷物—枸杞	Ningxia Goji Berry
175	阿克苏苹果	Aksu Ping Guo	新鲜或加工水果、蔬菜和谷物—苹果	Aksu Apple

附录六

第三条　第一款所指原产于欧盟的地理标志产品

	在欧盟注册的名称	中文音译	产品类别
	奥地利		
1	Inländerrum	茵蓝朗姆酒	烈酒
2	Jägertee/Jagertee/Jagatee	猎人茶	烈酒
3	Tiroler Bergkäse	蒂罗尔高山奶酪	奶酪
4	Tiroler Speck	蒂罗尔熏肉	肉制品（烹制、腌制、熏制等）—火腿
5	Vorarlberger Bergkäse	福拉尔贝格高山奶酪	奶酪
	保加利亚		
6	Българско розово масло (Bulgarsko rozovo maslo)	保加利亚玫瑰精油	精油—玫瑰精油
7	Дунавска равнина (Dunavska ravnina)	多瑙河平原	葡萄酒
8	Тракийска низина (Trakiiska nizina)	色雷斯平原	葡萄酒
	克罗地亚		
9	Baranjski kulen	巴拉尼亚库兰腊肠	肉制品（烹制、腌制、熏制等）
10	Dalmatinski pršut	达尔马提亚熏火腿	肉制品（烹制、腌制、熏制等）—火腿
11	Dinga	丁嘎池葡萄酒	葡萄酒
12	Dmiški pršut	达尼斯熏火腿	肉制品（烹制、腌制、熏制等）—火腿
13	Li ki krumpir	利卡土豆	新鲜或加工水果、蔬菜和谷物—土豆
14	Neretvanska mandarina	内雷特瓦橘子	新鲜或加工水果、蔬菜和谷物—橘

续表

	在欧盟注册的名称	中文音译	产品类别
	塞浦路斯		
15	Κοσκαλδαρία (Commandaria)	古曼达力亚	葡萄酒
16	Λοσθούκη Γεροζθήποσ (Loukoumi Geroskipou)	圣花园糖膏	甜食—糖
	捷克		
17	Bud ě jovické pivo	布杰约维采啤酒	啤酒
18	Bud ě jovický mě št′anský var	布杰约维采市民啤酒	啤酒
19	eské pivo	捷克啤酒	啤酒
	爱沙尼亚		
20	Estonian vodka	爱沙尼亚伏特加	烈酒
	芬兰		
21	Suomalainen Marjalikööri/Suomalainen Hedelmälikööri/Finsk Bärlikör/Finsk Fruktlikör/Finnish berry liqueur/Finnish fruit liqueur	芬兰浆果利口酒/芬兰水果利口酒	烈酒
	法国		
22	Anjou	安茹	葡萄酒
23	Bergerac	贝尔热拉克	葡萄酒
24	Brie de Meaux	莫城布里	奶酪
25	Camembert de Nonnandie	诺曼底卡门培尔	奶酪
26	Canard àfoie gras du Sud – Ouest (Chalosse, Gascogne, Gers, Landes, Périgord, Quercy)	西南地区用于制鸭肝的鸭(沙洛斯，加斯科涅，热尔，朗德省，佩里戈尔，凯尔西省)	肉制品（烹制、腌制、熏制等）—鲜肉—鸭子
27	Clos de Vougeot	武若园	葡萄酒
28	Corbières	科比埃	葡萄酒
29	Costières de Nîmes	龙姆丘	葡萄酒
30	Côte de Beaune	博纳山坡	葡萄酒
31	Echezeaux	埃雪索	葡萄酒
32	Emmental de Savoie	萨瓦安文达	奶酪

续表

	在欧盟注册的名称	中文音译	产品类别
33	Faugères	福热尔	葡萄酒
34	Fitou	菲图	葡萄酒
35	Haut – Médoc	上梅多克	葡萄酒
36	Huile d'olive de Haute – Provence	上普罗旺斯橄榄油	油脂和脂肪（黄油、人造奶油、油等）—橄榄油
37	Huile essentielle de lavande de Haute-Provence/Essence de lavande de Haute-Provence	上普罗旺斯薰衣草精油	精油—薰衣草
38	Huîtres Marennes Oléron	马雷讷奥莱龙牡蛎	新鲜鱼类、软体动物、甲壳类动物及其衍生产品—牡蛎
39	Jambon de Bayonne	巴约纳火腿	肉制品（烹制、腌制、熏制等）—火腿
40	La Tâche	拉塔西	葡萄酒
41	Montravel	蒙哈维尔	葡萄酒
42	Moselle	摩泽尔	葡萄酒
43	Musigny	蜜思妮	葡萄酒
44	Pineau des Charentes	夏朗德皮诺酒	葡萄酒
45	Reblochon/Reblochon de Savoie	雷布洛/萨瓦雷布洛	奶酪
46	Romanée-Conti	罗曼尼—康帝	葡萄酒
47	Saint-Estèphe	圣爱斯泰夫	葡萄酒
48	Saint-Nectaire	圣·耐克泰尔	奶酪
49	Sauternes	苏玳/索泰尔讷	葡萄酒
50	Selles-sur-Cher	谢尔河畔塞勒	奶酪
51	Touraine	都兰	葡萄酒
52	Vacqueyras	瓦给拉斯	葡萄酒
53	Val de Loire	卢瓦尔河谷	葡萄酒
54	Ventoux	旺度	葡萄酒

续表

	在欧盟注册的名称	中文音译	产品类别
	德国		
55	Aachener Printen	亚琛烤饼	面包、糕点、蛋糕、甜食、饼干及其他烘焙品
56	Bremer Klaben	不来梅克拉本蛋糕	面包、糕点、蛋糕、甜食、饼干及其他烘焙品
57	Hopfen aus der Hallertau	哈勒陶啤酒花	《欧洲联盟运行条约》（以下简称为“《条约》”）附录 1 的其他产品（香料等）—啤酒花
58	Lübecker Marzipan	吕贝克杏仁膏	面包、糕点、蛋糕、甜食、饼干及其他烘焙品—杏仁膏
59	Mittelrhein	中莱茵	葡萄酒
60	Nürnberger Bratwür ste/ Nürnberger Rostbratwürste	纽伦堡香肠/纽伦堡烤香肠	肉制品（烹制、腌制、熏制等）—香肠
61	Nürnberger Lebkuchen	纽伦堡姜饼	面包、糕点、蛋糕、甜食、饼干及其他烘焙品—姜饼
62	Rheingau	莱茵高	葡萄酒
63	Schwarzwälder Schinken	黑森林德火腿	肉制品（烹制、腌制、熏制等）
64	Tettnanger Hopfen	泰特南啤酒花	《条约》附录 1 的其他产品（香料等）—啤酒花
	希腊		
65	Βόρεηος Μσιοπόηακος Ρεζύκλες Κρήηες(Vorios Mylopotamos Rethymnis Kritis)	米洛普塔莫斯橄榄油	油脂和脂肪（黄油、人造奶油、油等）—橄榄油
66	Γραβηέρα Κρήηες(Graviera Kritis)	克里特格雷维拉奶酪	奶酪
67	Καιακάηα（Kalamata)	卡拉马塔橄榄油	油脂和脂肪（黄油、人造奶油、油等）—橄榄油
68	Κεθαιογραβηέρα（Kefalograviera)	克法罗格拉维拉	奶酪

续表

	在欧盟注册的名称	中文音译	产品类别
69	Κοισκβάρη Χαλίωλ Κρήηες(Kolimvari Chanion Kritis)	克里特哈尼亚克里瓦瑞橄榄油	油脂和脂肪（黄油、人造奶油、油等）—橄榄油
70	Κρόθος Κοδάλες(Krokos Kozanis)	科扎尼西红花	《条约》附录 1 的其他产品（香料等）—西红花
71	Λαθωλία（Lakonia)	拉蔻尼亚橄榄油	油脂和脂肪（黄油、人造奶油、油等）—橄榄油
72	Πεδά Ηραθιείοσ Κρήηες (Peza Irakliou Kritis)	派撒伊拉克利翁克里特橄榄油	油脂和脂肪（黄油、人造奶油、油等）—橄榄油
73	Ρεηζίλα Αηηηθής(Retsina Attikes)	阿提卡松香葡萄酒	葡萄酒
74	Σζίποσρο/Tsipouro	其普罗	烈酒
	匈牙利		
75	Szegedi szalámi/Szegedi téliszalámi	塞格德泰利萨拉米/塞格德萨拉米	肉制品（烹制、腌制、熏制等）
76	Törkölypálinka	特颗帕林卡	烈酒
	意大利		
77	Aceto balsamico tradizionale di Modena	摩德纳传统香醋	《条约》附录 1 的其他产品（香料等）—调味品
78	Aprutino Pescarese	佩斯卡拉阿普鲁蒂诺橄榄油	油脂和脂肪（黄油、人造奶油、油等）—橄榄油
79	Arancia Rossa di Sicilia	西西里岛血橙	新鲜或加工水果、蔬菜和谷物
80	Bolgheri Sassicaia	博格利西施佳雅	葡萄酒
81	Campania	坎帕尼亚	葡萄酒
82	Chianti Classico	古典基安蒂油	油脂和脂肪（黄油、人造奶油、油等）—橄榄油
83	Chianti classico	古典基安蒂	葡萄酒
84	Cotechino Modena	摩德纳哥齐诺香肠	肉制品（烹制、腌制、熏制等）

续表

	在欧盟注册的名称	中文音译	产品类别
85	Culatello di Zibello	齐贝洛库拉泰洛	肉制品（烹制、腌制、熏制等）
86	Fontina	芳媞娜	奶酪
87	Kiwi Latina	拉蒂纳猕猴桃	新鲜或加工水果、蔬菜和谷物
88	Lambrusco di Sorbara	索巴拉蓝布鲁斯科	葡萄酒
89	Lambrusco Grasparossa di Castelvetro	格拉斯帕罗萨·迪·卡斯特韦特罗蓝布鲁斯科	葡萄酒
90	Marsala	马莎拉	葡萄酒
91	Mela Alto Adige/Südtiroler Apfel	南蒂罗尔苹果	新鲜或加工水果、蔬菜和谷物
92	Mortadella Bologna	博洛尼亚莫塔德拉大红肠	肉制品（烹制、腌制、熏制等）
93	Pecorino Sardo	佩克瑞诺撒德干酪	奶酪
94	Pecorino Toscano	佩克利诺托斯卡纳羊奶酪	奶酪
95	Pomodoro di Pachino	帕基诺番茄	新鲜或加工水果、蔬菜和谷物
96	Pomodoro S. Marzano dell'Agro Sarnese-Nocerino	阿格洛－萨尔内斯－诺切利诺地区圣马尔扎诺番茄	新鲜或加工水果、蔬菜和谷物
97	Prosciutto di Modena	摩德纳火腿	肉制品（烹制、腌制、熏制等）
98	Prosciutto Toscano	托斯卡纳火腿	肉制品（烹制、腌制、熏制等）—火腿
99	Prosecco	普罗塞克	葡萄酒
100	Provolone Valpadana	瓦尔帕达纳硬奶酪	奶酪
101	Salamini italiani alla cacciatora	意大利佳诗雅托乐萨拉米香肠	肉制品（烹制、腌制、熏制等）
102	Sicilia	西西里	葡萄酒
103	Speck Alto Adige/Südtiroler Markenspeck/Südtiroler Speck	上阿迪杰烟熏风干火腿	肉制品（烹制、腌制、熏制等）

续表

	在欧盟注册的名称	中文音译	产品类别
104	Toscano	托斯卡纳橄榄油	油脂和脂肪（黄油、人造奶油、油等）—橄榄油
105	Veneto Valpolicella, Veneto Euganei e Berici, Veneto del Grappa	威尼托瓦柏里切拉/威尼托艾卡内依以及柏里齐/威尼托德尔格拉帕	葡萄酒
	波兰		
106	Herbal vodka from the North Podlasie Lowland aromatised with an extract of bison grass/Wódka zio owa z Niziny Pó nocnopodlaskiej aromatyzowana ekstraktem z trawy ubrowej	北波德拉谢低地区野牛草香味伏特加	烈酒
107	Jab ka grójecke	格鲁耶茨苹果	新鲜或加工水果、蔬菜和谷物—苹果
108	Jab ka ckie	翁茨科苹果	新鲜或加工水果、蔬菜和谷物—苹果
109	Wielkopolski ser sma ony	大波兰油炸奶酪	奶酪
110	Wi nia nadwi lanka	维斯瓦樱桃	新鲜或加工水果、蔬菜和谷物
	葡萄牙		
111	Azeite de Moura	摩尔橄榄油	油脂和脂肪（黄油、人造奶油、油等）—橄榄油
112	Azeite do Alentejo Interior	内阿连特茹橄榄油	油脂和脂肪（黄油、人造奶油、油等）—橄榄油
113	Azeite de Trás－os－Montes	山后省橄榄油	油脂和脂肪（黄油、人造奶油、油等）—橄榄油
114	Bairrada	拜拉达	葡萄酒
115	Vin de Madère/Madère/Madera/Madeira Wijn/Vino di Madera/Madeira Wein/Madeira Wine/Madeira/Vinho da Madeira	马德拉	

续表

	在欧盟注册的名称	中文音译	产品类别
116	Presunto de Barrancos/Paleta de Barrancos	巴兰科斯火腿	肉制品（烹制、腌制、熏制等）—火腿
117	Queijo S. Jorge	圣若热奶酪	奶酪
	罗马尼亚		
118	Dealu Mare	马雷丘陵	葡萄酒
119	Murfatlar	穆法特拉	葡萄酒
120	P line	巴林卡	烈酒
121	Reca	雷卡什	葡萄酒
122	Salam de Sibiu	西比乌腊肠	肉制品（烹制、腌制、熏制等）
123	Târnave	塔尔纳瓦	葡萄酒
124	uic Zetea de Medie u Aurit	泽泰亚梅迪耶舒奥里特栗子酒	烈酒
125	Vinars Murfatlar	穆法特拉烧酒	烈酒
126	Vinars Târnave	塔尔纳瓦烧酒	烈酒
	斯洛文尼亚		
127	Goriška Brda	戈理察巴尔达	葡萄酒
128	Slovenski med	斯洛文尼亚蜂蜜	蜂蜜
129	Štajerska Slovenija	施塔依尔斯洛文尼亚	葡萄酒
130	Štajersko prekmursko bu no olje	施塔依尔穆拉南瓜籽油	其他食用油—南瓜籽油
	西班牙		
131	Aceite del Bajo Aragón	下阿拉贡橄榄油	油脂和脂肪（黄油、人造奶油、油等）—橄榄油
132	Alicante	阿利坎特	葡萄酒
133	Antequera	安特戈拉	油脂和脂肪（黄油、人造奶油、油等）—橄榄油
134	Azafrán de la Mancha	拉曼恰番红花（西红花）	《条约》附录1的其他产品（香料等）—西红花
135	Baena	巴埃纳	油脂和脂肪（黄油、人造奶油、油等）—橄榄油

续表

	在欧盟注册的名称	中文音译	产品类别
136	Bierzo	比埃尔索	葡萄酒
137	Cítricos Valencianos/Cîtrics Valencians	瓦伦西亚柑橘	新鲜或加工水果、蔬菜和谷物—柑
138	Dehesa de Extremadura	埃斯特雷马图拉	肉制品（烹制、腌制、熏制等）—香肠
139	Empordà	恩波尔达	葡萄酒
140	Estepa	埃斯特巴	油脂和脂肪（黄油、人造奶油、油等）—橄榄油
141	Guijuelo	基胡埃罗	肉制品（烹制、腌制、熏制等）—火腿
142	Jabugo	哈布戈	肉制品（烹制、腌制、熏制等）—火腿
143	Jamón de Teruel/Paleta de Teruel	特鲁埃尔火腿/特鲁埃尔前腿	肉制品（烹制、腌制、熏制等）—火腿
144	Jijona	基霍纳	面包、糕点、蛋糕、甜食、饼干及其他烘焙品—牛轧糖
145	Jumilla	胡米亚	葡萄酒
146	Mahón-Menorca	马宏－梅诺卡	奶酪
147	Málaga	马拉加	葡萄酒
148	Manzanilla-Sanlúcar de Barrameda	圣卢卡尔－德－巴拉梅达曼萨尼亚葡萄酒	葡萄酒
149	Pacharán navarro	纳瓦拉李子酒	烈酒
150	Penedès	佩内德斯	葡萄酒
151	Priorat	普里奥拉托	葡萄酒
152	Rías Baixas	下海湾地区	葡萄酒
153	Ribera del Duero	杜埃罗河岸	葡萄酒
154	Rueda	卢埃达	葡萄酒
155	Sierra de Cazorla	卡索尔拉山区	油脂和脂肪（黄油、人造奶油、油等）—橄榄油
156	Sierra de Segura	塞古拉山区	油脂和脂肪（黄油、人造奶油、油等）—橄榄油

续表

	在欧盟注册的名称	中文音译	产品类别
157	Siurana	西乌拉纳	油脂和脂肪（黄油、人造奶油、油等）—橄榄油
158	Somontano	索蒙塔诺	葡萄酒
159	Toro	托罗	葡萄酒
160	Turrón de Alicante	阿利坎特杏仁糖	面包、糕点、蛋糕、甜食、饼干及其他烘焙品—果仁糖
161	Utiel-Requena	乌迭尔－雷格纳	葡萄酒
162	Cariñena	卡利涅纳	葡萄酒
163	Montes de Toledo	托雷多山区	油脂和脂肪（黄油、人造奶油、油等）—橄榄油
164	Aceite Campo de Montiel	蒙蒂尔地区橄榄油	油脂和脂肪（黄油、人造奶油、油等）—橄榄油
165	Los Pedroches	洛斯佩德罗切斯	肉制品（烹制、腌制、熏制等）
166	Vinagre de Jerez	雪利醋	《条约》附录1的其他产品
	荷兰		
167	Edam Holland	荷兰伊丹奶酪	奶酪
168	Gouda Holland	荷兰豪达奶酪	奶酪
	英国		
169	Scotch Beef	苏格兰牛肉	鲜肉
170	Scotch Lamb	苏格兰羔羊肉	鲜肉
171	Welsh Beef	威尔士牛肉	鲜肉
172	Welsh Lamb	威尔士羊肉	鲜肉
	奥地利、比利时、德国		
173	Korn/Kornbrand	科恩酒/科恩烧酒	烈酒
	奥地利、匈牙利		
174	Pálinka	帕林卡	烈酒
	克罗地亚、斯洛文尼亚		
175	Istarski pršut/Istrski pršut	伊斯特拉熏火腿	肉制品（烹制、腌制、熏制等）—火腿

附录七

第一条 第二款所指原产于中华人民共和国的地理标志产品

	在中华人民共和国注册的名称	拉丁字母音译	拉丁字母意译（供参考）
1	宜兴紫砂	Yixing Zi Sha	Yixing Purple – clay Ware
2	扬州漆器	Yangzhou Qi Qi	Yangzhou lacquer Ware
3	东海水晶	Donghai Shui Jing	Donghai Crystal
4	龙泉青瓷	Longquan Qing Ci	Longquan Celadon
5	建盏	Jian Zhan	Jian Bowl
6	德化白瓷	Dehua Bai Ci	White Porcelains of Dehua
7	景德镇瓷器	Jingdezhen Ci Qi	Jingdezhen Porcelain
8	当阳峪绞胎瓷	Dangyangyu Jiao Tai Ci	Dangyangyu Jiaotai Porcelain
9	汝瓷	Ru Ci	Ru Ceramic
10	枝江布鞋	Zhijiang Bu Xie	ZhiJiang cloth Shoes
11	浏阳花炮	Liuyang Hua Pao	Liuyang Fireworks
12	醴陵瓷器	Liling Ci Qi	Liling Ceramic
13	端砚	Duan Yan	Duan Inkstone
14	坭兴陶	Nixing Tao	Nixing Pottery
15	大足石雕	Dazu Shi Diao	Dazu Stone Carving
16	大方漆器	Dafang Qi Qi	Dafang Lacquerware
17	建水紫陶	Jianshui Zi Tao	Jianshui Purple Pottery

中华人民共和国政府和美利坚合众国政府经济贸易协议（节选）*

序　言

中华人民共和国政府与美利坚合众国政府（以下合称“双方”），

认识到双边经贸关系的重要性；

认识到贸易增长和遵循国际规范、以促进基于市场的成果，符合两国的利益；

深信和谐发展、扩大全球贸易和促进更广泛国际合作可带来的益处；

承认双方提出的现有贸易和投资关切；

认识到以尽可能建设性的、快速的方式解决现有和未来贸易与投资关切是可取的，

达成以下协议：

第一章　知识产权

第一节　一般义务

美国认识到知识产权保护的重要性。中国正从重要知识产权消费国转变为重要知识产权生产国，中国认识到，建立和实施知识产权保护和执行的全面法律体系的重要性。中国认为，不断加强知识产权保护和执法，有利于建设创新型国家，发展创新型企业，推动经济高质量发展。

第 1.1 条

中国与美国为此确认承诺有关知识产权第一节至第十一节的条款。

第 1.2 条

双方应确保公平、充分、有效的知识产权保护和执法。对于依赖知识

* 文件来源：中华人民共和国中央人民政府网站，https://www.gov.cn/xinwen/2020-01/16/5469650/files/0637e57d99ea4f968454206af8782dd7.pdf，2022 年 6 月 16 日访问。

产权保护的一方个人，对方应确保为其提供公平、平等的市场准入。

第二节　商业秘密和保密商务信息

美国重视商业秘密保护。中国认为保护商业秘密是优化营商环境的核心要素之一。双方同意，确保对商业秘密和保密商务信息的有效保护，以及对侵犯上述信息[1]行为的有效执法。

第 1.3 条　侵犯商业秘密责任人的范围

一、双方应确保所有自然人和法人均可承担侵犯商业秘密的法律责任。

二、中国应将侵犯商业秘密的“经营者”定义为包括所有自然人、组织和法人。

三、美国确认，美国现行措施给予与本条款规定内容同等的待遇。

第 1.4 条　构成侵犯商业秘密的禁止行为范围

一、双方应确保，侵犯商业秘密被追究责任的禁止行为，其范围完全涵盖盗窃商业秘密的方式。

二、中国应列出构成侵犯商业秘密的其他行为，尤其是：（一）电子入侵；（二）违反或诱导违反不披露秘密信息或意图保密的信息的义务；（三）对于在有义务保护商业秘密不被披露或有义务限制使用商业秘密的情形下获得的商业秘密，未经授权予以披露或使用。

三、中国与美国同意加强商业秘密保护方面的合作。

四、美国确认，美国现行措施给予与本条款规定内容同等的待遇。

第 1.5 条　民事程序中的举证责任转移

一、双方应规定，在侵犯商业秘密的民事司法程序中，如商业秘密权利人已提供包括间接证据在内的初步证据，合理指向被告方侵犯商业秘密，则举证责任或提供证据的责任（在各自法律体系下使用适当的用词）转移至被告方。

二、中国应规定：（一）当商业秘密权利人提供以下证据，未侵犯商业秘密的举证责任或提供证据的责任（在各自法律体系下使用适当的用词）转移至被告方：1. 被告方曾有渠道或机会获取商业秘密的证据，且被

---

[1] 双方同意，保密商务信息是涉及或与如下情况相关的信息：任何自然人或法人的商业秘密、流程、经营、作品风格或设备，或生产、商业交易，或物流、客户信息、库存，或收入、利润、损失或费用的金额或来源，或其他具备商业价值的信息，且披露上述信息可能对持有该信息的自然人或法人的竞争地位造成极大损害。

告方使用的信息在实质上与该商业秘密相同；2. 商业秘密已被或存在遭被告方披露或使用的风险的证据；或 3. 商业秘密遭到被告方侵犯的其他证据；以及（二）在权利人提供初步证据，证明其已对其主张的商业秘密采取保密措施的情形下，举证责任或提供证据的责任（在各自法律体系下使用适当的用词）转移至被告方，以证明权利人确认的商业秘密为通常处理所涉信息范围内的人所普遍知道或容易获得，因而不是商业秘密。

三、美国确认，美国现行措施给予与本条款规定内容同等的待遇。

第 1.6 条 阻止使用商业秘密的临时措施

一、双方应规定及时、有效的临时措施，以阻止使用被侵犯的商业秘密。

二、中国应将使用或试图使用所主张的商业秘密信息认定为“紧急情况”，使得司法机关有权基于案件的特定事实和情形采取行为保全措施。

三、美国确认，美国现行措施给予与本条款规定内容同等的待遇。

第 1.7 条 启动刑事执法的门槛

一、双方应取消任何将商业秘密权利人确定发生实际损失作为启动侵犯商业秘密刑事调查前提的要求。

二、中国：（一）作为过渡措施，应澄清在相关法律的商业秘密条款中，作为刑事执法门槛的“重大损失”可以由补救成本充分证明，例如为减轻对商业运营或计划的损害或重新保障计算机或其他系统安全所产生的成本，并显著降低启动刑事执法的所有门槛；以及（二）作为后续措施，应在可适用的所有措施中取消将商业秘密权利人确定发生实际损失作为启动侵犯商业秘密刑事调查前提的要求。

第 1.8 条 刑事程序和处罚

一、双方应规定刑事程序和处罚适用于对故意侵犯商业秘密的处理。

二、中国的刑事程序和处罚应至少将出于非法目的，通过盗窃、欺诈、实体或电子入侵的形式侵犯商业秘密的行为，以及未经授权或不当使用计算机系统的行为列为禁止行为。

三、美国确认，美国现行措施给予与本条款规定内容同等的待遇。

第 1.9 条 保护商业秘密和保密商务信息免于政府机构未经授权的披露

一、为进一步加强对商业秘密的保护，更好地鼓励各类企业创新，中国应禁止政府工作人员或第三方专家或顾问，未经授权披露在中央或地方政府层面刑事、民事、行政或监管程序中提交的未披露信息、商业秘密或保密商务信息。

二、中国应要求各级行政机构和其他机构：（一）将提交信息的要求控制在合法实施调查或监管所需范围内；（二）将有权接触所提交信息的人员仅限于实施合法调查或监管的政府工作人员；（三）确保已提交信息的安全和保护；（四）确保与信息提交方有竞争关系，或与调查或监管结果有实际或可能经济利益关系的第三方专家或顾问，不得接触到此类信息；（五）建立申请豁免信息披露的程序，以及对向第三方披露信息提出异议的机制；（六）对未经授权披露商业秘密或保密商务信息的行为实施应阻遏此类未经授权披露的刑事、民事和行政处罚，包括罚金和停止或终止聘用，以及作为修订相关法律的最终措施一部分的监禁。

三、美国确认，美国现行措施给予与本条款规定内容同等的待遇。

第三节　药品相关的知识产权

药品事关人民生命健康，寻找治疗和治愈疾病的新方法的需求持续存在，例如针对癌症、糖尿病、高血压和中风等。为促进中美双方在医药领域的创新与合作，更好满足患者需要，双方应为药品相关知识产权，包括专利以及为满足上市审批条件而提交的未经披露的试验数据或其他数据，提供有效保护和执法。

第1.10条　考虑补充数据

一、中国应允许药品专利申请人在专利审查程序、专利复审程序和司法程序中，依靠补充数据来满足可专利性的相关要求，包括对公开充分和创造性的要求。

二、美国确认，美国现行措施给予与本条款规定内容同等的待遇。

第1.11条　专利纠纷早期解决的有效机制

一、作为批准包括生物药在内的药品上市的条件，如果中国允许原始提交安全性与有效性信息的人以外的其他人，依靠之前已经获批产品的安全性和有效性的证据或信息，例如在中国或其他国家、地区已获上市批准的证据，中国应：（一）规定制度，以通知专利权人、被许可人或上市许可持有人，上述其他人正在已获批产品或其获批使用方法所适用的专利有效期内寻求上市该产品；（二）规定足够的时间和机会，让该专利权人在被指控侵权的产品上市之前寻求（三）段中提供的救济；以及（三）规定司法或行政程序和快速救济，例如行为保全措施或与之相当的有效的临时措施，以便及时解决关于获批药品或其获批使用方法所适用的专利的有效性或侵权的纠纷。

二、中国应在全国范围内建立与上述第一段相符的药品相关制度，包括规定专利权人、被许可人或上市许可持有人有权在被指控侵权的产品获得上市许可前提起诉讼，就可适用专利的有效性或侵权的纠纷解决寻求民事司法程序和快速救济。中国还可提供行政程序解决此类纠纷。

三、美国确认，美国现行措施给予与本条款规定内容同等的待遇。

第四节　专　　利

第 1.12 条　专利有效期的延长

一、双方应规定延长专利有效期以补偿专利授权或药品上市审批过程中的不合理延迟。

二、(一) 中国在专利权人的请求下，应延长专利的有效期，以补偿在专利授权过程中并非由申请人引起的不合理延迟。就本条规定而言，不合理延迟应至少包含，自在中国提交申请之日起 4 年内或要求审查申请后 3 年内未被授予专利权，以较晚日期为准。

(二) 对于在中国获批上市的新药产品及其制造和使用方法的专利，应专利权人的请求，中国应对新药产品专利、其获批使用方法或制造方法的专利有效期或专利权有效期提供调整，以补偿由该产品首次在中国商用的上市审批程序给专利权人造成的专利有效期的不合理缩减。任何此种调整都应在同等的限制和例外条件下，授予原专利中适用于获批产品及使用方法的对产品、其使用方法或制造方法的专利主张的全部专有权。中国可限制这种调整至最多不超过 5 年，且自在中国上市批准日起专利总有效期不超过 14 年。

三、美国确认，美国现行措施给予与本条款规定内容同等的待遇。

第五节　电子商务平台上的盗版与假冒

为促进电子商务的发展，中国与美国应加强合作，共同并各自打击电子商务市场的侵权假冒行为。双方应减少可能存在的壁垒，使消费者及时获取合法内容，并使合法内容得到著作权保护，同时，对电商平台提供有效执法，从而减少盗版和假冒。

第 1.13 条　打击网络侵权

一、中国应提供执法程序，使得权利人能够针对网络环境下的侵权行为采取有效、迅速的行动，包括有效的通知及下架制度，以应对侵权。

二、中国应：（一）要求迅速下架；（二）免除善意提交错误下架通知的责任；（三）将权利人收到反通知后提出司法或行政投诉的期限延长至20个工作日；（四）通过要求通知和反通知提交相关信息，以及对恶意提交通知和反通知进行处罚，以确保下架通知和反通知的有效性。

三、美国确认，美国现行执法程序允许权利人采取行动，应对网络环境下的侵权。

四、双方同意考虑在合适的情况下进一步合作，以打击网络侵权。

第1.14条 主要电子商务平台上的侵权

一、针对未能采取必要措施整治知识产权侵权的主要电子商务平台，双方应采取有效行动，打击平台上泛滥的假冒或盗版商品。

二、中国应规定屡次未能遏制假冒或盗版商品销售的电子商务平台可能被吊销网络经营许可。

三、美国确认，美国正在研究采取更多举措，打击假冒或盗版商品的销售。

第六节 地理标志

双方应确保地理标志的保护实现完全透明和程序公平，包括保护通用名称[1]（即常用名称）、尊重在先的商标权、明确的允许提出异议和撤销的程序，以及为依赖商标或使用通用名称的对方的出口产品提供公平的市场准入。

第1.15条 地理标志和国际协议

一、中国应确保针对其他贸易伙伴依据一项国际协定已提出或将要提出的关于承认或保护地理标志的请求所采取的任何措施，不会减损使用商标和通用名称出口至中国的美国货物和服务的市场准入。

二、中国应给予包括美国在内的贸易伙伴必要机会，以对中国与其他贸易伙伴协议的清单、附录、附件或附函中所列举的地理标志提出异议。

三、美国确认，美国现行措施给予与本条款规定内容同等的待遇。

第1.16条 一般市场准入相关的地理标志问题

一、中国应确保：（一）主管部门在确定某一名称在中国是否为通用名称时，考虑中国消费者如何理解这一名称，包括以下因素：1. 字典、报

---

[1] 一方可将“通用”这一术语视为与“在通用语言中，惯用于相关货物的常用名称”同义。

纸和相关网站等可信来源；2. 该名称所指的货物在中国营销和在贸易中如何使用；3. 该名称是否在合适的情况下，在相关标准中被使用以对应中国的一种类型或类别的货物，例如根据食品法典委员会颁布的标准；4. 有关货物是否从申请书或请求书中所表明地域之外的地方大量进口至中国，且不会以在货物原产地方面误导公众的方式进行，以及这些进口货物是否以该名称命名；且（二）任何地理标志，无论是否根据国际协议或其他方式被授予或承认，都可能随时间推移而变成通用名称，并可能因此被撤销。

二、美国确认，美国现行措施给予与本条款规定内容同等的待遇。

第 1.17 条 复合名称

一、双方应确保，如果受到一方地理标志保护的复合名称中的单独组成部分是通用名称，该部分应不受该方地理标志保护。

二、当中国向复合名称提供地理标志保护时，如该复合名称中有不予保护的单独组成部分，应公开列明。

三、美国确认，美国现行措施给予与本条款规定内容同等的待遇。

第七节 盗版和假冒产品的生产和出口

盗版和假冒产品严重危害公众的利益，并且伤害中美两国权利人。双方应采取持续、有效的行动，阻止假冒和盗版产品的生产和分销，包括对公共卫生或个人安全产生重大影响的产品。

第 1.18 条 假冒药

一、双方应采取有效和迅速的执法行动，打击假冒药品和包含活性药物成分、散装化学品或生物制品的相关产品。

二、中国应采取的措施包括：（一）采取有效和迅速的执法行动，打击假冒药品和生物药的相关产品，包括活性药物成分、散装化学品和生物制品；（二）与美国分享经中国监管部门检查，并符合中国法律法规要求的药品原料场地注册信息，以及相关执法检查的必要信息；（三）在本协议生效后 6 个月内，每年在网上发布执法措施的相关数据，包括国家药品监督管理局、工业和信息化部或继任机构查缴、吊销营业执照、罚款和其他行动的情况。

三、美国确认，美国现行措施可以快速、有效地打击假冒药品及相关产品。

第 1.19 条 存在健康和安全风险的假冒商品

一、双方应确保持续和有效的行动，阻止对公共卫生或个人安全产生重大影响的假冒产品的生产和分销。

二、中国应采取的措施包括，在本协议生效后3个月内，显著增加执法行动数量；在本协议生效后4个月内，每季度在网上发布相关执法行动产生的可衡量影响的数据。

三、双方应致力于考虑在合适的情况下加强合作，打击存在健康和安全风险的假冒商品。

第1.20条 销毁假冒商品

一、在边境措施上，双方应规定：（一）除特殊情况外，销毁被当地海关以假冒或盗版为由中止放行并作为盗版或假冒商品查封和没收的商品；（二）仅去除非法附着的假冒商标不足以允许该商品进入商业渠道；（三）除特殊情况外，主管部门在任何情况下均无裁量权允许假冒或盗版商品出口或进入其他海关程序。

二、关于民事司法程序，双方应规定：（一）根据权利人的请求，除特殊情况外，应销毁认定为假冒或盗版的商品；（二）根据权利人的请求，司法部门应责令立即销毁主要用于生产或制造假冒或盗版商品的材料和工具，且不予任何补偿；或在特殊情况下，将这些商品在商业渠道之外进行处置，且不予任何补偿，以最小化进一步侵权的风险；（三）仅去除非法附着的假冒商标不足以允许该商品进入商业渠道；（四）司法部门应根据权利人的请求，责令假冒者向权利人支付因侵权获得的利益，或支付足以弥补侵权损失的赔偿金。

三、关于刑事执法程序，双方应规定：（一）除特殊情况外，司法部门应责令没收和销毁所有假冒或盗版商品，以及包含可用于附着在商品上的假冒标识的物品；（二）除特殊情况外，司法部门应责令没收和销毁主要用于制造假冒或盗版商品的材料和工具；（三）对于没收和销毁，不应对被告提供任何形式的补偿；（四）司法部门或其他主管部门应保存拟销毁商品及其他材料的清单，并有裁量权在收到权利人通知其希望对被告或第三方侵权人提起民事或行政诉讼时，暂时将这些物品免于销毁以便保全证据。

四、美国确认，美国现行措施给予与本条款规定内容同等的待遇。

第1.21条 边境执法行动

一、双方应致力于加强执法合作，以减少包括出口或转运在内的假冒和盗版商品数量。

二、中国应重点围绕出口或转运的假冒和盗版商品，针对假冒和盗版商品的检查、扣押、查封、行政没收和行使其他海关执法权力，持续增加受训执法人员的数量。中国应采取的措施包括，在本协议生效后9个月内，显著增加对海关执法相关人员的培训；在本协议生效后3个月内，显著增加执法行动数量，并每季度在网上更新执法行动信息。

三、双方同意考虑在合适的情况下开展边境执法合作。

第1.22条 实体市场执法

一、双方应持续、有效地打击实体市场的著作权和商标侵权行为。

二、中国应采取的措施包括，在本协议生效后4个月内，显著增加执法行动数量；每季度在网上更新针对实体市场执法行动的信息。

三、美国确认，现有美国措施对实体市场著作权和商标侵权采取了有效执法。

第1.23条 未经许可的软件

一、双方应确保，所有政府机构以及所有政府拥有或控制的实体，均安装和只能使用经许可的软件。

二、中国应采取的措施包括，在本协议生效后7个月内，在国内聘用合格的非政府所有或附属的第三方进行年度审计，并在网上公布审计结果。

三、美国确认，美国现行措施要求政府部门及其承包商仅安装和使用经许可的软件。

第八节　恶意商标

第1.24条

为加强商标保护，双方应确保商标权充分和有效的保护和执法，特别是打击恶意商标注册行为。

第1.25条

美国确认，美国现行措施给予与本节规定内容同等的待遇。

第九节　知识产权案件司法执行和程序

第1.26条 行政执法向刑事执法的移交

一、如依据客观标准，存在基于清晰事实的对于知识产权刑事违法行为的“合理嫌疑”，中国应要求行政部门将案件移交刑事执法。

二、美国确认，美国相关部门有权将适当的案件提交刑事执法。

第1.27条 达到阻遏目的的处罚

一、双方应规定足以阻遏未来知识产权窃取或侵权的民事救济和刑事处罚。

二、中国：（一）作为过渡措施，应阻遏可能发生的窃取或侵犯知识产权的行为，并加强现有救济和惩罚的适用，按照知识产权相关法律，通过以接近或达到最高法定处罚的方式从重处罚，阻遏可能发生的窃取或侵犯知识产权的行为，以及（二）作为后续措施，应提高法定赔偿金、监禁刑和罚金的最低和最高限度，以阻遏未来窃取或侵犯知识产权的行为。

三、美国应致力于考虑在合适的情况下与中国加强在双边知识产权刑事执法工作组框架下的交流与合作，在知识产权刑事执法方面考虑更多经验分享与务实合作。

第 1.28 条　判决执行

一、双方应确保其法院最终判决的任何罚款、处罚、经济赔偿支付、禁令或其他侵犯知识产权的救济措施，得到迅速执行。

二、中国应采取的措施包括，执行工作指南和实施计划以确保迅速执行判决，在本协议生效后 1 个月内，公布工作指南和实施计划，并每季度在网上公布执行结果报告。

三、美国确认，美国现行措施可保障对于判决的快速执行，包括针对侵犯知识产权的相关判决。

第 1.29 条　著作权和相关权的执行

一、在涉及著作权或相关权的民事、行政和刑事程序中，双方应：（一）规定如下的法律推定：如果没有相反的证据，以通常方式署名显示作品的作者、出版者、表演的表演者或录音制品的表演者、制作人，就是该作品、表演或录音制品的著作权人或相关权利人，而且著作权或相关权利存在于上述作品、表演、录音制品中；（二）在符合第一项推定且被诉侵权人没有提交反驳证据的情况下，免除出于确立著作权或相关权的所有权、许可或侵权的目的，提交著作权或相关权的转让协议或其他文书的要求；（三）规定被诉侵权人承担提供证据的责任或举证责任（在各自法律体系下使用适当的用词），证明其对受著作权或相关权保护的作品的使用是经过授权的，包括被诉侵权人声称已经从权利人获得使用作品的准许的情况，例如许可。

二、美国确认，美国现行措施给予与本条款规定内容同等的待遇。

第 1.30 条　文书认证（“领事认证”）

一、在民事司法程序中，对于可通过当事人之间认可或以接受伪证处罚为前提的证人证言来引入或确认真实性的证据，则双方不得提出证据认证的形式要求，包括要求领事官员盖章或盖印等。

二、对于无法通过当事人之间认可或以接受伪证处罚为前提的证人证言引入或确认真实性的证据，中国应简化公证和认证程序。

三、美国确认，美国现行措施给予与本条款规定内容同等的待遇。

第 1.31 条　证人证言

一、在民事司法程序中，中国应给予当事方在案件中邀请证人或专家，并在庭审中对证人证言进行质询的合理机会。

二、美国确认，美国现行措施给予与本条款规定内容同等的待遇。

第十节　双边知识产权保护合作

第 1.32 条

与本协议知识产权章节相关的合作活动和倡议应基于可用资源，根据要求，并按照双方一致同意的条款和条件进行。

第 1.33 条

双方同意，加大知识产权保护双边合作力度，推动在该领域的务实合作。中国国家知识产权局和美国专利商标局将讨论知识产权双年度合作工作计划，内容包括联合项目，产业外联，信息和专家交流，通过会议和其他方式定期互动，以及公众意识领域的合作。

第十一节　履　　行

第 1.34 条

双方应在各自的法律体系和实践中，选择合适的方式履行本协议。必要时，双方应按国内法定程序，向立法机构提出修法建议。与双边评估和争端解决章节相一致，双方应确保完全履行本协议下的义务。

第 1.35 条

在本协议生效后 30 个工作日内，中国将制定行动计划以加强知识产权保护，促进经济高质量发展。本行动计划应包括但不限于中国为履行本章节义务将采取的每一项措施及生效时间。

第 1.36 条

美国确认，美国现行措施与本章节所规定的义务相一致。

区域全面经济伙伴关系协定（节选）*

第十一章　知识产权

第一节　总则和基本原则

第一条　目标

一、本章旨在通过有效和充分的创造、运用、保护和实施知识产权权利来深化经济一体化和合作，以减少对贸易和投资的扭曲和阻碍，同时认识到：

（一）缔约方间不同的经济发展水平和能力，以及各国法律制度的差异；

（二）促进创新和创造的需要；

（三）维持知识产权权利持有人的权利，知识产权使用者的合法权益，以及公共利益之间适当平衡的需要；

（四）便利信息、知识、内容、文化和艺术传播的重要性；以及

（五）制定和维持透明的知识产权制度，并推动和维持充分和有效的知识产权权利的保护和实施，为权利持有人和使用者提供信心。

二、知识产权权利的保护和实施应该有助于促进技术创新和技术转让及传播，以利于社会和经济福利的方式推动技术知识的创造者和使用者的共同利益，并且有助于权利与义务的平衡。

第二条　知识产权的范围

就本章而言，知识产权指《与贸易有关的知识产权协定》第二部分第一至七节所指的著作权和相关权利，商标、地理标志、工业设计和专利、集成电路布图设计（拓扑图）、保护植物品种，以及对未披露信息的保护。

---

* 文件来源：中华人民共和国商务部官方网站，http：//fta. mofcom. gov. cn/rcep/rceppdf/d11z_cn. pdf，2022 年 6 月 16 日访问。

第三条 与其他协定的关系❶

关于知识产权，如本章的某一规定与《与贸易有关的知识产权协定》的某一规定不一致时，在此类不一致的范围内应当以后者为准。

第四条 原则

一、一缔约方在制定或修订法律法规时，可以在对其社会经济和技术发展至关重要的领域采取必要措施，以保护公众健康与营养和促进公共利益，前提是相关措施与本章一致。

二、可能需要采取与本章一致的适当措施，以防止权利人滥用知识产权权利或采取不合理地限制贸易或对国际技术转让产生不利影响的做法。❷

三、除第二款外，缔约方认识到促进竞争的需要。

第五条 义务

每一缔约方应当执行本章的规定。一缔约方可以，在其法律中执行比本章要求更广泛的保护，只要此类保护不违反本章的规定，但并无强制性义务。每一缔约方应当自由决定在其法律制度和实践中执行本章规定的适当方法。

第六条 知识产权权利用尽

每一缔约方应当有权建立其各自的知识产权权利用尽制度。

第七条 国民待遇

一、除一缔约方加入的《与贸易有关的知识产权协定》和世界知识产权组织（本章下称“WIPO”）管理的多边协定中规定的例外情况外，每一缔约方应给予其他缔约方的国民❸不低于其本国国民在知识产权保护❹方面的优惠待遇。

---

❶ 就本条而言，缔约方同意本章对知识产权的保护范围超出了《与贸易有关的知识产权协定》的要求，但这并不意味着本条和协定第二十章第二条（与其他协定的关系）的第二款所指存在不一致。

❷ 缔约方认识到，拥有知识产权权利本身并不一定产生市场支配地位。

❸ 就本款而言，一缔约方的“国民”应当包括，就相关权利而言，在第一章第二条（一般定义）第（二十）项中定义的、符合第十一章第九条（多边协定）和《与贸易有关的知识产权协定》所列保护资格标准的该缔约方任何人。

❹ 就本款而言，“保护”包括影响知识产权权利可获得性、取得、范围、维持和实施的事项，以及本章特别涵盖的影响知识产权权利使用的事项。

此外，就本款而言，“保护”还包括以下规定：

（一）第十一章第十四条（规避有效技术措施）所列的有效技术措施；以及

（二）第十一章第十五条（保护权利管理电子信息）规定的权利管理信息。

二、一缔约方可以借助第一款所提及的与其司法和行政程序相关的例外，包括要求另一缔约方的国民在其领土内指定送达地址，或在其领土内指定代理人，只要此类例外：

（一）是确保遵守其与本章没有抵触的法律法规所必需的；以及

（二）不以对贸易构成变相限制的方式实施。

三、第一款项下的义务不得适用于在 WIPO 主持下缔结的多边协定中与取得或维持知识产权权利相关的程序。

第八条　《与贸易有关的知识产权协定》与公共健康

一、缔约方重申 2001 年 11 月 14 日通过的《关于〈与贸易有关的知识产权协定〉与公共健康多哈宣言》。具体而言，缔约方就本章达成如下谅解：

（一）缔约方确认《关于〈与贸易有关的知识产权协定〉与公共健康多哈宣言》中正式认可的充分利用灵活性的权利；

（二）缔约方同意本章不阻止且不应阻止一缔约方采取保护公共健康的措施；以及

（三）缔约方确认本章的解释和执行可以且应支持每一缔约方保护公共健康的权利，特别是促进所有人获得药品。

二、认识到缔约方在获得药品和公共健康方面的承诺，本章不阻止且不应阻止对《与贸易有关的知识产权协定》第三十一条之二以及《与贸易有关的知识产权协定》附件和附件附录的有效使用。

三、缔约方认识到为推动实施《与贸易有关的知识产权协定》第三十一条之二以及《与贸易有关的知识产权协定》附件和附件附录的国际努力作贡献的重要性。

第九条　多边协定

一、每一缔约方，如非下列多边协定的缔约方，应当批准或加入下列多边协定：

（一）《保护工业产权巴黎公约》，1883 年 3 月 20 日于巴黎签订，1967 年 7 月 14 日在斯德哥尔摩修订，并于 1979 年 9 月 28 日修正（本章下称《巴黎公约》）；

（二）《保护文学艺术作品伯尔尼公约》，1886 年 9 月 9 日于伯尔尼签订，1971 年 7 月 24 日在巴黎修订，并于 1979 年 9 月 28 日修正（本章下称《伯尔尼公约》）；

（三）《专利合作条约》，1970 年 6 月 19 日于华盛顿签订，1979 年 9 月

28日修正，并于1984年2月3日及2001年10月3日修改（本章下称“PCT”）；

（四）《商标国际注册马德里协定有关议定书》，1989年6月27日于马德里通过，2006年10月3日及2007年11月12日修正（本章下称《马德里议定书》）；

（五）《世界知识产权组织著作权条约》，1996年12月20日于日内瓦通过（本章下称“WCT”）；

（六）《世界知识产权组织表演和录音制品条约》，1996年12月20日于日内瓦通过（本章下称“WPPT”）；以及

（七）《关于为盲人、视力障碍者或其他印刷品阅读障碍者获得已出版作品提供便利的马拉喀什条约》，2013年6月27日于马拉喀什通过（本章下称《马拉喀什条约》）。

二、每一缔约方，如非下列协定的缔约方，应当致力于批准或加入下列多边协定：《国际承认用于专利程序的微生物保存布达佩斯条约》，1977年4月28日于布达佩斯签订，于1980年9月26日修正。

三、如任一缔约方有意批准或加入下列任何多边协定，该缔约方可以寻求与其他缔约方合作以支持其批准或加入以及执行该多边协定：

（一）《国际植物新品种保护公约（1991年文本）》，于1991年3月19日在日内瓦修订；

（二）《工业品外观设计国际注册海牙协定（日内瓦文本）》，于1999年7月2日在日内瓦签订；

（三）《保护表演者、音像制品制作者和广播组织罗马公约》，于1961年10月26日在罗马签订（本章下称“《罗马公约》)；以及

（四）《商标法新加坡条约》，于2006年3月27日在新加坡签订。

第二节　著作权和相关权利

第十条　作者、表演者和录音制品制作者的专有权

一、每一缔约方应当授予作品的作者专有权，授权其以有线或无线的方式向公众传播作品，包括通过使公众可在个人选定的地点和时间获得其作品的方式提供。

二、每一缔约方应当授予表演者和录音制品制作者[1]专有权，授权其

[1] 就本章而言，一缔约方可将“录音制品制作者”解释为“声音记录的作者”。

以有线或无线的方式向公众提供以录音制品录制的表演和录音制品，使公众可在个人选定的地点和时间获得该作品。

三、每一缔约方应当授予作者、表演者和录音制品制作者专有权，授权或禁止对其作品、固定在录音制品中的表演和录音制品以任何形式或方式进行复制。

第十一条　获得广播报酬的权利[1]

录音制品的表演者和制作者，对于直接或间接使用为商业目的而发行的录音制品进行广播，应当享有获得一次性合理报酬或收取许可使用费的权利。

第十二条　保护广播组织和载有加密节目的卫星信号

一、每一缔约方应当授予广播组织专有权，禁止至少以无线方式转播其广播，固定其广播以及复制其广播录制品。[2][3]

二、每一缔约方应当致力于根据其法律法规，针对以下至少一种行为采取措施：

（一）故意接收[4]；

（二）故意传播[5]；或

（三）故意接收和进一步传播[6]

载有节目的信号，该信号最初为载有加密节目的卫星信号，明知该信号的解码未经该信号的合法分销方授权。

第十三条　集体管理组织

一、每一缔约方应当致力于促进建立适当的组织对著作权及相关权利进行集体管理。每一缔约方应当鼓励此类组织以公平、高效、公开透明和对其成员负责的方式运作，包括公开和透明地记录许可使用费[7]的收取和

---

❶ 当一缔约方已加入或已成为 WPPT 的缔约方时，该缔约方在本条项下的义务应当受该缔约方在 WPPT 项下已作出或将作出的任何承诺和保留的约束。

❷ 如果一缔约方未向广播组织授予此类权力，则应当在遵守《伯尔尼公约》规定的情况下，向广播内容的著作权所有权人提供阻止上述行为的可能性。

❸ 任何成员可以就本款授予的权利，在《罗马公约》允许的限度内，规定条件、限制、例外和保留。

❹ 为进一步明确，并就第二款第（一）项和第（三）项而言，一缔约方可规定，故意接收载有加密节目的卫星或有线电视信号，指接收和使用该信号或者指接收和解码该信号。

❺ 为进一步明确，并就本款而言，一缔约方可将“传播”解释为“向公众再转播”。

❻ 为进一步明确，并就本款而言，一缔约方可将“传播”解释为“向公众再转播”。

❼ 为进一步明确，“许可使用费”可以包括公平的报酬。

分配。

二、缔约方认识到促进各自集体管理组织间合作的重要性，以相互确保缔约方之间更容易地许可内容，并鼓励[1]相互转让使用另一缔约方国民的作品或其他受著作权保护的主体的许可使用费。

第十四条 规避有效技术措施

每一缔约方应当提供充分的法律保护和有效的法律救济以防止规避有效技术措施，该技术措施由作者、表演者或录音制品制作者采取，与其行使本节项下的权利有关，以限制对其作品、表演或录音制品的规避行为且该规避行为既未经作者、表演者或相关录音制品制作者授权，也不被该缔约方法律和法规所允许。

第十五条 保护权利管理电子信息

为保护权利管理电子信息（本章下称“权利管理电子信息”）[2]，针对任何人未经授权故意做出下列行为，而且明知或就民事救济而言有合理理由知道该行为会诱导、促成、便利或包庇侵犯本章项下的任何著作权或相关权利的，每一缔约方应当提供充分和有效的法律救济。

（一）去除或改变任何权利管理电子信息；或者

（二）分销、为分销目的进口、广播、向公众传播或提供明知已被未经许可去除或改变权利管理电子信息的作品、录制的表演或录音制品。

第十六条 为技术措施和权利管理电子信息提供保护和救济的限制和例外

一、每一缔约方可以依照其法律法规为执行第十一章第十四条（规避有效技术措施）和第十一章第十五条（保护权利管理电子信息）中的措施提供适当的例外和限制。

二、第十一章第十四条（规避有效技术措施）和第十一章第十五条（保护权利管理电子信息）中规定的义务不得损害一缔约方法律法规规定的对任何著作权侵权或相关权利侵权规定的权利、限制、例外或抗辩。

---

[1] 为进一步明确，“鼓励”并不要求一缔约方介入该缔约方集体管理组织之间的任何合同安排。

[2] 就本条而言，权利管理信息指：（一）识别作品、表演或录音制品，作品的作者、表演的表演者、录音制品的制作者的信息；或识别对作品、表演或录音制品拥有任何权利的所有人的信息；（二）有关作品、表演或录音制品使用条款和条件的信息；或（三）代表第（一）项或第（二）项所述信息的数字和代码，如该各项信息均附于作品、以录音制品录制的表演或录音制品的复制件上，或在向公众传播或提供作品、以录音制品录制的表演或录音制品时出现。

第十七条　政府使用软件

每一缔约方确认其承诺：

（一）维持适当的法律、法规或政策，规定中央政府只能以与本章规定相一致的方式，使用非侵权计算机软件；以及

（二）鼓励其区域和地方政府采取或维持与第（一）项所提及的措施类似的措施。

第十八条　限制和例外

一、每一缔约方应将专有权的限制或例外限于某些特殊情况，且不得与作品、表演或录音制品的正常利用冲突，也不得不合理地损害权利持有人的合法权益。[1]

二、第一款不得减少也不得扩大一缔约方作为《与贸易有关的知识产权协定》、《伯尔尼公约》、《罗马公约》、《世界知识产权组织著作权条约》或《世界知识产权组织表演和录音制品条约》的缔约方可获得的限制与例外的适用范围。

三、除其他方式外，每一缔约方应当致力于通过与第一款相一致的限制和例外，为合法目的在其著作权和相关权利制度中提供适当的平衡。合法目的包括但不限于：教育、研究、批评、评论、新闻报道和为盲人、视障者或其他印刷品阅读障碍者获得已出版作品提供便利。

四、为进一步明确，每一缔约方可以为合理使用而采取或维持第一款所提及的权利的限制或例外，只要此类限制或例外限于第一款所述的范围。

第三节　商　　标

第十九条　商标保护

每一缔约方应当确保能够将一个企业的货物和服务与其他企业的货物和服务区分开来的任何标记或任何标的组合都应当能够构成商标。此类标记，特别是包括人名、字母、数字、图形元素、立体形状、颜色组合在内的标记以及此类标记的任何组合，应当有资格注册为商标。如标记本身不能区分有关货物或服务，一缔约方可以将通过使用获得的显著性作为注册条件。缔约方不得将标记可被视觉感知作为一项注册条件，也不得仅因该

---

[1] 为进一步明确，本款不得阻止一缔约方根据其已加入或已经成为缔约方的与知识产权有关的多边协定对广播规定限制或例外。

标记由声音组成而拒绝商标注册。[1]

第二十条 证明商标和集体商标的保护

一、每一缔约方应当规定商标包括集体商标和证明商标。只要证明商标受到保护，一缔约方并无义务在其法律法规中将证明商标作为一个单独的类别对待。

二、每一缔约方也应当规定，可作为地理标志的标记能够依照其法律法规在商标制度下得到保护。

第二十一条 商标分类制度

一、每一缔约方应当建立或维持与 1957 年 6 月 15 日于尼斯签订并经多次修正的《商标注册用货物与服务国际分类尼斯协定》（本章下称《尼斯协定》）相一致的商标分类制度。

二、一缔约方遵循依据《尼斯协定》（本章下称“尼斯分类”）制定的分类系统的翻译版本，在尼斯分类更新版本的官方翻译已经发布和出版的情况下，该缔约方应当遵循该版本。

第二十二条 商标的注册和申请

一、每一缔约方应当设置商标注册制度，该制度应当包括：

（一）向申请人提供驳回商标注册理由的书面通知的要求，书面通知可以是电子文本；

（二）申请人享有回复商标主管机关的通知，对初步驳回决定提出复审，以及对最终驳回决定申请司法审查的机会；

（三）在商标注册之前，提供以下与商标相关行为中至少一项的机会：

1. 对商标申请提出异议；或者
2. 向主管部门提供商标申请不符合注册要求的信息。

（四）在商标注册之后，提供以下与商标相关行为中至少一项的机会：

1. 对商标注册提出异议；
2. 寻求撤销商标注册；
3. 寻求注销商标注册；或者
4. 寻求商标注册无效；以及

（五）异议、撤销、注销或无效程序的行政决定[2]应当说明理由并采取书面形式的要求。此类决定可以以电子方式提供。

---

[1] 一缔约方可以要求以图片展示的方式来对商标进行充分的描述。

[2] 就本项而言，“行政决定”包括准司法决定。

二、每一缔约方应当提供：

（一）商标电子申请的处理、注册及维持制度；以及

（二）可以公开访问的商标申请和注册的在线电子数据库。

第二十三条　权利授予

每一缔约方应当规定，注册商标的所有权人享有专有权，以阻止在贸易活动中所有第三方未经其同意，在同一种或类似商标或服务上使用可能会造成混淆的与已注册商标相同或近似的标记。在同一种货物或服务上使用相同标记的情况下，应推定存在混淆的可能。本章的权利不得损害任何现有的在先权利，也不得影响缔约方在使用的基础上授予权利的可能性。

第二十四条　例外

一缔约方可以对商标所赋予的权利规定有限的例外，如合理使用描述性术语，只要此类例外考虑到商标所有权人和第三方的正当利益。

第二十五条　先于地理标志的商标保护

每一缔约方应当根据《与贸易有关的知识产权协定》保护其管辖范围内先于地理标志的商标。

第二十六条　驰名商标的保护

一、每一缔约方应当规定适当措施，驳回、注销商标注册申请，以及禁止在相同或类似货物或服务上使用❶与该驰名商标❷❸相同或近似的商标，若该商标的使用可能造成与在先驰名商标的混淆。

二、缔约方认识到由保护工业产权巴黎联盟大会和 WIPO 大会在 1999 年 9 月 20 日至 29 日的 WIPO 成员国大会第 34 届系列会议上通过的《关于保护驰名商标规定的联合建议》的重要性。

三、缔约方不得要求将一商标已在该缔约方领土内或其他司法辖区内注册、已列入驰名商标目录或已被在先认定为驰名商标作为决定该商标是否为驰名商标的条件。

---

❶ 为进一步明确，一缔约方可以通过向司法机关授予禁止使用该商标的权力，来履行规定采取适当措施以禁止使用与本款中的驰名商标相同或近似的商标的义务。

❷ 就本款而言，一缔约方可以将“对驰名商标的复制、摹仿或者翻译”视为“与驰名商标相同或者近似”。

❸ 缔约方理解，驰名商标指的是首次提及的商标申请、注册或使用之前经一缔约方确定已经驰名的商标。

第二十七条 恶意商标[1]

每一缔约方应当规定其主管机关有权驳回申请或注销注册根据其法律法规属于恶意的商标申请或商标注册。

第二十八条 与多个类别货物或服务相关的同一份申请

每一缔约方应当规定同一份商标注册申请可以涉及多个类别的货物或服务，或其任何组合，无论它们属于尼斯分类项下的一个类别或多个类别。

第四节 地理标志

第二十九条 地理标志的保护

每一缔约方应当确保在其法律法规中有充分和有效的保护地理标志的方式。每一缔约方认识到地理标志可以通过商标制度或专门制度或其它法律途径得到保护，只要其符合《与贸易有关的知识产权协定》中的所有要求。

第三十条 保护地理标志的国内行政程序

一、如一缔约方规定了保护地理标志的国内行政程序[2]，无论是通过商标制度或者专门制度，对于该保护的申请，该缔约方应当：

（一）接受保护地理标志的申请，无需一缔约方代表其国民进行调解；[3]

（二）按照合理的程序和手续处理该种申请；[4]

（三）确保其关于保护地理标志的法律法规随时可供公众使用，并且明确规定与该地理标志保护相关的程序，包括与提交申请有关的程序；

（四）提供信息，让公众获得与地理标志保护申请程序相关的指引，并且使申请人或其代表能确定具体申请的状态；以及

（五）确保公布该申请，以供提出异议，并且规定对申请的地理标志提出异议的程序。该异议的接受不要求一缔约方代表其国民进行调解。

二、对于第一款提及的地理标志保护，一缔约方应当规定注销[5]地理

---

[1] 就本条而言，一缔约方的主管机关可以考虑该商标是否与他人的驰名商标相同或者近似。

[2] 就本条而言，“行政程序”包括准司法程序。

[3] 为进一步明确，一缔约可以要求源自另一缔约方的地理标志保护申请需包括令前一缔约方满意的证据，该证据能表明该地理标志在该另一缔约方受保护。

[4] 缔约方理解，就本项而言，合理的程序和手续可能被认为是不过于繁琐的程序和手续。

[5] 为进一步明确，就本节而言，可以通过无效或撤销程序执行注销。

标志保护的程序。

第三十一条　异议和注销的理由

一、关于第十一章第三十条（保护地理标志的国内行政程序）第一款第五项所提及的异议程序，每一缔约方应当规定至少允许利害关系人对地理标志保护提出异议的程序，以及至少以地理标志是通用语言中的惯用术语为该缔约方领土内相关该货物的通用名称[1]而驳回此类保护。

二、如一缔约方规定通过第十一章第三十条（保护地理标志的国内行政程序）所提及的程序为该地理标志的翻译或音译提供了地理标志保护，则该缔约方应当至少提供与第一款所提及的理由相同的反对保护该翻译或音译的理由。[2]

三、对于本条第一款所提及的程序，在确定某一术语是否为一缔约方领土内相关货物通用名称时，每一缔约方应当确保其主管机关有权考虑消费者在该缔约方领土内对该术语的理解情况。与消费者的理解相关的因素可以包括：

（一）该术语在例如词典、报纸及相关网站等可靠来源中是否用于指代所涉货物的类型；以及

（二）该术语所指代的货物在该缔约方领土内的贸易中如何推广和使用。[3]

四、对于第十一章第三十条第二款（保护地理标志的国内行政程序）所提及的注销程序，任何缔约方不得排除地理标志保护被注销或者停止的可能性，该注销或者停止基于该受保护的术语不再满足其最初在该缔约方获得保护的条件。

第三十二条　复合用语

对于第十一章第三十条（保护地理标志的国内行政程序）和第十一章第三十一条（异议和注销的理由）所提及的程序，如作为地理标志保护的复合用语的单独组成部分是以通用语文中的惯用术语作为该缔约方领土内相关货物通用名称的，则该单独组成部分不得在该缔约方受到保护。

---

[1] 当一缔约方将本条适用于葡萄酒和烈酒的地理标志或对这些地理标志的申请时，各方理解本节的任何规定不得要求一缔约方在其相关标志与该缔约方领土内存在的葡萄品种通用名称相同时，保护任何其他缔约方关于葡萄产品的地理标志。

[2] 一缔约方不得被要求将本款适用于葡萄酒和烈酒的地理标志申请。

[3] 就本项而言，在适当的情况下，一缔约方的主管机关可以考虑，各缔约方认可的相关国际标准中是否使用该用语以指代该缔约方领土内的某一类型或某一种类的商品。

第三十三条 地理标志的保护日期

通过第十一章第三十条（保护地理标志的国内行政程序）所提及的一缔约方的国内行政程序❶对地理标志的保护，如适用，其开始日期不得早于该保护申请在该缔约方的提交日期❷或者在该缔约方的注册日期。

第三十四条 根据国际协定保护或承认地理标志

如一缔约方根据涉及另一缔约方或一非缔约方的国际协定来保护或承认一地理标志，并且该协定在本协定对该缔约方生效之日后缔结，而且该地理标志不通过第十一章第三十条（保护地理标志的国内行政程序）所提及的程序进行保护，该缔约方应当：

（一）向公众公布与保护或认可地理标志有关的信息，以及如适用，允许至少是利害关系人确定保护或承认的请求的状态；

（二）确保公布正在考虑保护或承认的地理标志，以供提出异议，并且为至少是利害关系人提供异议程序，对于此类程序，异议的理由涉及第十一章第三十一条（异议和注销的理由）第一款，并且适用于第十一章第三十二条（复合用语），以及

（三）向公众公布该缔约方正在考虑通过一项涉及一缔约方或一非缔约方的国际协定来保护或承认的条款细节。

第三十五条 根据已缔结的国际协定保护或承认地理标志

一、任何缔约方不得被要求将第十一章第三十四条（根据国际协定保护或承认地理标志）适用于在一涉及另一缔约方或一非缔约方的国际协定中已经明确认定，并且已经根据该协定被保护或承认的地理标志，只要该协定缔结的日期早于本协定对该缔约方生效的日期。

二、对于第一款所提及的允许保护或承认新地理标志的国际协定，一缔约方应当：❸

（一）适用第十一章第三十四条（根据国际协定保护或承认地理标志）第三项；以及

（二）在该用语获得保护或认可之前的合理期限内，确保至少给利害关系人提供机会对该新地理标志的保护或承认进行评论。

---

❶ 就本条而言，“行政程序”包括准司法程序。

❷ 为进一步明确，当一缔约方通过其商标制度保护地理标志时，本条中所提及的提交日期，如适用，包括《巴黎公约》项下的优先权的提交日期。

❸ 一缔约方可以通过遵守第十一章第三十条（保护地理标志的国内行政程序）和第十一章第三十一条（异议和注销的理由）项下的义务来遵守本款。

第五节 专 利

第三十六条 可授予专利的客体

一、在符合第二款和第三款规定的前提下，每一缔约方应当规定所有技术领域的任何发明，无论产品还是方法，只要此类发明具有新颖性、包含创造性步骤并且能用于产业应用的❶，都可以获得专利。在遵循本条第三款以及第十三节（过渡期和技术援助）规定的情况下，每一缔约方应当规定专利是可获得的以及专利权是可享有的，不因发明地点、技术领域、产品是进口或当地生产而受到歧视。

二、一缔约方可以排除特定发明的可专利性，如在其领土内阻止这些发明的商业利用是为维护公共秩序或道德，包括保护人、动物或植物的生命或健康，或者避免对环境造成严重损害所必需的，只要此种排除不是仅仅因为此种利用被其法律法规所禁止。

三、一缔约方可以排除下列各项的可专利性：

（一）医治人或动物的诊断、治疗和外科手术方法；

（二）除微生物外的植物和动物，以及除非生物学方法和微生物学方法外的生产植物或动物的主要生物学方法。但是，每一缔约方应当规定通过专利或一种有效的专门制度或通过这两者的任何组合以保护植物品种。缔约方应当根据《与贸易有关的知识产权协定》的第二十七条第三款第（二）项做出的任何修订审议本项，以决定是否对本项采取类似的修正。

第三十七条 授予的权利

一、每一缔约方应当规定一专利应当赋予其所有权人下列专有权：

（一）如一专利的客体为产品，为阻止第三方未经所有权人同意而制造、使用、许诺销售、销售或为此类目的而进口❷该产品的行为；

（二）如一专利的客体为方法，为阻止第三方未经所有权人同意而使用该方法的行为，以及防止使用、许诺销售、销售或为这些目的而进口至少是通过该方法直接获得的产品的行为。

二、专利所有权人也应当有权转让或以继承方式转移其专利和订立许可合同。

---

❶ 就本节而言，缔约方可以认为“创造性步骤”和“可供工业应用”分别与“非显而易见性”和“实用性”的含义相同。

❷ 本权利，同本章授予的其他所有关于商品的使用、销售、进口或其他分销的权利一样，遵循第十一章第六条（知识产权权利用尽）。

第三十八条 授予权利的例外

一缔约方可以规定专利专有权的有限的例外，只要在顾及第三方合法利益的前提下，该例外不会不合理地与专利的正常利用相冲突，也不会不合理地损害专利所有人的合法权益。

第三十九条 未经权利持有人授权的其他使用

为进一步明确，本协定中的任何内容不得限制一缔约方依据《与贸易有关的知识产权协定》第三十一条和第三十一条之二以及其附件和附件的附录的权利和义务。

第四十条 专利的实验性使用

在不限制第十一章第三十八条（授予权利的例外）的情况下，每一缔约方应当规定，任何人可以出于与专利发明的客体有关的实验目的[1]而作出在其他情况下可能侵犯一项专利的行为。

第四十一条 审查、注册的程序事项

一、缔约方认识到提高各自专利制度的质量和效率以及简化和精简各自主管机关的程序的重要性，以造福于各自专利制度的所有使用者和全体公众。

二、每一缔约方应当规定一项专利制度，该制度包括：

（一）向申请人提供一份有关驳回专利授权理由的书面通知的要求；

（二）提供一次对其专利申请进行修正和陈述意见的机会；[2]

（三）在专利获得授权之前，提供进行以下至少一项行为的机会：

1. 提交专利申请异议；或者

2. 向主管机关提供可以否定专利申请中主张的新颖性和创造性步骤的信息。

（四）在专利获得授权之后，提供进行以下至少一项行为的机会：

1. 对授权提出异议；

2. 寻求撤销；

3. 寻求注销；或者

4. 寻求使该专利无效；以及

---

[1] 为进一步明确，每一缔约方可以决定，在符合第十一章第三十八条（授予权利的例外）规定的前提下，何种行为属于“实验目的”。

[2] 就本项而言，缔约方理解“修正”可以包括更正，“陈述意见”可以包括对主管机关就其申请作出的决定的解释或回复，不论该回复是否与该申请的修正或更正同时提出。

（五）异议、撤销、注销或无效程序的行政决定[1]应当说明理由并采取书面形式的要求。此类决定可以以电子方式提供。

第四十二条　专利宽限期

缔约方认识到，在认定一项发明是否新颖以支持创新时，专利宽限期在不用考虑发明的特定方面公开披露信息的优势。

第四十三条　专利电子申请制度

鼓励每一缔约方采用专利电子申请制度，以便利专利申请人申请。

第四十四条　18 个月公布

一、每一缔约方应当在专利申请提交日或者在主张优先权的情况下，在最早的优先权日起的 18 个月届满后，迅速公布任何专利申请，除非该申请已被提前公布或者已经被撤回、放弃或者驳回[2]。

二、如一项未决申请未依照第一款的规定迅速公布，该缔约方应当尽快公布该申请或相应的专利。

三、本条不得被解释为要求一缔约方公布其认为如披露则会有违其国家安全、公共秩序或道德的任何信息。

四、每一缔约方应当规定，申请人可以请求在第一款所提及的期限届满前提前公布申请。

第四十五条　在互联网上向公众提供的在先技术的信息

缔约方认识到在互联网上向公众提供的信息可以构成在先技术的一部分。

第四十六条　快速审查

每一缔约方应当致力于规定专利申请人要求依照该缔约方的法律、法规和规章加速对其专利申请进行审查的国内程序。

第四十七条　引入国际专利分类制度

每一缔约方应当致力于使用与 1971 年 3 月 24 日在斯特拉斯堡签订的《国际专利分类斯特拉斯堡协定》及其不时的修正相一致的专利分类制度。

第四十八条　保护植物新品种[3]

每一缔约方应当规定通过一项有效的专门的植物品种保护制度保护植物新品种。

---

[1] 就本项而言，“行政决定”可以包括准司法决定。

[2] 缔约方理解，就本条而言，根据缔约方各自的法律和法规撤回，放弃或驳回申请。

[3] 为进一步明确，对于植物品种的保护，第十一章第三十六条（可授予专利的客体）第三款第二项遵循本条。

第六节　工业设计

第四十九条　工业设计的保护

一、每一缔约方应当对新的或原创的独立创作的工业设计提供保护。一缔约方可以规定，如果工业设计不能显著区别于已知的设计或已知设计特征的组合，则不属于新的或原创的设计。一缔约方可以规定此类保护不得延伸至主要出于技术或功能上的考虑而进行的设计。

二、每一缔约方应当确保对纺织品设计进行保护的要求，特别是有关任何费用、审查或公布的要求，不得不合理地损害寻求和获得此种保护的机会。每一缔约方应当有权选择通过工业设计法或著作权法满足该项义务。

三、每一缔约方应当规定，受保护的工业设计的所有权人有权阻止第三方未经所有权人同意，为商业目的，制作、销售或进口所载或所含设计属受保护设计的复制品或实质上属复制品的物品的行为。

四、每一缔约方可以对工业设计的保护规定有限的例外，只要此例外不会与受保护的工业设计的正常利用产生不合理的冲突，且不会不合理地损害受保护工业设计所有权人的合法权益，同时考虑到第三方的合法权益。

五、每一缔约方确认下列设计可以获得工业设计保护：

（一）体现在一个物品的一个部分上；或者，作为替代，

（二）在适当的情况下，依照其法律法规，在物品作为整体的情况下，特别代表该物品的一部分。

第五十条　在互联网上向公众提供设计的在先技术信息❶

缔约方认识到在互联网上向公众提供的信息可以构成工业设计在先技术的一部分。

第五十一条　工业设计的注册或授权及申请

每一缔约方应当规定工业设计注册制度，该制度应当包括：

（一）向申请人提供一份驳回工业设计注册或授权理由的书面通知的要求，该书面通知可以以电子方式提供；

（二）向申请人提供对其主管机关的通知作出回复的机会，以及对一项工业设计的授予或驳回提出异议、挑战或上诉；

---

❶ 为进一步明确，本条中的任何规定不得要求一缔约方确保其行政机关对工业设计进行实质性审查。

（三）撤销，无效或注销注册或授权的机会；以及

（四）撤销、无效或注销程序的行政决定❶应当说明理由并采取书面形式的要求。此类决定可以以电子方式提供。

第五十二条 引入国际工业设计分类制度

每一缔约方应当致力于使用工业设计分类制度，该制度与 1968 年 10 月 8 日在洛迦诺签订的《建立工业品外观设计国际分类洛迦诺协定》及其不时的修正保持一致。

第七节 遗传资源、传统知识和民间文学艺术❷

第五十三条 遗传资源，传统知识和民间文学艺术

一、在遵循其国际义务的前提下，每一缔约方可以制定适当的措施❸保护遗传资源、传统知识和民间文学艺术。

二、作为一缔约方专利制度的一部分，如该缔约方对遗传资源❹的来源或起源有披露要求，该缔约方应当努力使与此类要求相关的法律、法规和程序可获得，包括在可行的情况下通过互联网提供，以使利害关系人和其他缔约方能够了解这些要求。

三、每一缔约方应当致力于进行专利质量审查，可以包括：

（一）当确定在先技术时，可以考虑可公开获得的与遗传资源相关的传统知识的文献信息；

（二）第三方以书面形式向主管审查机关引用可能与可专利性有关的在先技术披露，包括与遗传资源相关的传统知识相关的在先技术披露的机会；以及

（三）在适用和适当的情况下，使用与遗传资源相关的传统知识的数据库或数字图书馆。

---

❶ 就本项而言，“行政决定”可以包括准司法决定。

❷ 为进一步明确，本节不损害任何缔约方在遗传资源、传统知识和民间文学艺术方面的立场，包括通过任何活动进行的任何双边或多边谈判中的立场，例如 WIPO 知识产权与遗传资源、传统知识和民间文学艺术政府间委员会。

❸ 为进一步明确，缔约方理解，此类“适当措施”是每一缔约方需要确定的事项，不一定包括其知识产权制度。

❹ 缔约方认识到，一些缔约方在其专利制度中，如适用，还要求提供事先知情同意的证据，以及遗传资源和相关传统知识的获取和利益分享。

第八节 不正当竞争

第五十四条 有效防范不正当竞争

每一缔约方应当依照《巴黎公约》[1]，规定对不正当竞争行为的有效防范。

第五十五条 域名

依据各自国家顶级域名（ccTLD）管理制度中的域名，根据其法律和法规，以及如适用，其有关保护隐私和个人数据的相关管理员政策，每一缔约方应当提供下列各项：

（一）基于互联网名称与数字地址分配机构批准的《统一域名争议解决政策》中确立的原则或仿照该原则建立适当的争端解决程序，或者：

1. 旨在以迅速且合理的费用解决争端；

2. 公平合理的；

3. 不过度繁琐；以及

4. 不排除诉诸司法程序的可能性；以及

（二）至少在有人以营利为目的恶意注册或持有一与商标相同或足以导致混淆的近似域名的情况下，提供适当的救济[2]。

第五十六条 未披露信息的保护

一、每一缔约方应当根据《与贸易相关的知识产权协定》第三十九条第二款的规定对未披露的信息提供保护。

二、对于第一款，缔约方认识到保护与第十一章第一条（目标）第二款所提及的目标相关的未披露信息的重要性。

第九节 国　　名

第五十七条 国名的使用

每一缔约方应当为利害关系人提供法律途径，防止以在货物原产地方面误导消费者的方式在货物上商业性地使用一缔约方的国名。

---

[1] 为进一步明确，缔约方理解，如相关，《巴黎公约》第十条之二涵盖与提供商品和服务有关的不正当竞争行为。

[2] 缔约方理解，除其他外，此类救济可以但不必包括撤销、注销、转让、损害赔偿或禁令救济。

第十节　知识产权权利的实施

第一小节　一般义务

第五十八条　一般义务

一、每一缔约方应当确保其法律法规中包括本节规定的执法程序，以便对任何侵犯本章所涵盖的知识产权权利的行为采取有效行动，包括阻止侵权的快速救济和阻遏进一步侵权的救济措施。这些程序的实施方式应当避免对合法贸易形成障碍并为防止此类程序滥用提供保障。

二、有关知识产权权利的实施程序应当公平和合理。这些程序不应不必要的复杂或成本过高，也不得设定不合理的时限或造成不合理的延迟。

三、在实施本节时，每一缔约方应当考虑知识产权侵权行为的严重性与可适用的救济措施及惩罚措施之间比例适当，并且，如适用，考虑第三方利益。

四、缔约方理解本节未就知识产权建议本章统一为实施设定不同于一般法律执法的司法制度的义务，也不影响每一缔约方执行其一般法律的能力。本节未就知识产权执法与一般法律执法的资源分配方面设定任何义务。

五、在涉及作者著作权的民事诉讼中，每一缔约方应当规定，如无相反证据，则推定[1]以通常方式署名为作品作者的人是作品的作者。如适用，前一句包含的上述义务应当适用于一缔约方的国内法律法规的刑事和行政程序。

第二小节　民事救济[2]

第五十九条　公平和合理的程序

一、每一缔约方应当使权利持有人[3]可获得有关执行本章涵盖的任何知识产权权利的民事司法程序。被告应当有权获得及时的和包含足够细节的书面通知，包括权利请求的根据。应当允许程序的所有当事方由独立的法律顾问代表，并且程序不得施加强制本人出庭的繁重要求。此类程序的

---

[1] 为进一步明确，一缔约方可以基于誓词或具有证据价值的文件，例如法定声明，实施本款。一缔约方还可以规定，这些推定是可以用相反证据予以反驳的可反驳推定。

[2] 一缔约方可以根据《与贸易有关的知识产权协定》第二十三条脚注四规定与地理标志的实施有关的民事司法程序来履行本小节项下的义务。

[3] 就本条而言，“权利持有人”包括具有维护此类权利的法律地位的联合会和协会。

所有当事方应当有权证明其权利请求并提供所有相关证据。该程序应当规定一种确认和保护机密信息的方法，除非这会违背该缔约方的宪法性要求。

二、每一缔约方均可以允许使用替代性争端解决程序解决与知识产权权利有关的民事争端。

第六十条 损害赔偿

一、每一缔约方应当规定[1]，在关于知识产权权利实施的民事司法程序中，其司法机关有权责令明知或有合理理由知道自己从事侵权活动的侵权人向权利持有人支付足以补偿其因知识产权权利侵权行为所受损害的赔偿金。

二、在确定第一款的赔偿金额时，除了其他因素，一缔约方的司法机关有权考虑权利持有人提出的任何合法的价值评估。[2]

三、在著作权侵权或相关权利侵权和假冒商标案件中，司法机关有权责令明知或有合理理由知道自己从事侵权活动的侵权人向权利持有人支付因侵权获得的利润。[3]

第六十一条 诉讼费用和律师费

每一缔约方应当规定，至少在侵犯著作权或相关权利和商标权的民事司法程序结束时，其司法机关在适当的情况下有权判令[4]败诉方向胜诉方支付诉讼成本或费用和合理的律师费，或该缔约方法律规定的任何其他费用。

第六十二条 销毁侵权货物、材料和工具

一、每一缔约方应当规定，在民事司法程序中，至少在权利持有人提出请求时，其司法机关有权责令销毁盗版货物和假冒商标货物，除非例外情况，不作任何补偿。[5]

二、每一缔约方应当进一步规定，在民事司法程序中其司法机关有权

---

[1] 一缔约方还可以规定，如发现未使用商标，权利持有人可能无权享有第一款和第三款规定的任何救济。为进一步明确，缔约方没有义务规定第一款和第三款中的任何救济措施并用的可能性。

[2] 为进一步明确，在适当的情况下，一缔约方的司法机关可以在确定损害赔偿额时，考虑以市场价格衡量被侵权商品或服务的价值。

[3] 一缔约方可以通过将该利润推定为第一款所指的损害赔偿来履行本款规定的义务。

[4] 一缔约方的司法机关在民事司法程序结束后，有权通过单独的程序作出此类裁定。

[5] 为进一步明确，缔约方理解，虽然司法机关有权责令销毁商品，但他们也有权责令在商业渠道以外处置此类商品而不作销毁，且不作任何补偿，以避免对权利持有人造成任何损害。

在不作任何补偿的前提下，责令将主要用于制造此种侵权货物的材料和工具清除[1]出商业渠道，以此尽可能降低进一步侵权的风险。

三、就假冒商标货物而言，除非例外情况，仅简单移除非法加贴的商标不足以允许将该货物放行进入商业渠道。

第六十三条　民事司法程序中的机密信息

每一缔约方应当规定，在涉及知识产权权利实施的民事司法程序中，对违反关于保护该程序中产生或交换的机密信息的司法命令[2]的程序当事方、当事方法律顾问、专家或受法院管辖的人，司法机关有权对其进行处罚。

第六十四条　临时措施

一、在关于商标假冒的民事司法程序中，每一缔约方应当规定，其司法机关有权采取临时措施责令扣押涉嫌侵权货物，或以其他方式扣押涉嫌侵权货物，以及以下两者：

（一）主要用于被指控侵权行为的材料和工具；以及

（二）与被指控的侵权有关的书面证明。

二、在关于著作权或相关权利侵权的民事诉讼中，每一缔约方应当规定，其司法机关有权采取临时措施责令扣押涉嫌侵权货物或以其它方式扣押涉嫌侵权货物，以及至少以下一项：

（一）主要用于被指控侵权行为的材料和工具；或

（二）与被指控的侵权有关的书面证据。

三、每一缔约方应当规定，其司法机关有权在适当时采取不作预先通知的临时措施，特别是当任何迟延可能对权利持有人造成难以弥补的损害，或当有证据被销毁的明显风险。

四、每一缔约方应当规定，其司法机关有权要求一申请人就临时措施提供任何可合理地获得的证据，使司法机关充分确定申请人是权利持有人，以及申请人的权利正在受到侵犯或即将受到侵犯，并责令申请人提供足以保护被告和防止滥用的保证金或同等的担保，并避免不合理的阻碍诉诸该等临时措施程序。

五、为进一步明确，缔约方理解临时措施应当根据《与贸易相关的知

---

[1] 为进一步明确，缔约方理解，虽然司法机关有权责令处置这些材料和工具，但他们也有权责令销毁这些材料和工具，而不作任何补偿。

[2] 为进一步明确，就本条而言，缔约方理解一缔约方的法律可以使用“司法裁定”的替代术语，例如“法院裁定”。

识产权协定》第五十条第四款至第八款实施。

第三小节 边境措施

第六十五条 依权利人申请中止放行涉嫌盗版货物或假冒商标货物

一、每一缔约方应当设立或维持有关进口装运的程序❶，权利持有人如有正当理由怀疑可能存在盗版货物或假冒商标货物进口，可以根据《与贸易相关的知识产权协定》第五十一条，向该缔约方主管机关提出中止放行涉嫌盗版货物或假冒商标货物❷的申请。

二、就本节而言，“主管部门”可以包括一缔约方法律法规规定的适当的司法、行政或执法机关。

第六十六条 申请中止或扣押

每一缔约方应当致力于规定，已接受的中止或扣押申请❸在适当期限内继续有效，以期将权利持有人的行政负担减少到最低限度。

第六十七条 保证金或同等的担保

每一缔约方应当规定，其主管机关有权要求权利人启动第十一章第六十五条（依权利人申请中止放行涉嫌盗版货物或假冒商标货物）中所述的程序，以提供足以保护被告和主管机关并防止滥用的保证金或同等担保。每一缔约方应当规定，保证金或同等的担保不得不合理的阻碍诉诸这些程序。

第六十八条 主管机关向权利持有人提供的信息

在不损害一缔约方关于信息保密的法律法规的前提下，如果其主管机关扣押或中止放行涉嫌侵权的盗版货物或假冒商标货物，该缔约方可以规定，其主管机关有权将发货人、进口商或收货人的名称和地址、货物的描述、货物的数量，以及，如已知，货物的原产地，告知权利持有人。

---

❶ 缔约方理解，其没有义务对权利持有人或经权利持有人同意在另一缔约方或非缔约方市场上投放的进口商品或过境商品适用此类程序。

❷ 就第一小节（一般义务）、第二小节（民事救济）、第三小节（边境措施）和第四小节（刑事救济）而言：

（一）“假冒商标商品”是指未经授权而带有与此类商品有效注册的商标相同的商标，或者在本质上不能与此类商标进行区分的任何商品，包括包装，上述商包侵犯了所涉商标的所有人根据此类小节中缔约方法律和法规提供的程序所享有的权利；以及

（二）“盗版商品”是指未经权利持有人或生产国权利持有人正式授权的人同意而复制的任何商品，以及直接或间接地从一件物品中复制的商品，且根据此类小节中缔约方法律和法规提供的程序，复制该物品将构成对著作权或相关权利的侵权；以及

❸ 就本小节而言，一缔约方可以将“申请”等同于“备案”。

第六十九条　依职权中止放行涉嫌盗版货物或假冒商标货物

一、每一缔约方应当设立或维持关于进口装运的程序，使其主管机关可以根据该程序自行采取行动，中止放行涉嫌[1]盗版货物或假冒商标货物。每一缔约方应当规定，如其主管机关自行采取行动，进口商和权利持有人应当被迅速通知该中止放行。

二、一缔约方可以设立或维持关于出口装运的程序，使其主管机关可以根据该程序自行决定中止放行涉嫌盗版货物或假冒商标货物。该缔约方应当规定，如其主管机关自行采取行动，出口商和权利持有人应当被迅速通知该中止放行。

三、每一缔约方只应当在采取或打算采取善意行动的情况下，免除公共机关和官员对适当补救措施的责任。

第七十条　权利持有人在依职权采取行动的情况下向主管机关提供的信息

每一缔约方应当规定，其主管部门有权自行采取行动，要求权利持有人提供相关信息，以协助主管部门采取本小节所指的边境措施。一缔约方也可以允许权利持有人向其主管部门提供相关信息。

第七十一条　主管机关在合理期限内作出侵权认定[2]

每一缔约方应当采取或维持一程序，通过此程序其主管机关可在启动第十一章第六十五条（依权利人申请中止放行涉嫌盗版货物或假冒商标货物）和第十一章第六十九条（依职权中止放行涉嫌盗版货物或假冒商标货物）所述程序后的合理期限内认定涉嫌盗版货物或假冒商标货物是否侵犯知识产权权利。

第七十二条　主管机关的销毁令

每一缔约方应当规定，在不损害权利持有人可采取的其他诉讼权利并在遵守被告有权向司法机关请求审查的情况下，其主管部门有权下令销毁并处置被认定为盗版货物或假冒商标货物的货物。在这些货物未被销毁的情况下，除特殊情况外，每一缔约方应当确保这些货物在商业渠道外以避免对权利持有人造成任何损害的方式处置。对于假冒商标货物，除例外情

---

[1] 一缔约方可以在其主管部门有合理理由相信商品是盗版商品或假冒商标商品的基础上履行这一义务。

[2] 一缔约方可以通过确定涉嫌商品带有虚假商品说明，根据第十一章第六十九条（依职权中止放行涉嫌盗版商品或假冒商标商品）的规定确定涉嫌商品侵犯知识产权权利遵守本条规定的义务。

况外，仅简单移除非法加贴的商标不足以允许该货物进入商业渠道。

第七十三条 费用

在设立或确定与执行知识产权权利的边境措施有关的申请费、储存费或销毁费时，每一缔约方应当规定此类费用设定的数额不得不合理地妨碍诉诸此类程序。

第四小节 刑事救济

第七十四条 刑事程序和处罚

一、每一缔约方应当规定至少对具有商业规模的故意的著作权或相关权利盗版或商标侵权的情况适用刑事程序和刑罚。❶

二、每一缔约方应当将具有商业规模的故意进口盗版货物或假冒商标货物视为非法行为，适用第一款所指的刑事程序和处罚。一缔约方可以通过规定以商业规模分销或销售该货物为应受刑事处罚的违法行为，来履行本条项下关于进口的义务。

三、对于第一款和第二款所述的违法行为，每一缔约方应当规定下列内容：

（一）刑事处罚包括与适用于同等严重程度犯罪的刑罚水平的威慑力相一致的有期徒刑和罚金；❷

（二）其司法机关有权责令扣押❸涉嫌盗版货物和假冒商标货物，主要用于实施犯罪的相关材料和工具以及与被指控的罪行有关的书面证据；以及

（三）其司法机关有权在不给予被告任何补偿的情况下责令没收或销毁下列货物：

1. 盗版货物或假冒商标货物；

2. 主要用于制造盗版货物或者假冒商标货物的材料和工具；以及

3. 用于实施犯罪的任何其他使用假冒商标的标签或包装。

四、认识到有必要解决未经授权以商业规模从电影院放映中复制❹电影作品，从而在市场上对该作品的权利持有人造成重大损害的问题，并认

---

❶ 就本条的适用而言，第一款不得阻止一缔约方根据其法律法规认定对具有商业规模的故意侵犯相关权利的盗版行为的刑事诉讼和处罚的适用范围。

❷ 本条任何规定不得被解释为一缔约方规定同时处以有期徒刑和罚款的可能性。

❸ 对于诉前扣押，一缔约方可以通过赋予其刑事执法机关责令扣押的权力来遵守本项规定项下的义务。

❹ 就本款而言，一缔约方可以将“复制（copy）”视为“复制（reproduce）”的同义词。

识到阻止该种损害的必要，每一缔约方应当采取或维持措施，其中应当至少包括适当的刑事程序和刑事处罚。❶

第五小节 数字环境下的执法

第七十五条 数字环境反侵权的有效行动

每一缔约方确认，第二小节（民事救济）和第四小节（刑事救济）规定的实施程序应当在相同的范围内适用于数字环境中侵犯著作权或相关权利以及商标的行为。

第十一节 合作与磋商

第七十六条 合作和对话

一、缔约方认识到利用保护知识产权和实施知识产权权利对进一步促进缔约方之间贸易和投资的重要性。

二、缔约方认识到部分缔约方在知识产权领域的能力存在重大差异。

三、为促进本章的有效实施，每一缔约方应当在知识产权领域与其他缔约方开展合作，并就知识产权问题开展对话和信息交流。

四、缔约方应当努力合作，以促进关于有效利用和保护知识产权以及知识产权权利实施方面的教育和认识。

五、缔约方应当就边境措施开展合作，以期消除侵犯知识产权权利的国际货物贸易。

六、缔约方应当酌情在各自专利机关之间开展合作，以便利查询和审查工作的共享以及质量保证体系信息的交流，以期增进对缔约方专利制度的理解。❷

七、缔约方应当努力合作，分享各缔约方为阻止互联网著作权侵权所采取步骤的信息。

八、缔约方可以就涉及第十一章第九条（多边协定）第三款或第十一章第四十八条（保护植物新品种），包括育种者权利例外的植物新品种保护体系管理进行合作。

九、缔约方应当努力在专利宽限期相关的问题上进行合作，以支持创新。

---

❶ 就本款而言，一缔约方可以依照其国内法律法规，确定未经授权复制的电影作品的具体犯罪门槛。

❷ 本款可以适用于多边信息共享系统，以支持工作共享的倡议。

十、缔约方可以就各自专利机关的程序和手续问题进行合作，以期降低获得专利授权的成本。

十一、缔约方可以交换其各自保护的地理标志的信息，包括关于制度、程序和货物的信息。

十二、缔约方可以合作培训专利审查员，以审查与遗传资源有关传统知识的专利申请。

十三、本章项下的所有合作活动应当应一缔约方的请求，按照共同同意的条款进行，并遵循相关法律法规以及有关缔约方资源可及性。

第十二节　透明度

第七十七条　透明度

一、每一缔约方应当规定，关于知识产权权利的效力、范围、取得、实施和阻止滥用的终局司法裁决和普遍适用的行政裁定应当至少以该缔约方的一种官方语言公布，或者当这种公布不可行时，以能够让其他缔约方和权利持有人知悉的方式公布。每一缔约方应当努力规定，在可行的情况下，此类终局司法裁决在网上公布。[1]

二、每一缔约方应当在其法律法规允许的范围内，采取适当措施向公众公布或使公众获得有关知识产权权利的申请和注册信息。如适用，公布关于其法律状况的信息，如注册日期和失效日期。

第十三节　过渡期和技术援助

第七十八条　最不发达国家缔约方的过渡期

本章的任何规定不得减损任何缔约方利用《与贸易有关的知识产权协定》项下，已经或可能在本协定生效前、生效时或生效后在 WTO 中商定的，适用任何过渡期的权利。

第七十九条　特定缔约方过渡期

一、注意到每一缔约方各自不同的发展阶段，在不损害第十一章第七十八条（最不发达国家缔约方的过渡期）的前提下，在《与贸易有关的知识产权协定》项下，一缔约方可以依照第十一章附件一（特定缔约方过渡期）的规定暂缓本章某些条款的实施。

---

[1] 为进一步明确，本款中的任何规定不得要求一缔约方在其法律和法规中详细说明网上公布。

二、在第十一章附件一（特定缔约方过渡期）所列的相关期限内，一缔约方不得以与其在第十一章附件一（特定缔约方过渡期）条款的规定中针对该缔约方所规定的义务比在本协定签署之日有效的相关措施更不一致的方式修改一项措施，或采取比该缔约方在本协定签署之日有效的有关措施更不符合这些义务的新措施。本条不得影响一缔约方在与另一缔约方均为成员的国际协定项下的权利和义务。

第八十条　与缔约方特定过渡期有关的通知

一、在第十一章附件一（缔约方特定过渡期）所列本章规定的任何义务的任一缔约方，应当在本协定对该缔约方生效之日后，向商业环境委员会提交以下关于其履行每项此类义务的计划和进展的通知：

（一）对于任何五年或五年以下的过渡期，该缔约方应当在过渡期届满前六个月提交通知；以及

（二）对于任何超过五年的过渡期，该缔约方应当在本协定对该缔约方生效第五个周年开始，在周年之日提交年度通知，并在过渡期届满前六个月提交一份通知。[1]

二、任何缔约方可以请求另一缔约方对履行义务的进展提供补充信息。被请求缔约方应当迅速回复该请求。

三、有特定缔约方过渡期的一缔约方应当在不迟于过渡期届满之日，通知其他缔约方其为履行过渡期义务所采取的措施。

四、如一缔约方不能按第三款提交通知，该事项应当自动列入营商环境委员会下次例会的议程。

第八十一条　技术援助

一、依照第十五章（经济和技术合作）的目标，缔约方同意根据第十一章附件二（技术援助请求清单）中所列为执行本章而确定的需求，提供必要的技术援助。

二、第一款所指的技术援助应当根据共同同意的条款，并遵循相关法律法规以及各缔约方资源可及性。

第十四节　程序事项

第八十二条　改善知识产权管理程序

缔约方认识到为其知识产权制度提供有效管理的重要性，为此，每一

[1] 为进一步明确，该项应当适用于第十一章附件一（缔约方特定过渡期）所列的过渡期的任何延期。

缔约方应当继续审查，如适当，并努力改进其知识产权管理程序。

第八十三条 简化书面程序要求

在第十一章第八十二条（改善知识产权管理程序）之上，每一缔约方应当致力于简化其维持的下列任何程序要求：

（一）与专利申请有关的翻译证明；以及

（二）专利、工业设计和商标申请的签名认证。